U0024184

算出你的

好運道

六十甲子運氣推算詳解

覃賢茂◎著

目錄

上卷 《醫宗金鑒·運氣要訣》詳解

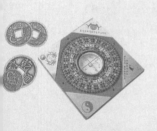

下卷 《黃帝內經》六十甲子運氣詳解

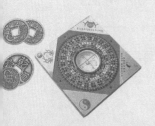

附錄

序言

我的祝福也許可能是陽光

覃賢茂

己亥年末，庚子年初，新冠病毒瘟疫肆虐。我休寒假在南京，自我隔離在剛剛裝潢好的新居。新建的社區，依山傍水，尚少有業主入住，物業各種貼心，笑稱為萬能。

雖然沒有朋友唱和的聚會，還好，每日散散步，看紅梅花開，茶花豔濃，結香吐芳，丹橘尚在枝頭。院子裡的玫瑰，竟然也綻放如有欣欣愛意。些許的蔬菜，生機盎然，提示世俗一切的美好。我不需要說這是對悲憫的遺忘，我不需要說這是對傷悲的辜負，我只是在卑微而感恩地，繼續我的生活，並且默默祈禱。

閒居無事，翻閱我早年的那些舊作。八十年代開始，我就醉心於探究中國古代的神秘文化，對於易經、黃帝內經之類的典籍，有著一定的認識和理解。九十年代我發表出版過兩部黃帝內經運氣推算的書籍：中國友誼出版公司的《黃帝內經與運氣推算》，北京科技出版社的《實用運氣推算・運氣要訣詳解與例證》，後來也在台灣出版了《黃帝內經與運氣推算》（2005 年橫飛堂出版社）。2013年 1 月江西科技出版社出版了我的《易經說什麼》，當年 5 月就再

版。2016年風雲時代出版社又出版了我的《明明白白學易經》。

易經的研究比較熱門，這個不去說它。黃帝內經的研究雖然說也熱門，但是浮於表面。因為，連黃帝內經的運氣推算都不知道，那算什麼呢？黃帝內經用了三分之一的篇幅探討運氣推算，看病開藥要看這年的運氣情況啊！不去說中醫是怎麼一回事，你說中醫，連這一年的運氣情況都不知道，你算真正的中醫嗎？

我也許不是一個真正懂中醫的人，甚至作為一個受過西方現代科學教育的現代人，我不會刻意把中醫推崇到我生活中的必須的信服。但是在我今春回頭再去看我的那些對黃帝內經曾經的研究之時，卻心有戚戚。

這應該是事後諸葛亮了吧？去年年底新冠病毒疫情開始，今年開春新冠病毒疫情爆發，黃帝內經的運氣推算是怎麼說的呢？

簡單說說：

去年是己亥年。

依照黃帝內經的說法，己亥為土運不及之年，這一年的終運（大概是農曆十一、十二月）火運太過。黃帝內經說這一年「災五宮」，按照《靈樞》九宮圖，「五宮」即中宮，表中央，這年的自然災害主要發生在中央地區。

是不是武漢？九省通衢！

這年，「終運太徵，火運太過」。是不是暖冬？以前我每年春節回南京度寒假，那個天寒地凍！雪下得可以比一尺深還更深，今年呢？潦潦草草，只一天就結束了。

讀者可以查一下本書六十甲子運氣詳解，己亥年為少陽相火在泉（主管每年上半年的客氣就叫司天之氣。主管每年下半年的客氣叫

在泉之氣。這些概念讀者先不必糾結，本書正文中有詳細解釋，此處可以參考本書中《客氣司天在泉間氣歌》的講解），少陽主火，主熱，因此下半年火氣偏勝，氣候偏熱，萬物因氣候偏熱而生長。

去年下半年少陽相火在泉，火氣偏盛，故在疾病的治療及飲食的調理上，以味鹹性寒的藥物或食物為適宜。

火克金，金為人體之肺，是不是肺有問題？

今年是庚子年。

庚子年為金運太過之年，少陰君火司天，陽明燥金在泉。

庚子年為同天符之年，什麼是同天符？簡單來講，同天符之年氣候變化異常或猛烈。

庚子年可以是平氣之年，因為，雖然這年是金運太過之年，但由於這年是少陰君火司天，火克金，因此太過的金運受到司天的火氣的克制。根據「運太過而被抑」，可以構成平氣的規律，可以是平氣之年。

雖然如此，但是，庚子年，這樣的平氣金年，偏盛金氣受少陰君火司天的火所克，因此不會乘木而影響春木生長，但這時由於火盛刑金，心病可以及肺，臨床上仍可出現咳嗽等肺部病症狀（**此處可以參考本書中《五運平氣太過不及歌》的講解**）。

而且，從客運來看，客運的初運（農曆一二月）如下：

初運太商（商為金），客運是金運，而且金運太過；

所以，農曆一二月，依然是，金運太過，病在肺金。

庚子年為少陰君火司天，少陰主熱，故這年上半年氣候偏熱。

最後再說一下，己亥、庚子這兩年，司天之氣克中運，所以這

兩年又是「天刑」之年（這些概念，本書正文中自有詳細解釋，此處可以參考本書中《六十年運氣上下相臨歌》的講解）。

這兩年的運氣，是氣克運，這種情況是氣盛運衰。以上克下，故名「天刑」，為不相得之歲，天候、氣候、物候、病候、氣候，其中物候、病候變化最為強烈，最不穩定。

好了，我也不想去按圖索驥了。如果再去考慮每個地方的特殊情況，考慮到黃帝內經中關於五運鬱發的討論，相信有真正的達人，能夠比我分析得更好。

春節在南京的新居，每天晚飯後在社區裡散步，明淨的夜空中，總能看到偏西的長庚星，在我的印象中是特別的明亮。詩經小雅中《大東》有「東有啟明，西有長庚」這樣的詩句。長庚星和啟明星其實是同一顆星，即是金木水火土五星中的太白金星。我又不能不想到《運氣要訣》中《五星所見太過不及歌》所說的，歲運太過之年，其運星的亮度比平常要大一倍。而太過之甚之年，運星的亮度則比平常要大二倍，亮度大增，十分顯眼。看來，古人運氣推算的理論，並非真的是空中樓閣。

最後，附上我疫情期間寫的三首詩，作為此序的結束。

季節的信心
——為 2020 春抗疫的人們獻此祝福之詩

我的祝福也許可能是陽光，但比陽光更燦爛的
是真情流露的本身，比真情更為真實的，是季節的信心
或者說是永恆的生命的輪迴。祝福，是我最後的信仰
帶給我們安慰，真實無虛，如同愛，總是伸手可及

二月寄歌
——祝福在 2020 年春天抗疫的人們

不可能所有的美好都是在二月花開的時候
不可能在今夜，只是為月台的汽笛聲而揪住離別的心情
冬日的前生，就是永遠不願意放棄希望的來世
不可能這就是訣別，讓我在春天懂得了這一切

即使冰涼的手，是我對你離開時最後的記憶
那也不重要！看那寒意中疏離的枝枝葉葉，深情自會明白
不需要用一場突兀的疾病來證明，這就是愛！
正如，不需要反覆修剪果樹，甚至不需要等待

但是在短暫而脆弱的絕望之時，需要的是挺身而出的決絕
正如，在校園中，不喜歡書桌上的這一張白紙
需要的是寫下來，寫下來，寫下來的即是
在無助的悲哀時，我們對這世界最大的善意的諒解

看花的人永遠不會沒有看花的心情，美永遠在
不是開始，也不是終結，愛這花園闃寂無人的月夜
只是對夏天有深深的歉意，回到記憶的起點
我還是要說：謝謝！

二月之歌

在二月的春雷中，忽略了閃電
在桃花的盛開時，忽略了風雨
在愛你的時候，忽略了離別
在這年，瘟疫中，忽略了傷悲

看啊，看啊，美和花朵都在離開啊
我等待你的盛開，薔薇
從那時，就被擊中的，是閃電一樣的
那是，我無以言說的愛，愛，愛

我啊，我啊，現在，看這一切，一切
我啊，我啊，看這庭院裡的桃花
我啊，我啊，看到，就是一切，一切
我的歌，你，聽見了嗎？

二月 … 二月 …
你 … 忽略了 … 傷悲 …

2020.3.14 寫於四川大學錦江學院

《黃帝內經》運氣推算簡介

也許聽說過《黃帝內經》這本書的名字的人不在少數，但也許僅僅只是聽說過而已，真正談到這本書的內容，也許更多的人不是茫然無知，就是更為糟糕的一知半解。

的確，《黃帝內經》是一本醫書，而且不是一般的醫書，它是我國現存最早的中國醫學經典文獻，是最權威的我國中醫理論基礎，是中國醫學中的「聖經」。

《黃帝內經》大約成書於春秋戰國時期，該書在古代樸素的唯物主義思想指導下，從整體觀念出發，總結了前人和疾病作鬥爭的豐富經驗，奠定了我國中醫學的理論基礎，它對推動後世中醫學發展起了重要作用。

作為如此博大精深的經典著作，它必然要涉及到哲學、天文、物候、曆法等諸多領域，這以哲學、天文等理論反過來論證其中醫理論的結構，所以《黃帝內經》與世界上眾多的其他醫書有著根本不同的地方，它決不是一本單純的醫學著作。

事實上，《黃帝內經》在中國歷史上對於漢學文化有著巨大的影響和不可磨滅的烙印，它構成了我國傳統文化的一部分。如果傳統文化缺少了這一個部分，我們無法想像那將是一種何等荒謬的情景。

甚至在中國的古代，《黃帝內經》是與老子的《道德經》，莊子的《南華經》（即《莊子》），《周易》等這些經典著作相提並論的，人們不僅僅把它當作一本醫書來讀。

　　古人稱《黃帝內經》為「上窮天紀，下極地理，遠取諸物，近取諸身，更相問難」，幾乎是天地間事無所不包。

　　《黃帝內經》的指導思想是：「整體運動論。」

　　所謂「整體」，即是完整地、全面地來觀察自然現象，分析問題，處理問題。

　　所謂「運動」，即不斷運動，即是指對待一切變化都必須從運動的角度來認識。

　　《黃帝內經》認為「天地一體」，「五臟一體」，「人與天地對應」，「成敗倚伏生乎動」，把人與自然界密切聯繫起來，把變化和運動密切聯繫起來。

　　《黃帝內經》對人體生理及病理生理的認識是：「藏象論」。把人體生理及病理生理活動的外在表現作為研究人體生理和病理活動的物質基礎，並以之直接指導臨床實踐。

　　《黃帝內經》對疾病本質及人體發病學的認識是：「正邪論」。把疾病的發生認為是正邪兩方面消長進退的表現。

　　《黃帝內經》對臨床診斷治療的手段和要求是：「辯證論治」。強調因人、因時、因地制宜。

　　《黃帝內經》最有特色之處，便是系統地採納當時盛行的古代哲學思想陰陽五行學說作為闡發闡述自己的認識和歸納自己經驗的說理工具，這就為中醫藥學建立起來一套完整的理論體系。

　　而且在《黃帝內經》之中，陰陽五行學說得到了更為豐富的含義和擴充、延展，使陰陽五行學說活了起來。

　　實際上，後來發展得豐富成熟的中國古代算命術，具兩大理論支柱，一是八卦，一是陰陽五行。而代表八卦的經典著作為《易經》，代表陰陽五行學說的經典著作是《黃帝內經》。

　　精通中國古代算命術的人，都知道如果學習了《易經》和《黃帝內經》，那麼再學算命術，許多深奧難解之處，就會變得淺顯明白，一目之然了。

　　由於《黃帝內經》畢竟還是一本醫書，對於一般的讀者來說，限於時間和精力，不可能詳盡地學習全本《黃帝內經》，所以編者希望以此書作為一個契機和機緣，讓讀者能領略《黃帝內經》中陰陽五行理論學說，及其精妙的運用等方面，從而能進一步閱讀原文。

　　那麼，什麼是陰陽呢？

　　陰陽就是一件事情，一個物體的兩面。陽，代表正面，代表剛健。陰，代表反面，代表柔順。

　　《易經—柔辭傳》說：「天尊地卑，乾坤定矣。卑高以陳，貴賤位矣。動靜有常，剛柔斷矣。方以類聚，物以群分。吉凶生矣。在天成象，在地成形。變化見矣。是故剛柔相摩，八卦相盪，鼓之以雷霆，潤之以風雨，日月運行，一寒一暑。……」這段話已將陰陽解釋得很清楚了。

　　《黃帝內經—陰陽應象大論》，則更為詳細和具體地直接討論了陰陽五行學說，內容相當的豐富。這一篇指出了陰陽是宇宙事物發展變化的根本規律和法則。

　　《陰陽應象大論》中指出：「陰陽者，天地之道也，萬物之綱紀，變化之父母，生殺之本始，神明之府也。」

　　正因為如此，所以陰陽學說可以運用在各個方面：

　　在屬性上：「水為陰，火為陽。」

　　在形態上：「陽為氣，陰為味。」

　　在氣味上（包括藥物和飲食兩個方面）：「味厚著為陰，薄為陰

之陽；氣厚者為陽，薄為陽之陰。」「辛甘發散為陽，酸苦湧泄為陰。」

表現在人體關係上：「味歸形，形歸氣，氣歸精，精歸化，精食氣，形食味，化生精，氣生形，味傷形，氣傷精，精化為氣，氣傷於味。」

在陰陽二者的關係上：陰陽二者互根，陽既生於陰，陰又生於陽。

在解釋疾病成因上：「陰勝則陽病，陽勝則陰病。」意即疾病是陰陽失去了動態的相對的平衡。

五行學說是對陰陽學說的補充，它從人與自然密切相關的整體觀念出發，採用取類比象的方法和生克承制的規律，用以說人與自然等等方面的複雜的內部聯繫。

五行，就是金、木、水、火、土，是五種物質，也即是五種元素，是構成萬物的基體原質，上自星宿，下至人類，都是五行所為構成的，都有五行的氣質。

五行的相生為：木生火，火生土，土生金，金生水，水生木。

五行的相克為：木克土，土克水，水克火，火克金，金克木。

以上陰陽五行的概念都很簡單。

《黃帝內經》中，如果對於一般讀者，不從醫學的角度，而是從哲學的、人文學的角度來看，最有吸引力的便是其運氣學說了。

什麼是運氣學說呢？

運氣實際上是運和氣的合稱。

運，是指五運，即金、木、水、火、土五運。

氣，是指六氣，即風、君火、相火、濕、燥、寒六氣。

運氣學說就是以陰陽五行來說明和預測各年、月，甚至時的情

況下，其運和氣的變化情況和相互作用關係。

《黃帝內經》中的運氣學說集中在所謂的「運氣七篇」中，即是《天元紀大論》，《五運行大論》，《六微旨大論》，《氣交變大論》，《五常政大論》，《六元正紀大論》，《至真要大論》七篇。

運氣七篇內容極其豐富。從篇幅字數上看，七篇約占《黃帝內經—素問》的三分之一。

從內容上看，它從中醫學的指導思想、理論基礎、病因病機認識到診斷治療原則、方劑藥物的臨床運用都作了較系統的論述，特別是以預測運氣為特點，根據每年的天干地支，預測和推算每年各時的氣候與物候、病候及其診斷與治療的特點，更作了詳細的歸納和說明。

運氣學說實際上是一種中國古代樸素的預測學。

運氣學說能有些什麼作用呢？

簡單地說，運氣可以參考預測每年氣候變化和疾病流行的一般情況，還可以參考推測各年氣候變化和疾病流行特殊的情況，並且為預防災難、疾病及治療臨床診斷給出了各方面的重要參考都是有備無患的。

編者將在本書的最後，詳細地介紹運氣學說的舉例運用。

編輯本書的目的，便是針對廣大的讀者，能夠事半功倍地掌握這種運氣的推算方法和應用。所以本書並不是側重於醫學方面，而是讓讀者直接進入他們感興趣的領域。

運氣的推算，可見其來，可追其往。

運氣學說實際上是古代樸素的預測學，它強調了自然界中氣候變化與自然界生命現象之間不可分割的關係，強調了整個宇宙是一

個統一體，運氣學說以風、暑、熱、濕、燥、寒六氣，加臨於一氣的六節（兩個月為一節），由此推算五行勝復盈虧的道理，沒有不驗證的，甚至以這種方法來推算，一千年後的運氣情況也可以關在家裡坐著就能知道。

　　本書主要分為上下兩卷：

　　上卷《醫宗金鑒‧運氣要訣》詳解，主要是介紹和解釋《醫宗金鑒》中的《運氣要訣》。

　　《運氣要訣》是由清代御醫吳謙等人，根據《黃帝內經─素問》的內容編輯而成，是關於中國傳統運氣學說的簡明讀本，具有易記易誦的特點。

　　一日學習一首七言八句的歌訣，循序漸進，一月之內你將掌握整個的運氣推算方法。

　　《運氣要訣》現代語言版的注釋，使你不再為深奧的術語和文言所阻礙，附以運氣推算的圖示，方便你在進行推算時查閱。

　　下卷《黃帝內經》六十甲子運氣詳解，是作者根據《黃帝內經》運氣七篇中有關原文，作者編寫了「六十甲子詳解」兩章，六十甲子中每一年的運氣情況。

　　根據上卷介紹的運氣推算方法，下卷《黃帝內經》六十甲子運氣詳解詳細而完備地將一甲子六十年中，各年的運氣情況都推算出來，給以分析和講解。

　　這樣，一方面可以使讀者在這兩章中熟悉上卷運氣推算的術語和方法，另一方面便於讀者直觀的學習和作為資料的查閱。

　　讀者由此可以不費力氣地查到你所想知道的任何一年中的運氣

變化的情況。對於原文的講解，也可以讓讀者能在一個較高的層次上理解《黃帝內經》。

有興趣的朋友還可以把此書當作是一本入門的書，進一步學習《黃帝內經》。可以說讀者讀完此書後，反過來對《黃帝內經》的學習會容易得多了。

現在我們再來歸納一下《黃帝內經》有關運氣學說的內容，以便在下面幾章對方法的學習之中，心中有一個整體的概念。

首先，運氣學說強調了自然界中氣候變化與自然界生命現象之間的不可分割性，強調了整個宇宙是一個統一的整體。

運氣學說通過金、木、水、火、土五運和風、暑、熱、濕、燥寒六氣之間的運動變化，說明了宇宙間的自然變化都是彼此聯繫，相互作用，相互轉化，互為因果的。

運氣學說特別強調了人稟天地正常變化之氣而生存，受天氣異常變化之氣而百病由生。

運氣學說認為天、地、人為一體，統一起來認識，這是樸素的唯物主義和自發的辯證法思想。

其次，運氣學說強調了宇宙間一切事物都是在運動著的，不是絕對不變的，而是在那裡不斷地在發展、變化著。

運氣學說認為變化的產生都是五運之間運動不已的結果。而五運之間的運動不已，則又是由五運之間的盛衰盈虛而引起的。

運氣學說中說「氣有多少，形有盛衰，上下相如而損益彰」，「形有盛衰，謂五行之治」，「運靜相召，上下相臨，陰陽相錯而變由生」（《天元紀大論》），「成敗倚伏生乎動」（《五常政大論》）等

等，都說明上述道理的恒動觀。

　　第三，運氣學說強調了中國古代樸素的預測學一面，強調了自然界中的一切變化是可知的，是有其規律可循的，是可以為人所掌握和運用的。

　　運氣七篇中明確指出：「五氣運行，各終期日」，「九星懸朗，七曜周旋，曰陰曰陽，曰柔曰剛，幽顯既位，寒暑馳張」，「至數之機，迫迮記微，其來可見，其往可追」，「善言始者，必會於終，善言近者，必知其遠，是則至數極而道不惑」，「推而次之，令有條理，簡而不匱，久而不絕，易用難忘，為之綱紀」（《天元紀大論》）。

　　以上的引文明確地指出自然界中一切的變化是有規律可尋的，也就是說，既然有規律，就可以根據規律來預測，就可以按照公式來推算運氣。

　　七篇中還明確提出「必折其鬱氣，先資其化源，抑其運氣，扶其不勝，無使暴過而生其疾，食歲穀以全其真，避虛邪惡以安其正，適氣同異多少制之」（《六元正紀大論》），「通天之紀，從地之理，和其運，調其化，便上下合德，無相奪倫，天地升降，不失其宜，五運宣行，勿乘其政」（《六元正紀大論》）。

　　這就說明自然界中的變化規律不但可以認識，而且完全可以為人所掌握和運用。

　　編者必須在這裡聲明，《黃帝內經》中關於運氣學說和運氣的推算，絕不是迷信，也絕不能和一般的算命術混同起來。

　　也許一般的算命術中，尚有一些臆測和荒謬的方法，但《黃帝內經》中的運氣學說卻不是這樣的，它不是江湖騙術。

　　上面說過，運氣學說是我國古代哲學家、醫學家長期觀測和驗

證得出的樸素的預測方法，是指導生活實踐的樸素理論。古人在長期的生活和生產實踐中，注意到了四時氣候暑往寒來的一般特點，也注意到了各種流行疾病與季節之間的密切關係，注意到了各個年份在氣候和疾病上的共同點，也注意到了各個年份在氣候和疾病上的不同點，從而總結出了一套運氣的規律和推算方法。

我們應該重視運氣學說，理解我國傳統文化中的這一寶貴遺產。

覃賢茂 2020 年春於南京

《實用運氣推算・運氣要訣詳解與例證》
北京科學技術出版社94版《前言》

中國古代預測學的兩大組成部分，一是八卦占卜，一是運氣推算。

八卦占卜以《易經》為理論依據。

運氣推算以《黃帝內經》為理論依據。

當前國內外的文化市場，已經在《易經》的普及工作上下了很多功夫，八卦的概念已經深入人心和文化背景，然而關於運氣學說的內容，卻驚人地被忽略和遺忘了。

知八卦而不知運氣，猶如有兩腳之人卻只用獨腳行走，將去亦不遠。而那些想要追中國古典文化之根，求中國古典文化之源的學人們，如果不懂得八卦和運氣的學說，實際上根本無法觸及古典文化的靈魂和寶藏。

可以這麼說，八卦占卜和運氣推算，代表了漢文化的一種獨特的思維方法，這種思維方式在最為深層的結構中，影響了漢文化的發生、發展和壯大。

運氣推算其用大矣，所以真正感興趣於中國古典文化之人，不可不學，不可不知。

什麼是運氣推算？

簡言之，是以某種特殊的公式和定理，進行推演和計算，以求出想要知道的某年某月某日某時的運氣情況。

運，可分為五運，即木運、火運、土運、金運、水運這五運。

氣，又可分為六氣，即風氣、暑氣、熱氣、濕氣、燥氣、寒氣六氣。

運氣學說就是以陰陽五行來說明和預測各年、各月、甚至各日、各時的情況下，五運和六氣的變化情況和相互作用情況，以及由此相關的天候、氣候、物候、災候、病候等情況。

運氣推算不是子虛烏有的東西，如果我們掉以輕心，率性所為，必當與中國古典文化中極為寶貴的遺產失之交臂。

科學的文明給人類帶來進步，卻也在某些方面帶來思維上的誤區，這也是長期以來鮮有人提及運氣推算這一門精深學問的原因之一。

古人稱運氣學說的經典著作《黃帝內經》是「上窮天紀，下極地理，遠取諸物，近取諸身，更相問難，垂法以福萬世」，絕不是虛言。

實際上運氣學說乃是古代高人、望氣家、天文學家在觀測天體日月星辰的運動變化以及大地上生物的生長變化的基礎上發明和建立起來的。

其一整套的推算公式和理論，歷經幾千年的驗證，並非紙上談兵，確是有其預測學上的獨到之處。

自然界的變化情況是有一定規律的，也是可以在相當程度上去掌握的，《黃帝內經》中說：「至數之機，迫迮以微，其來可見，其往可追。」（《天元紀大論》）

運氣的推算正是這樣，可見其來，可追其往，這種預測是何等的誘人！而這種預測的方法，各種內部計算公式，又是何等的精密和幽微，貌似簡單，仔細推敲又奧妙無窮，非機械的定論。

運氣推算的理論散見於《黃帝內經》之中，相當的撲朔迷離，難以捉摸。而《黃帝內經》本身又是卷帙浩繁的鴻篇巨制，上達天文，下涉地理，又以醫學理論和臨床病證為主，一般人不得其門而入，這也是運氣學說難以普及的原因之一。

因此歷來學者通人都欲專門將《內經》中的運氣部分獨立成書來方便研究，各種專門研究《內經》運氣學的論文專著鱗次櫛比。

《運氣要訣》一書，即是其中一本相當成功的具有相當權威性的參考讀物。

《運氣要訣》刊行於清乾隆七年（1742 年），是當時官方權威機構編輯的一套醫學叢書《醫宗金鑒》中的一部獨立成篇的經典。

這套叢書的編輯運用了大量的人力物力，集上百名學者、通人、名醫，以相當嚴肅的態度來修編，「自三皇以至我朝，分門聚類，刪其駁雜，采其精粹，發其餘蘊，補其未備」，所以其簡明性、完備性、權威性是不言而喻的。

事實上，二百多年來，這一套叢書一直作為中醫理論的必讀書和首選參考書。

在《凡例》中，編者清人御醫吳謙等人對《運氣要訣》一部作了如下的說明：

「天時之不齊，民病所由生也。《素問》言五運六氣特詳，醫不明此，則不識亢害承制、淫勝鬱複之理，不足以稱醫之良也。但經文散見諸篇，學者每有望洋之歎。今搜集成編，俾一覽無遺，庶易於融會貫通。」

以上這一段文字完全說明了《運氣要訣》的緣起和大綱。

運氣學說雖見於《內經—素問》，但無專門著述，只散見各

篇，學者難以入室登堂。

《運氣要訣》一節將《內經》中有關運氣推算的學說編輯在一起，並附以詳圖和注釋，使運氣學說的內容一目了然，大大方便了初學者的專門學習和研究。

《運氣要訣》的一個最大特點是，為了便於學習者的記憶和理解，是以歌訣的形式（一般七言八句）將運氣學說的內容一一加以介紹，棄其偏駁，錄其精粹，易誦易記。

統觀《運氣要訣》，共二十九篇歌訣，實在是簡明扼要。

可以說這是初學者學習運氣理論最好最便捷的參考書了。

讀者只須每日學習一篇歌訣，一個月之後，就已經是精窺門經了。而且只要讀完這本書，就是不去參閱其他的書籍，也能夠進行運氣的推算了。

當然，如果要進一步的研究深造，可以再去看原文，這時你將事半功倍。

實際上，目前文化市場上能找到幾種版本的白話《黃帝內經》，但我肯定地說，如果讀者一點不懂運氣學說，即使是白話版的《黃帝內經》，也是極難讀懂的。

真正想學一點知識的讀者，真正想要領略運氣奧妙的讀者，《運氣要訣》一書，才是你們真正的入門讀物。

而對於絕大部分的人，即使是《運氣要訣》這樣簡明的古文教材，不加以現代語文通俗、淺顯的解釋，也是難以讀懂的，甚至附圖的讀法和示意，如果不加以指點，也會是讓人莫名其妙的。

運氣學說中的各種名詞概念，錯綜交織，關係難明，費人心

思。

《運氣要訣》刊行以來，雖已易數版，卻《運氣要訣》並沒有其他更為淺顯的注釋讀物。少數的學者通人，卻無意為此小事，或是出於不屑，或是出於疏漏。

我於客居他鄉之日，閒愁難遣之時，開始了《運氣要訣》的現代語言版詳解和釋例的枯燥工作。

我的目的是：予普通讀者方便。

我的詳解和注釋要達到這樣的效果：中等文化水準的一般讀者，經過此書的學習，不必參考其他書，基本上都能進行一般的運氣推算和預測。

為了幫助讀者清理運氣推算的公式、概念之間的關係，在進行完了對《運氣要訣》正文的注釋工作之後，附以總結一篇，勾勒出運氣學說的骨架和脈絡來。

最後再以例題及驗證一篇，幫助讀者進入實際的運氣推算的應用。

覃賢茂 1994 春於南京

上 卷

《醫宗金鑒・運氣要訣》詳解

太虛理氣天地陰陽歌

無極太虛氣中理，
太極太虛理中氣。
乘氣動靜生陰陽，
陰陽之分為天地。
未有天地氣生形，
已有天地形寓氣。
從形究氣曰陰陽，
即氣觀理曰太極。

原注

　　太者，極其至大之謂也；虛者，空虛無物之謂也。蓋極大極虛，無聲無臭之中，具有極大極至之理氣焉。理氣未分，而混沌者，太虛也。太虛曰無極者，是主太虛流行之氣中主宰之理而言也。故周子曰：無極而太極者，亦是以極無而推極有也，蓋極無中無是而非理，極有中無是而非氣。不以極無之理而推極有之氣，何以知有是氣也。不以極有之氣，而推極無之理，何以知有是理也。是則可知理氣以其分殊而言之二也，以其渾合而言之一也。有是理則有是氣，有是氣則有是理，名雖有二，其實則一，本無有無、一二、先後之可言也。乘氣動靜生陰陽者，謂太極乘氣機之動而生陽，乘氣機之靜而生陰，即周子曰：太極動而生陽，靜而生陰之謂

也。然不曰無極動而生陽，靜而生陰，而曰太極動而生陽，靜而生
陰者，蓋以無極專主乎理，言理無動靜故也，太極兼主乎氣，言氣
有動靜故也。陰陽之分為天地者，謂陰陽流行，相生不已，積陽之
清者為天，積陰之濁者為地。故周子曰：分陰分陽，兩儀立焉也。
未有天地氣生形者，謂未有天地，惟太虛中之一氣化生天地之形
也。已有天地形寓氣者，謂已有天地，而太虛之氣即已寓於天地之
形也。是以天得之以資萬物之始，地得之以資萬物之生也。從形究
氣曰陰陽者，陰陽即理中流行之氣也。即氣觀理曰太極者，太極即
氣中主宰之理也。故周子曰：陰陽一太極者，是指氣之極者而言
也，太極本無極者，是指理之極者而言也。

詳解

　　這是開章明義的第一篇歌訣，闡發運氣學說的哲學道理。

　　如果從運氣推算術的技術面來看，這一段話主要起著對運氣學
說指導思想的提示作用，並沒有太多的實際意義。所以初學者運氣
推算術的讀者，一開始也可以不必在這段文章中下大功夫。對這一
段口訣，只要有所瞭解和領會，知道大概是怎麼回事就行了。

　　當你通讀完全書，瞭解並掌握了運氣推算術的技術之後，再回
過頭來學習這段口訣，可能會有更深更本質的心領神會。

　　雖然這樣，我們還是先來大致看看這段口訣中講的是什麼意
思。

　　「太」，是極其至大的意思；
　　「虛」，是空虛無物的意思。

在極大極虛、無聲無臭之中，存在著極大極至的「理」和「氣」。當理和氣尚未分開，成一片混沌的時候，這就是所謂的「太虛」。

「無極太虛」指的是對太虛流行之氣中起主宰作用的理而言的。

「太極太虛」指的是對太虛起主宰作用的理中流行之氣而言的。

「理」和「氣」都是很抽象難解的概念，其實它們是一而二，二而一的東西。

「理」和「氣」都不能割裂開而言，從它們的分別來說是兩個東西，從它們的渾合來說，則是一個東西。有「理的存在」，才有「氣」的存在；有「氣」的存在，才有「理」的存在。

「理」和「氣」名稱上不同，其實其本質是一回事，並不存在有和無、一和二、先和後的說法。

「乘氣動靜生陰陽」，這句話講的是太極乘氣機之動而生陽，乘氣機之靜而生陰，也就是所謂的「太極動而生陽，靜而生陰」。

為什麼不說是無極動而生陽、靜而生陰，而要說太極動而生陽、靜而生陰呢？

這是因為無極是專門針對理而言的，而理則無所謂動和靜。而太極則專門是針對氣而言的，而氣就有動和靜的分別了。

「陰陽之分為天地」，講的是當陰陽產生流行之後，陰陽相生，循環不已，陽中的清者積而為天，陰中的濁者積而為地，因此有了天和地之分。

「未有天地氣生形」，講的是在還沒有天地之時，由太虛之

中，氣化生出天地之形，即所謂「氣生形」。

「已有天地形寓氣」，講的是已有天地之後，當初的太虛之氣即已經存在於天地之形中了，「氣」寓含於「形」中。

天得到太虛之氣用來資助萬物的開始；

地得到太虛之氣用來資助萬物的生長。

陰陽是理中流行之氣，所以說「從形究氣曰陰陽」。

太極是氣中起主宰作用之理，所以說「即氣觀理曰太極」。

這幾句歌訣統領了《黃帝內經－素問》中關於運氣學說的指導思想。用現代語言來說，這就是「整體觀」和「恒動觀」。

所謂「整體」，即必須以完整全面的觀念來看待問題，不能片面割裂。

所謂「恒動」，即對待一切事物都要以其不斷運動變化的角度來認識。

上面所言「太極」、「太虛」，就是以整體觀的思維在看問題。

「氣」和「理」，「陰」和「陽」，不僅是整體，而且是恒動相互變化不息的。

《黃帝內經》中《天元紀大論》一篇中說：「太虛寥廓，肇基化元，萬物資始，布氣真靈，總統坤元，九星懸朗，七曜周旋，曰陰曰陽，曰柔曰剛，幽顯既位，寒暑馳張，生生化化，品物咸章。」

這一段話可以輔助理解本段口訣。

太虛廣大無極，即一切物質運動原始的根源基礎，萬物依此而資生資始，風、火、濕、燥、寒等五氣在太空中往返地運行、敷布，生機勃勃，成為大地上一切物質正常生長、變化的力量源。有

了日月星辰在太空中循回運轉，所以才有了晝夜，也就有了陰陽剛柔，有了寒暑冷熱，這樣的生長和變化，才有大地上萬物的繁榮和茂盛。

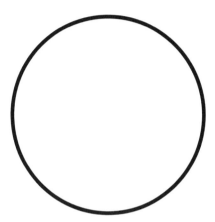

圖一　太虛圖

太虛者，太極也，太極本無極，故名曰太虛。《素問一天元紀大論》曰：太虛寥廓，肇基化元，萬物資始，布氣真靈，總統坤元，九星懸朗，七曜周旋，曰陰曰陽，曰柔曰剛，幽顯既位，寒暑馳張，生生化化，品物咸章。

圖二　陰陽圖

《來知德易經》注曰：對待者數，流行者氣，主宰者理。即此三句，而天地萬物，無不包括其中矣。

　　本段口訣，乃內經運氣的哲學要義，雖然看上去並沒有什麼實在的東西，但卻依然不可忽視，它介紹了運氣學說的理論基礎。

　　運氣學說和運氣的推算，不是迷信，也不是偽科學，它實在有獨到難解的道理。這個道理可以使我們窮一生精力，衣帶漸寬而不悔，去參詳和覺悟。

五行質氣生克制化歌

天地陰陽生五行，
各一其質各一氣，
質具於地氣行天，
五行順布四時序。
木火土金水相生，
木土水火金克制，
亢害承制制生化，
生生化化萬物立。

原注

　　天地既立，而陰陽即在天地之中，陽動而變，陰靜而合，生五行也。天一生水，地六成之；地二生火，天七成之；天三生木，地八成之；地四生金，天九成之；天五生土，地十成之，是五行各一其質也。東方生木，木之氣風；南方生火，火之氣熱；中央生土，土之氣濕；西方生金，金之氣燥；北方生水，水之氣寒，是五行各一其氣也。在地曰木，在天曰風；在地曰火，在天曰熱；在地曰土，在天曰濕；在地曰金，在天曰燥；在地曰水，在天曰寒，是五行質具於地，氣行於天也。木位東方，風氣布春；火位南方，熱氣布夏；土位中央四維，濕氣布長夏；金位西方，燥氣布秋；水位北方，寒氣布冬，是五氣順布四時之序也。即周子曰：陽變陰合，而

生水、火、木、金、土。五氣順布，四時行焉。木生火，火生土，土生金，金生水，水復生木，是五行相生，主生養萬物者也。木克土，土克水，水克火，火克金，金克木，木復克土，是五行相克，主殺害萬物者也。相克則死，相制則生。木亢害土，土亢害水，水亢害火，火亢害金，金亢害木，此克其所勝者也。然我之所勝之子，即我之所不勝者也。我畏彼子出救母害，不敢妄行，承愛乃制，制則生化，則各恒其德，而生化萬物，無不具也。假如木亢太過，土受制矣，是我勝其我之所勝者也。土之子金，承而制焉，則我畏我之所不勝，自然承受乃制，制則生化矣。火亢太過，金受制矣，金之子水，承而制焉。土亢太過，水受制矣，水之子木，承而制焉。金亢太過，木受制矣，木之子火，承而制焉。水亢太過，火受制矣，火之子土，承而制焉，五行皆若此也。此所以相生而不害，相制而不克也。而生生化化，萬物立命之道，即在於是矣，此五行生克制化之理，不可不知者也。

詳解

　　這一段口訣是介紹運氣學說最基本的知道即陰陽五行的概念。

　　易經中的預測學是借六爻八卦的演算來實現其預測技術的，而《黃帝內經》中的預測學則是用陰陽五行六氣生生克克的動轉關係來實現其非常精妙而準確的預測目的。

　　所以如果對陰陽五行的概念理解不透，一旦進行正式的複雜運氣演算之時，就會感到顧此失彼，只見樹木不見森林，難以正確而快速地得出預測結論。

　　天地既立之後，陰陽就已經存在於天地之中了，陰陽動靜變

化，就產生了五行。

五行就是木火土金水。

《黃帝內經—素問—藏氣法時論》中說：「五行者，金木水火土也，更貴更賤，以知死生，以決成敗，而定五臟之氣，間甚之時，死生之期也。」

由此可見五行在預測術中的重要性。

五行各一其質，指的是五行各有各的性質。

五行的性質用生數和成數來描述：

水的生數為一，成數為六；

火的生數為二，成數為七；

木的生數為三，成數為八；

金的生數為四，成數為九；

土的生數為五，成數為十。

生數和成數中的一、二、三、四、五，表示水、火、木、金、土這五種物質在變化中的先後及地位。

古人以為水在物質生長變化中處於首要的地位，沒有水就不能產生物質變化，所以說「天一生水」，水的生數是第一位。

單有水還不行，沒有火這個水也不能發生變化，因此火居第二位，「地二生火」，火的生數為二。

在水和火的作用下才能產生生命現象，因此木代表生，木居第三位，「天三生木」，木的生數為三。

有了發生，就必然有成熟和結果，金代表收和成，因此金居第四位，「地四生金」，金的生數是四。

以上這些水、火生成現象必須要在土的基礎上才能進行，因此

土居第五位，土的生數是五，「天五生土」。

土是基礎，是萬物之母，沒有土，就不可能有變化，也就無所謂成熟。所以五行的成數，就是在生數之上再加上土的生數五而得來的。

水的成數則是一加五為六，地六成之；

火的成數則是二加五為七，天七成之；

木的成數是三加五為八，地八成之；

金的成數是四加五為九，天九成之，

土的成數是五加五為十，地十成之。

五行各一氣，指的是五行各有不同的布氣：

東方生木，木之氣是風；

南方生火，火之氣是熱；

中央生土，土之氣是濕；

西方生金，金之氣是燥；

北方生水，水之氣是寒。

五行的運行：

在地曰木，在天曰風；

在地曰火，在天曰熱；

在地曰土，在天曰濕；

在地曰金，在天曰燥；

在地曰水，在天曰寒；

這就是五行「質具於地，氣行於天」的意思。

五氣順布，四時之序，指的是：

木的位置在東方，風氣布於春天；

火的位置在南方，熱氣布於夏天；

土的位置在中央，濕氣布於長夏天；

金的位置在西方，燥氣布於秋天；

水的位置在北方，寒氣布於冬天。

「木火土金水相生」指五行的相生關係是：

木生火，火生土、土生金、金生水、水生木。

我們可以這樣來理解五行相生關係：木可燃，燃而生火，故木生火。火熄滅之後留下來的是灰燼，灰燼乃塵土一類，故火生土。土質、礦質一類可以提煉出金屬，所以土生金。金在受高熱時由固態轉為液態，故金生水。最後樹木的成長必須有水的澆灌，故水生木。

這樣來解釋，雖然有些牽強生硬，但對於初學者來說，卻可以感性地理解五行的相生關係。

五行相生，主生養萬物，萬物都是在五行相生之中生長和繁榮的。

「木土水火金克制」，講的是五行之間的相克制的關係。

我們也可以這樣來理解五行的相克關係。

木生長在土之上，吸取土壤的養料，木旺盛時，土質卻貧瘠了，所以說木克土。

水的流動須受河堤或土勢的制約，所以說土克水，所謂兵來將擋，水來土掩，正是說明了土可以克制水。

水可以澆滅火，所以水克火。

金在火的燒煉之下改變了它日常之態，所以說火克金。

金屬練成利器，可以伐木，所以說金克木。

以上的解釋只是幫助初學者加深印象。

五行相克，主殺害萬物。相克則死，相制則生。

「亢」，亢奮，亢盛的意思。

「害」，傷害、殺害的意思。

例如，木亢則害土。木本來就克土，現在木比平時還亢盛，那麼其被克的土，就要大受其害了。

土亢害水。土本來就克水，現在土比平時一般情況下還要亢盛強大，水不僅被克，簡直就是要大受其害。

水亢害火。水本來就克火，現在水亢盛，金只有被其所害。

金亢害木。金本克木，金勢亢盛不可阻擋，木自然被其所害。

以上的這些情況是克其所勝，克制自己所能勝過不如自己的，但是我所勝的五行之子，即是我之所不勝者。

例如木勝土，土之子即為金之所生，為金，金即是木所不能勝的。

火勝金，金之子即為金之所生，為水，水即是火所不能勝的。

土勝水，水之子即為水之所生，為木，木即是土所不能勝的。

金勝木，木之子即為木之所生，為火，火即是火所不能勝的。

「亢害」承制制生化，生生化化萬物「立」，講的是五行中，雖然某一性質可亢可害其所勝，但其所勝之子，即其所不勝者。由於這一性質畏懼其所勝者之子出來救其母之所害，所以不能妄行。承受乃制，制則可以生生化化，每一性質有每一性質的用途，這樣萬物生長、成長，沒有不是這樣的。

　　舉例來說，假如木亢太過，土受其害，是木勝其木之所能勝的。

　　土之子是土生金之金，接著來制約木亢太過害其母土，則木畏其所不勝之金，自然收斂，不能亢奮，這樣一來就恢復了相對平衡，萬物可以正常生生化化。

　　又如火亢太過，金受制約，金之子為金生水，就會出來糾正這種不平衡。

　　土亢太過，水受到約制，水之子為水生木，木就會反過來約制土亢。

　　金亢太過，木受到期制約，木之子為木生火，火就會反作用於金，抑制金亢。

　　水亢太過，火受到克制，火之子為火生土，土就會出來反而抑制水亢。

　　萬物的生生化化一切皆是在這種微妙的動態平衡之中，亢害承制。

　　圖3、4，是非常有用而簡單的歸納和總結，可以一目了然看懂本段口訣中所講的主要內容。

　　圖中的文字應該按順時針方向來解讀。

圖3　五行圖

例如，在圖 3 五行圖中，就讀為：

　　「質木，氣風，風氣布春。」

　　「質火，氣暑，火氣布夏。」

　　「質土，氣濕，濕氣布長夏。」

　　「質金，氣燥，燥氣布秋。」

　　「質水，氣寒，寒氣布冬。」

　　從裡層到外層一圈一圈解讀。

圖4　五行生克制化圖

再如，在圖4五行生克制化圖中，應這樣從裡向外順時針讀作：

木，生火，克土，土子金制木。

火，生土，克金，金子水制火。

土，生金，克水，水子木制土。

金，生水，克木，木子火制金。

水，生木，克火，火子土制水。

　　這兩個圖完全說明了五行的辯證邏輯關係，萬物立命、生長，無不包含這個最基本的道理。

　　我們必須透徹掌握這些基礎理論。

運氣合臟腑十二經絡歌

醫明陰陽五行理，
始曉天時民病情。
五運五行五氣化，
六氣天地陰陽生。
火分君相氣熱暑，
為合人之臟腑經。
天干起運地支氣，
天五地六節制成。

原注

　　學醫業者，必要明天地陰陽、五行之理，始曉天時之和不和，民之生病之情由也。人皆知五運化自五行、五質、五氣也，而不知六氣化自天地陰陽、六質、六氣也。六質者，即經曰木、火、土、水、金、火，地之陰陽也，生、長、化、收、藏下應之也。六氣者，即經曰風、暑、濕、濕、燥、寒，天之陰陽也，三陰三陽上奉之也。是以在地之火分為君火、相火；在天之氣分為熱氣、暑氣，為合人之五臟六腑，包絡十二經也。天干陰陽合而為五，故主五運。甲化陽土，合人之胃。己化陰土，合人之脾。乙化陰金，合人之肺。庚化陽金，合人大腸。丙化陽水，合人膀胱。辛化陰水，合人之腎。丁化陰木，合人之肝。壬化陽木，合人之膽。戊化陽火，

合人小腸。癸化陰火，合人之心。相火屬陽者，合人三焦。相火屬陰者，合人包絡。此天干合人之五臟六腑十二經也。地支陰陽合而為六，故主六氣。子午主少陰君火，合人之心與小腸也。丑未主太陰濕土，合人之脾與胃也。寅申主少陽相火，合人之三焦包絡也。卯酉主陽明燥金，合人之肺與大腸也。辰戌主太陽寒水，合人之膀胱與腎也。巳亥主厥陰風木，合人之肝與膽也。此地支之合人之五臟六腑十二經也。天數五，而五陰、五陽，故為十干。地數六，而六陰六陽，故為十二支。天干之五，必得地支之六以為節，地支之六，必得天干之五以為制，而後六甲成，歲氣備。故一歲中運，以七十二日五位分主之，六氣以六十日六步分主之也。

詳解

　　這一段口訣是在介紹了陰陽五行理論的基礎上，進一步介紹五運、六氣的概念，以及五運六氣和人體臟腑之間的對應關係。

　　這一節是頗有實用價值的介紹，而且對於預測人體災病方面很有用處，所以必須先要瞭解。

　　這種思想是「天人合一」、「天人相應」的觀念。天時之運氣的變化要影響到人體，某一運某一氣的變化所影響人的身體部分也各不相同。

　　「醫明陰陽五行理，始曉天時民病情。」這兩句話從字面上就很好理解。

　　學醫之人，必須要先懂得陰陽、五行的生克相化的道理，才能知曉天時變化，天時的和與不和，人民生病的情由。

　　在中國古代，其實醫相同源。最早的時候，醫生和巫師或預言

家往往集於一人，所以運氣學說的產生離不開醫相。

雖然我們這本書是從人文角度來介紹運氣學說的知識，不是專門介紹醫學的，但還是免不了要涉及一些醫學知識。

「五運五行五氣化」，講的是五運是由五行、五質、五氣化生而來的。

五行、五質、五氣的概念，在《五行質氣生克制化歌》中已經講到。

五行：木、火、土、金、水。

五質：質木、質火、質土、質金、質水。

五氣：風氣、火氣、濕氣、燥氣、寒氣。

五運就是指木運、火運、土運、金運、水運，是由五行五質五氣化生而來的。

「六氣天地陰陽生」，講的是六氣又是由天地陰陽、六質、六氣化生而來的。

六質，指《內經》上說的木、火、土、金、水、火，是地之陰陽。

注意六質中火出現兩次，下面要講到。

六質下應生、長、化、收、藏。

六氣，指《內經》上說的風、暑、濕、燥、寒、火，是天之陰陽，以三陰三陽相應於這六氣。

「火分君相氣熱暑」，就是說以上講的六質中，火出現兩次，在地分為君火、相火，在天分為熱氣和暑氣。

君火和相火有什麼分別，是什麼意思呢？

「君」，主神明，為最高主持者。

「火」，指事物生長和變化的動力。

「君火」就是使事物生長變化的最高主持者和動力。

「相火」是在君火指揮下具體完全，促使自然界多種生物成長變化或人體生長發育的火。相火是在君火主持下發揮其作用的，處於臣使的地位，有了它，君火的作用才能具體的落實。

為什麼五行中木、土、金、水都各為一，而火卻獨分為二呢？

因為火是使物質變化的原因和動力，沒有火的作用物質就不能發生變化，自然界生、長、化、收、藏上現象就不能進行，因此火在六氣六步之中從時限上看，君火、相火各主一步，好像占了兩步，而實際上君火這一步統帥著全年的變化。從生、長、化、收、藏的物化作用來說，只有相火主長，因此實際上仍只占一步。

「為合人之藏腑經」，指六氣五運與人的五臟六腑相合，包絡十二經。

天干陰陽合而為五，故主五運。

分別論述為：

甲化陽土，合人之胃。

己化陰土，合人之脾。

乙化陰金，合人之肺。

庚化陽金，合人大腸。

丙化陽水，合人膀胱。

辛化陰水，合人之腎。

丁化陰木，合人之肝。

壬化陽木，合人之膽。

戊化陽火，合人小腸。

癸化陰火，合人之心。

相火屬陽者，合人三焦。

相火屬陰者，合人包絡。

以上就是天干合人之五臟六腑十二經也。

地支陰陽相合，主六氣：

子午主少陰君火，合人之心與小腸也。

丑未主太陰濕土，合人之脾與胃也。

寅申主少陽相火，合人之三聯單焦包絡也。

卯酉主陽明燥金，合人之肺與大腸。

辰戌主太陽寒水，合人之膀胱與腎。

巳亥主厥陰風木，合人之肝與膽也。

以上就是地支之合人之五臟六腑十二經也。

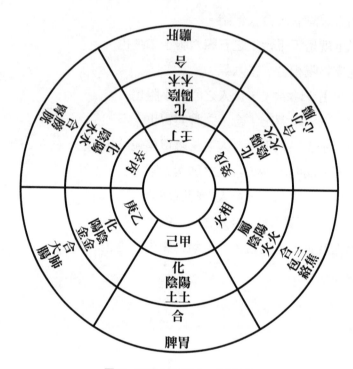

圖五　五運合臟腑十二經絡圖

　　以上的內容歸納在《五運合臟腑十二經絡圖》（圖五）與《六氣合臟腑十二經絡圖》（圖六）中，讀者可以很方便地找到圖中的合化關係。

　　圖五、圖六讀法同樣按順時針方向。

　　例如在《五運合臟腑十二經絡圖》中，應讀為：

　　甲己，化陽土陰土，合胃脾。

　　其餘類此。

　　又如在《六氣合臟腑十二經絡圖》中，應讀為：

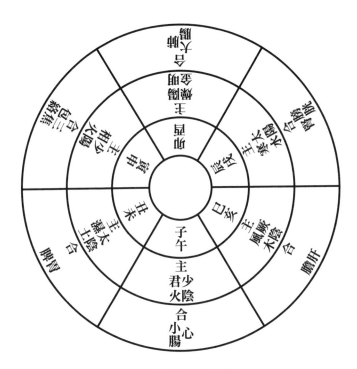

圖六　六氣合臟腑十二經絡圖

子午，主少陰君火，合心小腸。

其餘類此。

最後「天五地六節制成」，指的是天干之數為五，五陰五陽故為十干支。

地支之數為六，六陰、六陽故為十二地支。

天干五數、地支六數必須相互節制，相配成六十甲子，每一歲的歲氣都備於其中，因此每一年中，分為五運，每運七十二日，分別以五運主之，而六氣則每一氣占六十日，分別六氣主之。

主運歌

五運五行御五位，
五氣相生順令行。
此是常令年不易，
然有相得或逆從。
運有太過不及理，
人有虛實寒熱情。
天時不知萬物病，
民病合人臟腑生。

原注

　　主運者，主運行四時之常令也。五行者，木、火、土、金、水也。五位者，東、南、中、西、北也。五氣者，風、暑、濕、燥、寒也。

　　木御東方風氣，順布春令，是初之運也。火御南方暑氣，順布夏令，是二之運也。土御中央四維濕氣，順布長夏之令，是三之運也。金御西方燥氣，順布秋令，是四之運也。水御北方寒氣，順布冬令，是五之運也。此是天以五為制，分五方主之，五運五氣相生，四時常令，年年相仍而不易也。然其中之氣化，有相得或不相得，或從天氣，或逆天氣，或從天氣而逆地氣，或逆天氣而從地氣。故運有太過不及、四時不和之理，人有臟腑經絡、虛實寒熱不

同之情,始召外邪令化而生病也。天時不和,萬物皆病,而為民病者,亦必因其人臟腑不和而生也。

詳解

主運,指一年中主管運行四季之中常而不變的運。

主運是每一年氣候的一般常規變化,這些變化基本上是年年如此固定不變的。

五行,已經介紹過是木、火、土、金、水。

五位,指的是東、南、中、西、北。

五運和五行統御東南中西北五位,即所謂「五運五行御五位」。

五氣,是指風、暑、濕、燥、寒這五氣。

「五氣相生順令行」,指的是風、暑、濕、燥、寒這五氣依著相生的關係順布於一年中的時令。

一年之中:

初運為木運,木御東方風氣,順布春令;

二運為火運,火御南方暑氣,順布夏令;

三運為土運,土御中央四維濕氣,順布長夏之令;

四運為金運,金御西方燥氣,順布秋令;

五運即終運,是水運,水御北方寒氣,順布冬令。

這就是一年中的常令,每年如此不變易。

主運圖歸納了五運的基本概念,讀者可以一目了然地查讀。

圖七　主運圖

　　五運的每一運的特點與其五行屬性相關。

　　每一年的哪一段時間屬於哪一運，那麼氣候變化或者是萬物化生、人體臟腑的病症也就與這一運的五行特性相關。

　　例如當這段時間是木運主事之時，這段時間的氣候變化特點就與木密切相關，反應在人體臟腑上就與肝的作用密切相關。

　　當這段時間是火運主事時，這段時間的氣候變化特點就與火密切相關，反應在人體臟腑上就與心等的作用密切相關。

　　當土運主事時，其氣候變化就與土密切相關，在人的身上就與脾胃作用相關。

　　金運主事，氣候變化與金密切相關，在人身上就與肺的作用密切相關。

　　水運主事，氣候變化與水密切相關，反應在人的臟腑上就與腎的作用密切相關。

　　五運的變化常年不易，然而其中的氣候變化，有相得或不相得，或從天氣，或逆天氣，或從天氣而逆地氣，或逆天氣而從地氣，所以運有太過、不及，四時不調和之理，人相應也有臟腑經絡，虛實寒熱不同之情。

　　天時不和，萬物皆病。人的生病，也是一定因為人的臟腑感外邪而不和這樣產生的疾病。

　　運氣的太過、不及的道理，在後面有專文介紹，這裡就不詳論了。

　　這就是本段口訣的主要意思。

主氣歌

主氣六位同主運，
顯明之右君位知。
退行一步相火治，
復行一步土治之，
復行一步金氣治，
復行一步水治之，
復行一步木氣治，
復行一步君治之。

原注

　　主氣者，厥陰風木，主春初之氣也；少陰君火，主夏之二之氣也；少陽相火，主盛夏三之氣也；太陰濕土，主長夏四之一氣也；陽明燥金，主秋五氣也；太陽寒水，主冬六之氣也。此是地以六為節，分六位主之。六氣相生，同主運五氣相生，四時之常令也。顯明者，正南之位當君位也。而君火不在位治之，反退位於次，以相火代君火，司化則當知，即經云：少陰不司氣化之義也。正南客氣，司天之位也，司天之右，天之右間位也；在主氣為二之氣位，是少陰君火之位，主行夏令之氣也。故曰：顯明之右，君火之位也。君火之右，退行一步，乃客氣司天之位也；在主氣為三之氣位，是少陽相火之位，主行盛夏之令之氣也。不曰復行，而曰退行

者，以臣對君之命，承命司化，不敢背行，故左間位也；在主氣為四之氣位，是太陰濕土之位，主行長夏令之氣也。復行一步，金氣治之，乃客氣地之右間位也；在主氣為五之氣位，是陽明燥金之位，主行秋令之氣也。復行一步，水氣治之，乃客氣在泉之位也；在主氣主六之氣位，是太陽寒水之位，主行冬令之氣也。復行一步，木氣治之，乃客氣地之左間位也；在主氣主初之氣位，是厥陰風木之位，主行春令之氣也。復行一步，君火治之，即前君火之位治之也。

詳解

這一段口訣介紹的是一年中主氣的概念。

主氣，其含義與主運相近，指的是一年之中主管各個時節的氣候特點，或者是氣候的常規變化。由於每一年這些氣候常規變化基本不變，年年如此，固定不變，所以稱為主氣。

地以六為節，分六位主之，所以主氣也分為六步如下：

初之氣，厥陰風木，主春；

二之氣，少陰君火，主夏；

三之氣，少陽相火，主盛夏；

四之氣，太陰濕土，主長夏；

五之氣，陰明燥金，主秋；

六之氣，太陽寒水，主冬，亦為終之氣。

這六氣六步，與主運一樣，是年年如此，固定不變的，這就是「主氣六位同主運」的含義。

圖八　主氣圖

　　圖八《主氣圖》已經將以上的內容包括進去了，讀者可以隨時查閱，並且熟記心中。

　　主氣圖的讀法是按順時針方向。

　　例如：

　　厥陰，初之氣，木氣治之；

　　其餘類推。

　　「顯明」指陽氣逐漸明顯。

　　春「顯明」在後天八卦圖上是正南之位，正南即是君位，是三之氣相火的位置（也是客氣司天之位，這要參照後面的客氣的解釋），而不是二之氣君火之位，所以是君火不在位治之，反退位於次，是以相火代君火司掌氣化，所以說君火之位是在顯明之右（即客氣司天之右間位，見後面的客氣的解釋），

　　從君火的位置是看，相火在君火之右，不曰相火復行而曰退行者，是因為相火為臣，對君之面，承君之命在正南方主司氣化，不敢背行，故曰退行一步，其實和復行一步的意思是一樣的。

　　「復行一步土治之」，指少陽相火主時復向右（順時針方向）行一步，即是太陰濕土主時。

　　「復行一步金氣治」，指太陽濕土再向右行一步為陽明燥金主時。

　　「復行一步水治之」，指陰明燥金主時再向右行一步為太陽寒水主時。

　　「復行一步木氣治」，指太陽寒水主時再向右行一步是厥陰風木主時。

　　「復行一步君治之」，指按順時針方向右行厥陰風木之後就又回到少陰君火主時了。

　　以上是根據自然界中風、君火、相火、濕、燥、寒的客觀存在及其在一年之中各個季節的對應關係情況，將一年分為六個階段，亦六位六步，每步六十日有奇。

　　以上的變化年年如此，周而復始往復循環。

客運歌

五天蒼丹黅玄素，
天氣天干合化臨，
甲己化土丙辛水，
丁壬化木乙庚金，
戊癸化火五客運，
起以中運相生輪。
陰少乙丁己辛癸，
陽太甲丙戊庚壬。

原注

　　五天者，蒼天，天之色青者也；丹天，天之色赤者也；黅天，天之色黃者也；玄天，天之色黑者也；素天，天之色白者也。天氣者，蒼天之氣，木也；丹天之氣，火也；黅之天，土也；玄天之氣，水也；素天之氣，金也。天干者，甲、乙、丙、丁、己、戊、庚、辛、壬、癸也。古聖仰觀五天五氣，蒼天木氣下臨丁壬之方，故識丁壬合化而生木運也；丹天火氣下臨戊癸之方，故識戊癸合化而生火運也；黅天土氣下臨甲己之方，故識甲己合化而生土運也；玄天水氣下臨丙辛之方，故識丙辛合化而生水運也；素天金氣下乙庚之方，故識乙庚合化而生金運也，此天氣天干合化，加臨主運五位之客運也。起以所化，統主本年中運為初運，五行相生，以次

輪取。如甲己之年，土運統之，起初運。土生金為二運，金生水為三運，水生木為四運，木生火為五運。餘四運皆仿土運起之。乙、丁、己、辛、癸屬陰干，為五陰年，主五少不及之運。甲、丙、戊、庚、壬屬陽干，為五陽年，主五太太過之運也。

詳解

本段口訣是在介紹了主運主氣的概念之後，介紹另一種運——客運的概念。

客運乃與主運相對，加臨在主運之上那一種客臨的運。

主運是一年中因定不變的大規律大氣候，客運是一年中各個不同的時期中有著特殊變化的次級規律和小氣候。

客運雖然也有一定的運轉規律可行，但是在十年之內，年年不同，就像作客人一樣來來去去，所以稱為客運。

客運與主運一樣，也分為木運、火運、土運、金運、水運五步。

客運的每一運的特點也與其五行屬性密切相關，在不同階段的不同客運反應了天氣或人的身體變化的特殊的地方。比如說某一階段是木運為客運，這個階段的氣候除了在大的方面合乎主運的規定之外，其局部和特殊的變化則與這個木運的客運相密切聯繫，在氣候上表現出木氣的特點，如多風。在人的臟腑身上則表現出與肝的作用相密切聯繫。

再如這個運季的客運是土運的話，這個運季的局部特殊氣候變化就與濕的作用密切關係，在人的臟腑上就表現出與脾的作用密切相關。

其餘的客運同樣可以此類推。

「五天」，指蒼天、丹天、黅天、玄天、素天五種。

運氣學說的發明是古人在認真觀察天體日月星辰的運動變化以及大地上生物的生長變化規律基礎上總結出來的，運氣學說中所推算的運氣觀念及氣候等的變化規律及運算公式也是來源於實際的觀察，根據天文、地理、自然氣候變化的客觀表現而歸納出來的，「五天」的概念也是古代望氣家和天文學家在觀察星象天文時所得出的。

蒼天，指天之色青者；

丹天，指天之色赤者；

黅天，指天之色黃者；

玄天，指天之色黑者；

素天，指天之色白者。

古代望氣家看到蒼天之青氣，青氣在五行上屬木；

丹天之赤氣，赤氣在五行上屬火；

黅天之黃氣，黃氣在五行上屬土；

玄天之黑氣，黑氣在五行上屬水；

素天之白氣，白氣在五行上屬金。

前面已經講過，甲乙屬東方，丙丁屬南方，戊己屬中央，庚辛屬西方，壬癸屬北方。

古代的星相學家和望氣家觀察到五天五氣，看到蒼天的木氣下臨丁壬的方位，所以認識到丁壬合化而生木運。

同樣的道理，因為觀察到丹天的火氣下臨戊癸的方位，所以戊癸合化而生火運；

黅天的土氣下臨甲己之方，故識甲己合化而生土運也；

玄天的水氣下臨丙辛之方，故識丙辛合化而生水運也；

素天金氣下乙庚之方，故識乙庚合化而生金運也。

以上就是天干天氣的分化，加臨到主運上的五種客運。

「起以中運相生輪」中的中運，一般也可稱為大運，也就是主管全年中的總領的那種運。

以某一年的天干合化而得值年大運，即中運，這一運就是這一年客運的初運。

客運的初運按照中運（當年的值年大運）確定以後，以下按照五行屬性相生的關係，就可以循序推出二運、三運、四運和終運。

這就是「起以中運相生輪」的意思。

舉例來說，如果這年的中運（值年大運）是木運（天干上為丁壬之年的中運為木運），那麼客運的初運也就是木運，以此相推，二運是木生火為火運，三運為火生土為土運，四運是土生金為金運，終運為金生水為水運。

又如天干是戊癸之年，中運為火運，那麼這一年客運的初運就是火運，二運為火生土為土運，三運為土生金為金運，四運為金生水為水運，終運為水生木為木運。

天干是甲己之年，中運為土運，那麼這年客運的初運為土運，依次相生，二運為金運，三運為水運，四運為木運，終運為火運。

天干是乙庚之年，中運為金運，那麼這一年客運的初運由金運起，依次相生，二運為水運，三運為木運，四運為火運，終運為土運。

天干是丙辛之年，中運為水運，那麼這一年水運為初運，二運為木運，三運為火運，四運為土運，五運為金運。

天干為甲、乙、丙、丁、己、戊、庚、辛、壬、癸也，其中

乙、丁、己、辛、癸屬陰干，為五陰年，而甲、丙、戊、庚、壬屬陽干，為五陽年。

陰屬少、不及，因此凡是天干上帶乙、丁、己、辛、癸之年份的，其中運的值年大運為不及之運。

陽屬太、大過，因此凡是天干上帶甲、丙、戊、庚、壬的年份的，其中運的值年大運就為太過之運。

關於太過、不及之運的更為具體的概念，我們將在後面專節的歌訣中詳解。

為什麼干支的單數為陽，雙數為陰呢？

有一種說法是凡先言者為剛為陽，後言者為柔為陰。也就是說甲在前，故為陽，乙在後故為陰。

但有一個問題是先後的關係是相對的，乙比甲後，但與丙前，但乙為陰，丙在後反而為陽了。

實際上干支本帶有數字的涵義，而數字不論大小，卻有奇偶之分，所以奇為陽，偶為陰，這就是天干中陰陽屬性的答案。

本節中客運的概念非常重要，雖然客運為客，實際在運氣預測的演算之中，它比主運起到更大的作用。

主運為一年四季的氣候基本的規律，春、夏、秋、令，是一般的普遍規律，而客運則是普遍中的特殊，所以更有重大的意義，可以使我們不僅知常，而且知變，所以讀者對客運的要領要給以特別的重視。

圖九的《客運圖》歸納了客運的基本演算規律，讀者可以方便地根據這個圖來推演客運。

這個圖的讀法依然是按順時針方向。

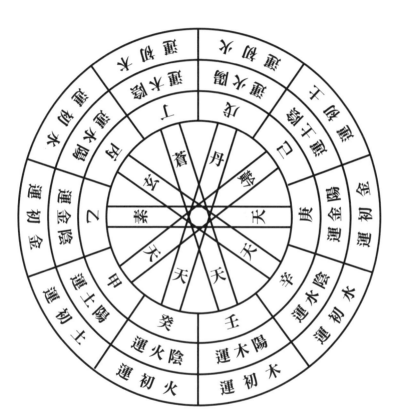

圖九　客運圖

客氣司天在泉間氣歌

子午少陰君火天，
陽明燥金應在泉。
丑未太陰太陽治，
寅申少陽厥陰聯。
卯酉郤與子午倒，
辰戌巳亥亦皆然。
每歲天泉四間氣，
上下分統各半年。

原注

　　天干起運，地支起氣。此言地之陰陽，正化、對化，加臨主氣，六位之客氣也。如子午之歲，少陰君火治之，起司天也。陽明燥金在下，起在泉也。氣由下而升上，故以在下之陽明起之，陽明二陽，二陽生三陽，三陽太陽，故太陽寒水為客初氣，即地之左間也。三陽，陽極生一陰，一陰厥陰，故厥陰為客二氣，即天之右間也。一陰生二陰，二陰少陰，故少陰為客三氣，即司天之氣也。二陰生三陰，三陰太陰，故太陰為客四氣，即天之左間也。三陰陰極生一陽，一陽少陰，故少陽為客五氣，即地之右間也。一陽生二陽，二陽陽明，故陽明為客六氣，即在泉之氣也。丑未寅申之歲，皆仿此法起之。卯酉郤與子午倒換，辰戌郤與丑未倒換，巳亥郤

與寅申倒換。謂卯酉之歲，陽明燥金司天，少陰君火在泉；辰戌之歲，太陽寒水司天，太陰濕土在泉；巳亥之歲，厥陰風木司天，少陽相火在泉，彼此倒換也。每歲司天在泉左右四間氣者，即六氣分統上下，本年司天統主上半年，在泉統主下半年之統氣也。

　　在介紹了客運之後，接著介紹客氣和司天在泉四間氣的詳細概念。

　　天干起運，地支起氣，所以客氣是與地支相配合的。

　　什麼是客氣呢？

　　客氣的概念與客運的概念有某些相似之處。客氣是指各年氣候上的異常變化。

　　客氣的運轉雖然一般也有規律可尋，但是它年年轉移，與固定不變的五氣不同，好像是作客之人一樣，去去來來，要相隔很長一段時間才重新回來，所以我們叫它客氣。

　　現在我們學習兩對相近的概念：

　　主運——客運。

　　主氣——客氣。

　　我們已經介紹過主氣分為風、相火、君火、濕、燥、寒六氣。主氣主管每年中各個階段的季節氣候，是一種大氣候，一種大的固定不變的常規規律。

　　客氣同主氣一樣也分為風、相火、君火、濕、燥、寒六氣，其五行特點在前面我們已經介紹過了。

　　客氣同客運一樣相當的重要，是我們通常測變的最重要的依

據。客氣的最大特點是，它不僅主管每一個季節的氣候等特殊變化情況，還可以概括全年的總體變化情況。客氣十二年一轉，在這十二年之中是年年各不相同的。

在本節介紹客氣推算之前，我們還要瞭解一些相關的基本知識。

首先是三陰三陽的概念。

陰陽可分可合，合則為一陰一陽，分則為三陰三陽。

三陰為一陰（厥陰）、二陰（少陰）、三陰（太陰）。

三陽為一陽（少陽）、二陽（陽明）、三陽（太陽）。

其中一、二、三的量度是作為其陰陽變化之階段或品質的順序。

厥陽是陰氣含量最少的初級階段，少陰的陰氣為第二，太陰陰氣最盛，是陰變化之最後階段。

少陽的陽氣含量為最少，為陽之初，陽明的陽氣居中，太陽為陽氣發展到頂點極至最盛的階段。

以地支與上面三陰三陽相配合，產生如下的演算基本公式，這個公式是必須熟記的，這種配合恒常不變的：

子午少陰君火；

寅申少陽相火；

丑未太陰濕土；

卯酉陽明燥金；

巳亥厥陰風木；

辰戌太陽寒水。

下面介紹司天在泉的概念。

前面已經說過客氣不僅可以主管一年中各階段氣候的特點，而且還可以概括和統領全年的氣候特點，這種對全年的概括和統領就

反映在司天和在泉二氣的概念上。

主管每年上半年的客氣就叫司天之氣。

主管每年下半年的客氣叫在泉之氣。

司天在泉的四間氣就是在司天之氣和在泉之氣左右的氣。

一年中的六氣分六步來運轉，司天之氣占一步，司天之氣的左邊一步是司天左間氣，司天之氣的右邊是司天右間氣。

在泉之氣在下半年中占一步，在泉之氣的左邊一步是在泉左間氣，在泉之氣的右邊是在泉右間氣。

所以客氣就是司天之氣和在泉之氣加上司天在泉左右二間氣，共為六氣，分別加臨在一年中六步主氣之上。

按照三陰三陽的次序，司天與在泉是一對相對的概念，所以如果用陽來配司天之氣，那麼在泉之氣一定為陰。如果以陰來配司天之氣，在泉之氣又一定是陽。

司天在泉的陰陽，在它們的陰陽的多少或階段上也是一一對應的。

例如：如果司天之氣是一陰（厥陰），在泉之氣就必定是一陽（少陽）；如果司天之氣是二陰（少陰），在泉之氣就必定是二陽（陽明）；如果司天之氣是三陰（太陰），在泉之氣就必定是三陽（太陽）。

反之也是一樣：如果司天之氣是一陽（少陽），那麼在泉之氣一定是一陰（厥陰）；如果司天之氣是二陽（陽明），那麼在泉之氣一定是二陰（少陰）；如果司天之氣是三陽（太陽），那麼在泉之氣一定是三陰（太陰）。

司天之氣和在泉之氣如果確定下來了，那麼司天之氣和在泉之氣的左右二間氣根據三陰三陽的相生關係也可以確定下來。

現在來看歌訣中的說法：

「子午少陰君火天」，講的是凡是干支的地支上是子午的這樣的年份，其司天之氣就是少陰君火司天。

前面已經介紹了地支配三陰三陽的情況是恒常不變的公式，所以以子午之歲，配以少陰，必定配以君火。

「陽明燥金應在泉」，講的是承上句子午之歲，少陰君火司天，那麼就必定是陽明燥金為這一年的在泉之氣。因為司天之氣和在泉之氣一上一下相對而設，陰陽相配，所以知道了司天之氣，就可以順推在泉之氣。

少陰（二陰）的相對為陽明（二陽），所以少陰司天時，陽明就必定為在泉之氣。陽明與地支相配的公式是陽明配燥金，所以在泉之氣為陽明燥金。

知道了子午之歲的司天在泉之氣，就可以順推出其左右二間氣了。

請讀者對照圖十《客氣司天在泉間氣圖》。

這是一個簡單明瞭的圖示，根據這個圖我們可以方便地查出任何一年中六步客氣的加臨的情況。

我們先來看《客氣司天在泉間氣圖》中最正中的那個圓形示意圖，正中的圓形示意圖中最內層的位置上寫有「六步」兩個字，這個圖示明瞭一年中六步客氣所應占的位置和次序。

我們可以看到司天之氣恒常不變地處於六步中三之氣的位置，而在泉之氣卻處在與司天之氣相對應的六之氣的位置上。

同樣，我們可以看到司天之氣的右間氣處在二之氣的位置，司天之氣的左間氣處在四之氣的位置上。在泉之氣的右間氣處在五之氣的位置上，在泉之氣的右間氣處在初之氣的位置上。

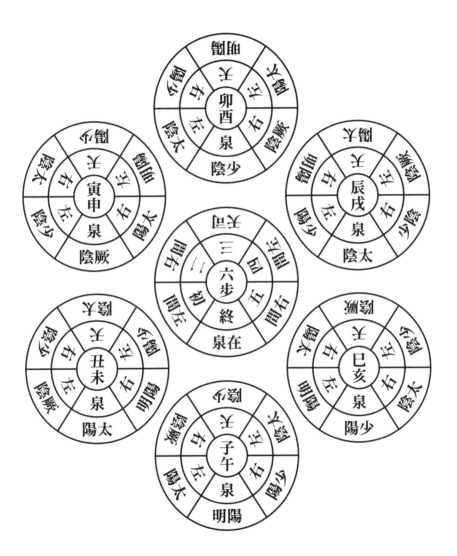

圖十　客氣司天在泉間氣圖

現在我們再來看《客氣司天在泉間氣圖》中最正下方的那個圓形示意圖，那個圓形圖內層寫著「子午」兩個字，代表凡是六十甲子的天干地支的地支上帶有子午的年份。

這樣的年份有十年，排列如下：

壬子、壬午；

戊子、戊午；

甲子、甲午；

庚子、庚午；

丙子、丙午。

從子午之歲的示意圖中，可以看出這十年都是少陰司天，陽明在泉。

司天在上，在泉在下，古人認為氣是由下往上升的，所以推算客氣六步以在泉之氣開始。陽明為二陽，二陽生三陽，三陽即是太陽，所以太陽寒水這客氣的初氣，也就是在泉之氣的左間氣。

讀者請注意這個圖中是簡示，只寫了三陰和三陽，讀者應該按照地支配三陰三陽六氣的公式把後面的內容加進去。

如看見少陰，就是少陰君火；

看見少陽，就是少陽相火；

看見太陰，就是太陰濕土；

看見陽明，就是陽明燥金；

看見厥陽，就是厥陰風木；

看見太陽，就是太陽寒水。

現在我們再介紹子午之歲的客氣六步的運轉情況。

初之氣為太陽寒水，太陽為三陽，為陽之極端，極而生變，三陽生一陰，即是厥陰，所以客氣的二之氣就是厥陰風木，也就是司

天之氣的右間氣。

一陰生二陰，二陰少陰，所以三之氣就是少陰君火，也就是司天之氣。

二陰生三陰，三陰太陰，所以客氣的四之氣就是太陰濕土，也就是司天之氣的左間氣。

三陰太陰，為陰氣之極點，陰極而生變，三陰生一陽，一陽即少陽，所以客氣的五之氣就是少陽相火，也就是在泉之氣的右間氣。

一陽生二陽，二陽陽明，所以陽明為客氣的六之氣，也就是在泉之氣為陽明燥金。

按照對子午之歲的分析，我們可以逐一推算出其餘各年的客氣六步司天在泉四間氣的情況。

我們在《客氣司天在泉間氣圖》中可以分別讀出。

丑未之歲，共有以下十年：

丁丑、丁未；

癸丑、癸未；

己丑、己未；

乙丑、乙未；

辛丑、辛未。

丑未十年之歲，太陰濕土為司天之氣，太陽寒水為在泉之氣。

初之氣厥陰風木；

二之氣少陰君火；

三之氣太陰濕土；

四之氣少陽相火；

五之氣陽明燥金；

終之氣太陽寒水。

寅申之歲，共有以下十年：

壬寅、壬申；

戊寅、戊申；

甲寅、甲申；

庚寅、庚申；

丙寅、丙申。

凡這十年都是少陽相火為司天之氣，厥陰風木為在泉之氣。

初之氣少陰君火；

二之氣太陰濕土；

三之氣少陽相火；

四之氣陽明燥金；

五之氣厥陰風木；

終之氣太陽寒水。

卯酉之歲，共有如下十年：

丁卯、丁酉；

癸卯、癸酉；

己卯、己酉；

乙卯、乙酉；

辛卯、辛酉。

這十年都是陽明燥金司天，少陰君火在泉。

初之氣太陰濕土；

二之氣少陽相火；

三之氣陽明燥金；

四之氣太陽寒水；

五之氣厥陰風木；

終之氣少陰君火。

辰戌之歲，共有如下十年：

壬辰、壬戌；

戊辰、戊戌；

甲辰、甲戌；

庚辰、庚戌；

丙辰、丙戌。

這十年都是太陽寒水司天，太陰濕土在泉。

初之氣，少陽相火；

二之氣，陽明燥金；

三之氣，太陽寒水；

四之氣，厥陰風木；

五之氣，少陰君火；

終之氣，太陰濕土。

巳亥之歲，共有十年：

丁巳、丁亥；

癸巳、癸亥；

己巳、己亥；

乙巳、乙亥；

辛巳、辛亥。

這十年都是厥陰風木司天，少陽相火在泉。

初之氣，陽明燥金；

二之氣，太陽寒水；

三之氣，厥陰風木；

四之氣，少陰君火；

五之氣，太陰濕土；

終之氣，少陽相火。

口訣中「丑未太陰太陽治」，即是指前面講解的丑未之歲，太陰濕土為司天之氣，太陽寒水為在泉之氣。

「寅申少陽厥陰聯」，即是指寅申之歲，少陽相火司天，厥陰風木在泉。

「卯酉卻與子午倒」，指卯酉之歲的司天在泉的情況與子午之歲的司天在泉的情況恰好相互倒換。

見《客氣司天在泉間氣圖》，子午為少陰，下為陽明，正好與卯酉相反，上為陽明，下為少陰。

「辰戌巳亥亦皆然」，指的是辰戌與丑未的情況正好相反，巳亥與寅申相反，司天在泉對換了位置。

司天之氣反映當年的全年氣候的特殊變化情況，但著重在上半年。在泉之氣一方面受統管全年的司天之氣的影響，卻又能著重反映下半年的特殊變化情況。

四間氣則是一方面受到司天在泉之氣的影響和統領，另一方面卻能反映它所在的那一步的時間中的主要特殊變化。所以司天在泉四間中存著三個不同等級的統屬關係，最下一級是平行的各管各的那一步的時間的初之氣到終之氣的六氣。

第二個層次是司天之氣和在泉之氣的平行，司天統領上半年，在泉統領下半年；司天統領初之氣、二之氣和三之氣三步，在泉統領四之氣、五之氣和六之氣另外三步。

最後一個層次就是司天之氣對全年各步的統領，還要作用於在泉之氣。

這就是口訣中「每歲天泉四間氣，上下分統各半年」的準確含義。

筆者為本段口訣作了非常詳細的大篇幅的解釋，就是因為客氣的概念是相當重要的。

運氣學說是以常測變，客氣正是反映了特殊的變化規律。在進行運氣的推算和預測時，用客氣加臨到主氣上去，可以說明很多問題。

如果當年司天在泉四間氣中所表現出來的特殊變化與這一年氣候的基本一般變化規律相差不大，那麼這一年運氣變化情況就較為平和，問題不大。

例如太陰濕土司天之年，按照上面的推算方法，應該是太陽在泉，司天之左間氣為少陽，右間氣為少陰，在泉之左間氣為厥陰，右間氣為陽明，排列客氣六步順序應為：初之氣厥陰風木，二之氣少陰君火，三之氣太陰濕土，四之氣少陽相火，五之氣陽明燥金，終之氣太陽寒水。

對照主氣的情況：初之氣厥陰風木，二之氣少陰君火，三之氣少陽相火，四之氣太陰濕土，五之氣陽明燥金，終之氣太陽寒水。

主氣的客氣加臨基本一致，變化不會太大，運氣上沒有什麼大的問題。

如果情況相反，主氣客氣之出入太大，甚至完全相反，那麼變化就激烈了，影響就很大了。

例如厥陰風木司天之年，按上述推算方法，厥陰司天，則少陽為泉，司天左間為少陰君火，右間為太陽寒水。在泉左間為陽明燥金，右間為太陰濕土。那麼排列厥陰風木司天的順序為：初之氣，陽明燥金；二之氣，太陽寒水；三之氣，厥陰風木；四之氣，少陰

君火；五之氣，太陰濕土；終之氣，少陽相火。

　　與上面所列主氣六步相臨，步步相克不利，必然在運氣上變化激烈。應冷不冷，應熱不熱，應燥不燥，應濕不濕，這樣的情況必然會對萬物不利，影響世間正常生生化化。

　　關於具體如何預測，後面我們還要介紹。但基本的思想方法就是這樣主客加臨，以常測變，在普遍情況中看到特殊。

　　一甲子六十年中各年的運氣變化，都可以根據這樣主客加臨的方法推算，在這裡我們首先要掌握主運——客運和主氣——客氣這兩個加臨概念。

運氣分主節令歌

大立雨驚春清穀，
立滿芒夏小大暑，
立處白秋寒霜立，
小大冬小從頭數。
初大二春十三日，
三運芒種十日甫，
四運處暑後七日，
五運立冬四日主。

原注

　　天以六為節，謂以二十四氣六分分之，為六氣之六步也。地以五為制，謂以二十四氣五分分之，為五運之五位也。二十四氣，即大寒、立春、雨水、驚蟄，主初之氣也；春分、清明、穀雨、立夏，主二之氣也；小滿、芒種、夏至、小暑，主三之氣也；大暑、立秋、處暑、白露，主四之氣也；秋分、寒露、霜降、立冬，主五之氣也；小雪、大雪、冬至、小寒，主終之氣也。此主氣、客氣分主六步之時也。大寒起，至春分後十二日，主初運也。春分十三日起，至芒種後九日，主二運也。芒種十日起，至處暑後六日，主三運也。處暑七日起至立冬後三日，主四運也。立冬四日起，至小寒末日，主五運也。此主運客運分主五位之時也。

詳解

前面已經介紹了主運、主氣、客運、客氣的具體概念，我們已經能看到五運六氣在推算和預測天候、物候和病候等方面很有作用，但在五運六氣在一年中如何分佈，或者說某一個時間到底屬於哪一運或哪一氣，這個問題的答案就在本節。

本節的主要內容是介紹五運和六氣在一年中具體時間的化分。

知道了五運六氣具體的時間，你在進行運氣推算時就可以判斷出你要算的那個時間準確的主運、客運、主氣、客氣。

一年中，按陰曆可分為二十四個節氣。

這二十四個節氣是：大寒、立春、雨水、驚蟄、春分、清明、穀雨、立夏、小滿、芒種、夏至、小暑、大暑、立秋、處暑、白露、秋分、寒露、霜降、立冬、小雪、大雪、冬至、小寒。

每一個節氣管十五天多一點。

六氣的六步正好以二十四節氣六分之，每步為四個節氣。從每年的大寒日開始計算，十五天多一點為一個節氣，四個節氣為一步，每一步為六十天又八十七刻半，六步為一年。

初之氣：大寒、立春、雨水、驚蟄；

二之氣：春分、清明、穀雨、立夏；

三之氣：小滿、芒種、夏至、小暑；

四之氣：大暑、立秋、處暑、白露；

五之氣：秋分、寒露、霜降、立冬；

終之氣：小雪、大雪、冬至、小寒。

以上就是主氣、客氣分主六步之時的情況。

　　主運分五步，分司一年中五個運季，每步所主的時間亦即每個運季一步所點的時間為七十三日零五刻。

　　主運五步的推算也同樣從大寒日開始。

　　一般說來，木運起於大寒日，此為初之運；

　　火運起於春分後十三日，此為二之運；

　　土運起於芒種後十日，此為三之運；

　　金運起於處暑後七日，此為四之運；

　　水運起於立冬後四日，此為終之運。

　　但是從交司的時間上來說，各年可能小有出入。

　　現將各年主運交司時刻簡介如下：

　　一、子、辰、申年

　　初運：大寒日寅初初刻起。

　　二運：春分後十三日寅正一刻起。

　　三運：芒種後十日卯初二刻起。

　　四運：處暑後七日卯正三刻起。

　　五運：立冬後四日辰初四刻起。

　　二、丑、巳、酉年

　　初運：大寒日巳初初刻起。

　　二運：春分後十三日巳正一刻起。

　　三運：芒種後十日午初二刻起。

　　四運：處暑後七日午正三刻起。

　　五運：立冬後四日未初四刻起。

　　三、寅、午、戌年

　　初運：大寒日申初初刻起。

　　二運：春分後十三日申正一刻起。

三運：芒種後十日起。

四運：處暑後七日酉正三刻起。

五運：立冬後四日戌初四刻起。

四、卯、未、亥

初運：大寒日亥初初刻起。

二運：春分後十三日亥正一刻起。

三運：芒種後十日子初二刻起。

四運：處暑後七日正子三刻起。

五運：立冬後四日丑初四刻起。

十二支中，子、辰、申、寅、午、戌在陰陽屬性上屬陽，所以凡以上地支的年份均屬陽年。

在五行上也一樣，子為陽水，申為陽金，辰、戌為陽土，午為陽火，寅為陽土。

而十二支中，丑、巳、酉、卯、未、亥在陰陽屬性上屬陰，所以凡地支為丑、巳、酉、卯、未、亥等年均屬陰年。

在五行上，巳為陰火，酉為陰金，丑、未為陰土，亥為陰水，卯為陰木。

凡陽年的初運，均起於陽時，所以申、子、辰之陽年起於寅，寅、午、戌三陽年都起於申。

凡陰年的初運均起於陰時，所以巳、酉、丑三陽年都起於巳，亥、卯、未三陽年都起於亥。

《五運節令圖》和《六氣節令圖》，歸納和概括了本段口訣的基本內容，讀者同樣可以很方便地查閱和一目了然地抓住要點。

以上兩圖讀法還是順時針方向。

圖十一　五運節令圖

在《五運節令圖》中，應讀成：

初運，木、大寒日交；

二運，火、春分後第十三日交；

三運，土、芒種後十日交；

四運，金、處暑後七日交；

終運，水、立冬後四日交。

在《六氣節令圖》中，內圈一層是十二地支。其中，正月屬寅、二月屬卯、三月屬辰、四月屬巳、五月屬午、六月屬未、七月

圖十二 六氣節令圖

屬申、八月屬酉、九月屬戌、十月屬亥、冬月屬子、臘月屬丑。

由於寅卯是正二月，屬春季，木旺於春，故配以木。

巳午是四五月，是夏季，火旺於夏，故巳午屬火。

申酉是七八月，是秋季，金旺於秋，故申酉屬金。

亥子是十冬月，是冬季，水旺於冬，故亥子屬水。

六氣節令圖中第二內層，是六氣的屬性「厥陰、少陰、少陽、太陰、陽明、太陽」，圖中其餘都很好懂，這裡就不多說了。

五音主客太少相生歌

主運角徵宮商羽，
五音太少中運取。
如逢太徵太商年，
必是少角少宮羽。
若逢太角宮羽年，
必是少商與少徵。
以客取主太少生，
以主定客重角羽。

原注

　　主運之音，必始角而終羽者，乃五音分主四時，順布之常序也。然陽年為太，陰年為少者，是五音四時太過不及之變化也。如逢戊年太徵，庚年太商之年，則主運初運，必是少角，二運則是太徵，三運必是少宮，四運則是太商，終運必是少羽也。若逢壬年太角，甲年太宮，丙年太羽之年，則主運初運則是太角，二運必是少徵，三運則是太宮，四運必是少商，終運則是太羽也。故曰太少皆以中運取，此是以客之中運取主之五運，太少相生之義也。又以主之太少，定客之五運，太少相重之法，以發明相加相臨，太過不及之理也。

詳解

宮、商、角、徵、羽，這是中國古代音樂中用來記譜的五音。其中，宮為低音，商為次低音，角為中音，徵為次高音，羽為最高音。

古人用五音建運，五音相應於五運。

宮運相當於土運；

商運相當於金運；

角運相當於木運；

徵運相當於火運；

羽運相當於水運。

宮為五音中最低音，以它代表土運，因為宮音是其他四音的基礎音，這就如同土為萬物生長的基礎一樣。

商為五音中次低音，其聲較哀怨低沉，很像秋意蕭索，金氣蕭氣的象徵，所以用商來代表金運。

角的音位在清濁之間，不高不低，象徵溫和的春天，不冷不熱，木氣平和，所以用角來代表木運。

徵在五音中代表次高音，古人以為其聲次清，和而美，雖然偏高，但還是十分協調，象徵火運平氣之年雖陽氣旺盛，但不過分，所以用徵來代表火運。

羽是五音中的最高音，水運平氣之年，水源充足，腎藏不竭，自然氣候、物候及人體生理活動均處於高能狀態，好像高亢激越的羽音一樣，所以用羽來代表水運。

「主運角徵宮商羽」，指以五音建運，主運必然是初運為角運，二運是徵運，三運是宮運，四運是商運，終運是羽運。

由於天干地支紀年有陽年、陰年之分，陽年為大，陰年為少，所以有五音五運一年四季中的太過、不及的變化。

「五音太少中運取」指的是五音五運太過或不及的變化由中運的太過或不及來確定。

我們提到過，中運，即是一年中的值年大運，統管一年中的天候、氣候、物候、病候等的變化。中運的推算在客運中已經介紹過了，即中運就是客運中的初運。

從一甲子六十編年的天干來看：

甲己化土運；

乙庚化金運；

丙辛化水運；

丁壬化木運；

戊癸化火運。

其中天干上是甲、丙、戊、庚、壬的年份是陽年，主中運的太過。天干上是乙、丁、己、辛、癸的年份是陰年，主中運的不及。

五音的太少變化從中運的太少變化來確定。例如：逢戊年和庚年之時，戊年化火運太過，庚年化金運太過。從五音上來說，戊年就是太徵庚年為太商之年。

那這樣的年份中，五運應為：

初運少角，木運不及；

二運太徵，火運太過；

三運少宮，土運不及；

四運太商，金運太過；

終運少羽，少運不及。

也就是說，戊年的中運火運太過，庚年的中運金運太過，由於

中運統領全年，有極大的能量和特徵，所以這一年中主運和中運相同的那一運，必然也隨之所影響。相應的火運、金運的二運、四運也要太過，如上面所排列出來的，這就是口訣中「如逢太徵太商年，必是少角少宮羽」的意思。

同樣的道理，如果逢上天干上是壬年、甲年、丙年的，他們相應的中運是：

壬年木運太過、太角；

甲年土運太過、太宮；

丙年水運太過、太羽。

這樣年份的太角、太宮、太羽，都必然要反映到這些年份中的主運上去，使主運也有太過不及之相應變化。

這樣年份的主運寫出來就是：

初運是太角；

二運是少徵；

三運是太宮；

四運是少商；

終運則是太羽。

這就是口訣中「若逢太角宮羽年，必是少商與少徵」的意思。

主運中的各運的太少先由中運的太過、不及而確定，再以太少相生，確定其他的各運。

如上面太角之後，必然由太生少而為少徵。少徵之後，以少生太必然為太宮。

其餘皆以此類推。

客運的五運，也同樣有太少之分。

客運的概念在前面也有專節介紹。

　　客運的計算方法是在每年歲運的基礎上進行的，每年的值年歲運就是當年客運的初運，以下各運按五行相生的次序依次推移。

　　例如壬年，為太角之年，客運的初運就是太角，而客運的其他運的太少關係則要根據主運的太少關係來看。

　　「以主定客重角羽」，指的是用主運的太少關係，來定客運的太少關係。主運中的太少應該與客運中的太少相吻合，使角運羽運相重疊。

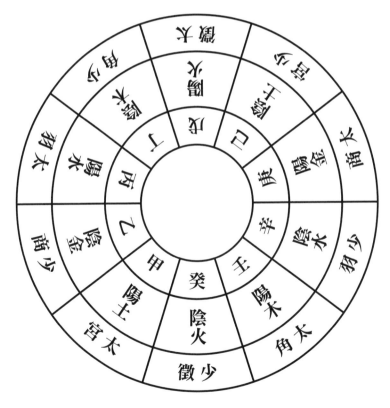

圖十三　五音太少相生圖

　　舉例來說，例如戊年，為火運太過，為太徵，其客運的初運為太徵。

　　以主運定客運，先看主運應是：

　　初運少角；

　　二運太徵；

　　三運少宮；

　　四運太商；

　　終運則是少羽。

　　主運推演太少是先定下二運為太徵，再用太少相生定其他。

　　而客運則應重疊角運、羽運，那麼應為：

　　初運太徵；

　　二運少宮；

　　三運太商；

　　四運少羽；

　　終運則是少角。

　　如果我們只是以客運起初運太徵來推演其他運的太少關係，則可能失誤，而成了初運太——二運少——三運太——四運少——五運太。

　　而實際上四運少羽之後五運還是少角，所以客運的各運的太少關係要以主運來定，而且要重疊主運中的角運和羽運。

　　為了使讀者很好理解，再舉一例。如天干為乙之年，為金運不及之年，即少商之年，客運初運少商。

　　按前面的方法，先推主運的太少關係，先定下主運中的商運（四運）為少商，由太少相生，羽運（五運）應為太羽。而三運亦為太宮，倒推二運為少徵，倒推初運為太角。

即：主運初運太角；

二運少徵；

三運太宮；

四運少商；

五運太羽。

定下了主運的太少關係，再推客運的太少關係。

客運必須與主運的太少關係重疊保持一致，所以客運應為：

客運初運少商；

二運太羽；

三運太角；

四運少徵；

五運太宮。

讀者通過了這幾個例子可以詳細而準確地理解這一節的推算方法了。

本節中的《五音太少相生圖》可以幫助讀者推算運氣的太過不及時使用。

五運齊化兼化六氣正化對化歌

運過勝己畏齊化，
不及乘衰勝己兼。
太過被克不及助，
皆為正化是平年。
氣寅午未酉戌亥，
正司化令有餘看。
子丑卯辰巳申歲，
對司化令不足言。

原注

　　五運之中運，統主一年之運也。中運太過則旺，勝己者則畏其盛，反齊其化矣。如太宮土運，反齊木化；太角木運，反齊金化；太商金運，反齊火化；太徵火運，反齊水化；太羽水運，反齊土化也。即經所謂畏其旺，反同其化，薄其所不勝也。中運不及則弱，勝己者，則乘其衰，來兼其化矣。如少宮土運，木來兼化；少角木運，金來兼化；少商金運，火來兼化；少微火運，水來兼化；少羽水運，土來兼化，即經所謂乘其弱，來同其化，所不勝薄之也。中運戊辰陽年，火運太過，遇寒水司天，則為太過被制；中運乙卯陰年，金運不及，遇燥金司天，則為同氣；中運辛卯陰年，水運不及，則為相生；俱為不及得助。凡遇此類，皆為正化平和之年也。

氣者，六氣之客氣，統一歲之司化之氣也。如厥陰司巳亥，以厥陰屬木，木生於亥，故正化於亥，對化於巳也。少陰司子午，以少陰為君火，當正南離位，故正化於午，對化於子也。太陰司丑未，乙太陰屬土居中，王於西南未宮，故正化於未，對化於丑也。少陰司寅申，以少陽屬相火，位卑於君火，火生於寅，故正化於寅，對化於申也。陽明司卯酉，以陽明屬金，酉為西方金位，故正化於酉，對化於卯也。太陽司辰戌，以太陽為水，辰戌屬土，然水行土中，而戌居西北，屬水漸王之鄉，是以洪範五行，以戌屬水，故正化於戌，對化於辰也。是以寅、午、未、酉、戌、亥為正化。正化者，令之實，主有餘也。子、丑、卯、辰、巳、申對化。對化者，令之虛，主不足也。

詳解

中運統領主管全年的天候、氣候、物候、病候等的變化情況。

中運太過之時，這一運就比平時一般情況興旺亢盛。

從五行生克的道理上講，由於這一運旺盛，那麼本來能克制它的那種五行屬性則要受它很大的影響，畏懼它的強盛，因而不僅不能去很好地克制它，反而要表現出示弱，被一這旺運齊化。

這就是「運過勝己畏齊化」的意思。舉例來說，如這一年是太宮土運，土運太過旺盛，那麼本來木能克土，現在木就會畏懼土的亢盛，不僅不能表現出木克土的克制作用，反而被齊化，在氣候上反而表現出土的特質。

如春天本來是木氣所生，現在土旺，那麼在氣候上可能不僅風木的特點不顯著，而卻表現出土旺的濕氣的特點。

　　同樣的道理，太角木運之年，金運要被其齊化，在這一年中該表現出金運的特點時，可能卻不明顯，而表現出風木的特點。

　　太商金運之年，火運或火氣要被金運太過所齊化，使這一年中該出現火氣的特點時可能表現不出來，反而表現出金氣的清蕭特點。

　　太徵火運之年，水運或水氣要被火運太過所齊化，使這一年中該出現水氣的特點時可能表現不出來，反而表現出火氣的特點。

　　太羽水運之年，土運或土氣要被水運太過所齊化，使這一年中該出土氣濕氣的特點時可能表現不出來，反而表現出水氣寒氣的特點。

　　如果是中運不及的情況，那麼這一年的統管的中運比平時一般情況還要弱水。

　　在五行屬性上能勝過這一年的中運，即能克制中運的運氣，這時就不僅能像正常情況下克制住中運，而且要欺乘中運的弱小，兼化中運，使中運不能很好地表現出自己的特點，反而表現出欺乘它的那種運氣的特點。

　　這就是「不及乘衰勝己兼」的意思。

　　舉例來說。

　　如少宮土運之年，木來兼化。這一年可能有時不僅土運的特點表現不出來，反而使木的特點表現出來；

　　少角木運之年，金來兼化。這一年可能有時不僅木運的作用表現不充分，反而金的特點明顯表現出來；

　　少商金運之年，火來兼化。這一年可能有時不僅金運的作用表現不出來，反而表現出火的特點；

　　少徵火運之年，水來兼化。這一年可能有時不僅火運用的作用

表現不出來，反而表現出水的特點；

少羽水運之年，土來兼化。這一年可能有時不僅水運的作用體現不出來，而濕土的作用卻非常明顯。

「太過被克不及助，皆為正化是平年」，講的是這一年的中運如果出現太過之運被克制，或者中運不及之年得到支助的這兩種情況，都屬於正化，是平氣之年。

平氣之年，指的是這一年的運氣變化比較平和，沒有什麼太大的變化，既不是太過份，也不是太弱小不及。

某一年是否平氣之年，這一般是根據這年中運的太過或不及與同一年的司天之氣及干支屬性之間的相互關係來確實的。這裡提到的運太過而受抑制，和運不及而得助兩種情況，都是平氣之年。

所謂運太過而受抑制，指的是凡屬於中運太過的年份，如果同一年的司天之氣在五行屬性上與它是一種相克制的關係，能夠克制住這一年中運的五行屬性，那麼這種情況就稱為運太過而受抑制，表現出來這一年的特點就不顯著，為平氣之年。

例如，中運戊辰陽年這一年，中運是火運太過，而我們可以算出這一年的司天之氣是太陽寒水司天，水克火，司天克中運，所以這就是運太過而受抑的例子之一，這一年為平氣之年，氣候變化不大。

在一甲子六十年之中，逢運太過而被抑而得到平氣的年份有以下的六年：戊辰、戊戌、庚子、庚寅、庚申。

所謂運不及而得助，指的是凡是屬歲運不及的年份，如果同一年的司天之氣在五行屬性上與之相同，或它的年支屬性與之相同，或者其司天之氣的五行屬性為歲運屬性之母，有相生的關係，這些情況都可以構成運不及而得助，成為平氣之年。

　　舉例來說，如乙酉年，其年干為乙，乙庚化金，這一年是金運之年，乙為陰，故不及，這一年為金運不及之年。而乙酉年的年支是酉，卯酉陽明燥金司天，所以乙酉年的司天之氣的五行屬性也是金。在這種情況下，金運不及之年而同年的司天之氣為金。在這種情況下，金運不及之年而同年的司天之氣為金，中運的金運不及就能受到司天金氣的幫助而不會不及了，所以乙酉年是平氣之年。

　　又如辛亥年，年干為辛，丙辛化水，辛為陰干，故辛亥年的中運是水運不及。而辛亥年的年支是亥，亥在五行屬性上屬於水，不及的水運得到了地支水的幫助，便不會再不及了，所以辛亥年也是平氣之年。

　　再如乙卯年，年支為乙，乙庚為金，乙為陰年，這一年應為中運金運不及之年。而這年為卯酉陽明燥金司天，司天之氣為金，與中運為同氣，可以支援中運，中運不及得助，便為平氣之年。

　　再如辛卯年，這年年支為辛，丙辛化水，辛為陰干，故這年為水運不及之年。而這一年的司天之氣為卯酉陽明燥金，在五行屬性上金生水，司天的金氣生水可以支助這一年中運的水運，所以這一年也算正化平和之氣。

　　這一節下面講到六氣正化的概念。

　　十二地支，同十天干一樣，代表著自然界東西南北中各個方位。其中：

　　寅卯代表東方，屬木；

　　巳午代表南方，屬火；

　　申酉代表西方，屬金；

　　亥子代表北方，屬水；

　　辰戌丑未代表中央，屬土。

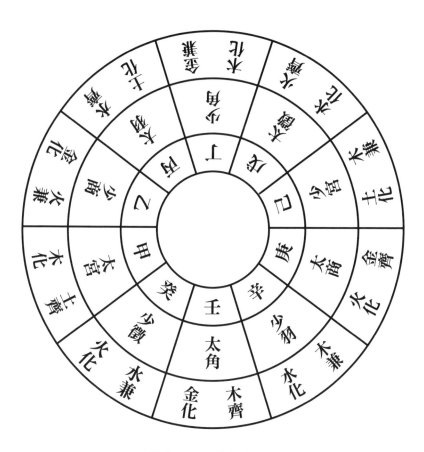

圖十四　五運齊化兼化圖

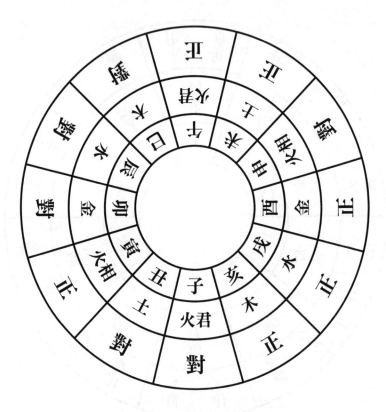

圖十五　六氣正化對化圖

　　請看圖十四，《五運齊化兼化圖》和圖十五《六氣正化對化圖》請注意這兩個圖的座標六氣正化對化圖方位是上南下北，左東右西，與我們平時的習慣概念不同。

　　古人認為氣候的變化規律，其運行方向總是向它的相對方向運行，循環運轉，動而不停止。由於如此，所以寅位雖然在東方屬木，但是它卻必然是向西方屬金的方位申位轉化，而午位屬南方火位，但是它也要向北方水位的子位轉化，這種現象後世就叫它「正對化」。

　　簡單地說，正化就是指產生六氣本氣的一方，對化就是指其對面受作用或相互影響的一方。

　　為什麼出現《六氣正化對化圖》中的那種正化和對化的位置呢？

　　由於午的位置在正南方，南方是火位，所以君火生於午，也就是正化於午，而午的對面是子的一方，所以對化於子，子午均屬於少陰君火。

　　未的位置在西南方，同時未的月份上屬於長夏，土旺於長夏，所以土正化於未，未的對面的一方是丑，所以對化於丑，丑未都屬於太陰濕土。

　　寅的位置在東方，東方屬木，因為木生火的關係，所以相火生於寅，也就是正化於寅，而寅的對面一方的位置是申，所以對化於申，寅申少陽相火。

　　酉的位置在正西方，西方是金位，所以金正化於酉，而酉的對面是卯的一方，因此對化於卯，卯酉陰時燥金。

　　戌的位置在西北方，西方屬金，北方屬水，因為金生水的關係，所以戌屬於水，也就是水落石出正化於戌。戌的對面一方是

辰，所以對化於辰，辰戌太陽寒水。

亥的位置在北方，北方屬水，因為水生木的關係，所以木生於亥，也就是正化於亥。亥的對面一方是巳，所以對化於巳，巳亥厥陰風木。

「氣寅午未酉戌亥」就是指寅、午、未、酉、戌、亥皆為正化一方。

「子丑卯辰巳申歲」，就是子、丑、卯、辰、巳、申皆為對化一方。

正化，是節令之實在，主有餘。

對化，是節令之虛弱，主不足。

也就是說當某一年的年支屬氣之正化時，這一年的正化之氣就會在氣候、天候、物候、病候等方面比較充分地體現出來。

而當另一個年支屬氣之對化時，這一年的對化之氣可能不如正常那樣特點顯著，例如：年支為亥，司天之氣為厥陰風木，但由於木正化於亥，所以這一年木氣應該有餘，表現顯著。

年支為巳，雖司天之氣仍為厥陰風木，但木對化於巳，主不足，所以這一年木氣特點有可能不那麼強烈或顯著。

這就是「正司化令有餘看」和「對司化令不足言」的含義。

六十年運氣上下相臨歌

客運中運主一歲，
客氣天泉主半年。
氣生中運曰順化，
運被氣克天刑言。
運生天氣乃小逆，
運克司天不和愆。
氣運相同天符歲，
另有天符歲會參。

原注

客運之初運，即統主一歲之中運也。經曰：甲己之歲，土運統之云云者是也。客氣司天三之氣，即統主上半年；六之氣在泉，統主下半年之氣。經曰：歲半以前，天氣主之；歲半以後，地氣主之者是也。六十年中，運氣上下臨遇，則有相得、不相得者也。

氣生中運者，謂司天生中運也。如癸巳、癸亥木生火也；甲子、甲午、甲寅、甲申火生土也；乙丑、乙未土生金也；辛卯、辛酉金生水也，壬辰、壬戌水生木也。六十年中，有此十二年天氣生運，以上生下，故名順化，為相得之歲也。

運被氣克者，謂司天克中運也。如己巳、己亥木克土也，辛丑、辛未土克水也，戊辰、戊戌水克火也，庚子、庚午、庚寅、庚

申火克金也，丁卯、丁酉金克木也。六十年中，有此十二年天氣克運，以上克下，故名天刑，為不相得之歲也。

運生天氣者，謂中運生司天也。如癸丑、癸未火生土也，壬子、壬午、壬寅、壬申木生火也，辛巳、辛亥水生木也，庚辰、庚戌金生水也，己卯、己酉土生金也。六十年中有此十二年，運生天氣，以下生上，雖曰相生，然子居母上，故為小逆而主微病也。

運克司天者，謂中運克司天也。如乙巳、己亥金克木也，丙子、丙午、丙寅、丙申水克火也，丁丑、丁未木克土也，癸卯、癸酉火克金也，甲辰、甲戌土克水也。六十年中，有此十二年運克天氣，以下克上，故名不和，亦為不相得而主病甚也。

氣運相同者，如運氣皆木，丁巳、丁亥；運氣皆火，戊子、戊午、戊寅、戊申；運氣皆土，己丑、己未；運氣皆金，乙卯、乙酉；運氣皆水，丙辰、丙戌。六十年中有此十二年運氣相同，皆天符也。雖曰同氣，不無偏勝亢害焉。其太乙天符、歲會等年，另詳在後。

詳解

這一節主要介紹運和氣相臨時所產生的各種相對關係。

順化、天刑、小逆、不和以及天符、歲會等等概念，都是運氣推算的主要判斷方法。

前面介紹五運，又介紹了六氣，運和氣並不是各司其職，各管各的，必須要由兩者相臨時的相對關係，而對天候、氣候、物候、病候等產生很大的影響。

中運，就是主管一年中每年變化的值年大運，它是一年中天

候、氣候、物候、病候變化的總的普遍的一般規律，概括了一年中的主要變化情況。

客運的初運，即是主一年變化的中運。

這在前面都已經介紹了，即：

甲乙之年為土運；

乙庚之年為金運；

丙辛之年為水運；

丁壬之年為木運；

戊癸之年為火運。

客氣中的三之氣是司天之氣，主管上半年的變化情況。客氣中的六之氣也就是終之氣，為在泉之氣，主管下半年變化。這在《客氣司天在泉間氣歌》中作了詳細的介紹，這就是「客運中運主一歲，客氣天泉主半年」的確切含義。

用天干地支來紀年，一甲子共六十年。

六十年中，每年的看干（天干）是用來推算這一年的運的，而這一年的年支（地支）則是用來推算這一年的氣的。

同一年中，運和氣相互作用，相互影響，這種情況在《黃帝內經》中稱為「同化」。

要瞭解一年中的天氣、氣候、物候、病候的變化情況，孤立地看運氣或氣都不能得到正確的預測，只有在運氣相合、相互加臨時，才能綜合地看待這一年的情況。

「氣生中運曰順化」指的是同一年之中，由天干推測出來的中運，和由地支推算出來的司天之氣，如果在二者的五行屬性上，有著司天之氣生中運的關係就叫「順化」。

這種情況是氣盛運衰。例如，癸己、癸亥這兩年，從年干上

看，戊癸化火，這兩年的中運是火。而從干支上看，巳亥厥陰風木，這兩年的司天之氣是木。從五行上說，木生火，司天之氣生中運，所以這兩年就是「順化」。

再如，甲子、甲午、甲寅、甲申這四年，年干是甲，甲己化土，這四年的中運都是土。

甲子、甲午，由於子午少陰君火，司天之氣為火；甲寅、甲申年，寅申少陰相火，司天之氣也是火。五行上火生土，這四年都是司天之氣生中運，所以這四年都是「順化」。

又如，辛卯、六酉年，丙辛化水，中運為水；卯酉陽明燥金司天之氣為金，金生水，司天之氣生中運，故這兩年為「順化」。

壬辰、壬戌年，丁壬化木，中運皆為木；辰戌太陽寒水，司天之氣皆為水，水生木，司天之氣生中運，這兩年為「順化」。

乙丑、乙未年，乙庚化金，中運皆為金；丑未太陰濕土，司天之氣皆為土，土生金，司天之氣生中運，故這兩年也為「順化」。

一甲子六十年中，有以上十二年為順化年。

氣生運，故名為順化，為相得之年，天候、氣候、物候、病候變化較為平和，不太激烈。

「運被氣克天刑言」，指的是同一年之中，由天干推算出來的中運，和由地支推算出來的司天之氣，如果二者在五行屬性上，有中運被司天之氣所克的關係，這種情況下就叫做「天刑」。

這種情況是氣盛運衰。

例如，己巳、己亥之兩年，其年干是己，甲己化土，而干支為己、為亥，己亥厥陰風木，所以這兩年的中運皆為土，而司天之一氣為木。由於木克土，是司天之氣克中運，所以這兩年就是「天刑」之年。

　　再如，庚子、庚午、庚寅、庚申這四年，年干皆為庚，乙庚化金，這四年中運皆為金。而這四年干支為子午、寅申，子午少陰君火，寅申少陽相火，所以這四年的司天之氣同屬火。由於火克金，這四年都是司天之氣克中運，所以這四年都是「天刑」之年。

　　又如，辛丑、辛未年，丙辛化水，中運為水。丑未太陰濕土，司天之氣比為土，而土克水，司天之氣克中運，故這兩年為「天刑」之年。

　　戊辰、戊戌年，戊癸化水，中運皆為火；辰戌太陽寒水，司天之氣皆為水，水克火，司天之氣克中運，故這兩年為「天刑」之年。

　　丁卯、丁酉兩年，丁壬化木，中運皆為木；卯酉陽明燥金，司天之氣皆為金，金克木，十事天之氣克中運，故這兩年皆為「天刑」之年。

　　一甲子六十年中，有以上十二年司天之氣克中運，以上克下，為「天刑」之年。

　　氣克運，以上克下，故名「天刑」，為不相得之歲，天候、氣候、物候、病候變化最為強烈，最不穩定。

　　「運生天氣乃小逆」，指的是在同一年中，如果由年干推算的中運，和由年支推算的司天之氣，這兩者在五行屬性上，有著中運生司天之氣的關係，這樣的年份稱為「小逆」。

　　這種情況也是運盛氣衰。

　　例如：癸丑、癸未之年，中運是火，司天之氣是土，中運生司天之氣，故這兩年稱為「小逆」之年。

　　再如，壬子、壬午、壬寅、壬申四年，中運同為木，司天之氣同為火，中運生司天之氣，這兩年同為「小逆」之年。

　　辛巳、辛亥兩年，中運同為水，司天之氣同為木，水生木，中

運生司天之氣，這兩年同為「小逆」之年。

庚辰、庚戌兩年，中運同為金，司天之氣同為水，金生水，中運生司天之氣，這兩年同為「小逆」之年。

己卯、己酉兩年，中運同為土，司天之氣同為金，土生金，中運生司天之氣，這兩年同為「小逆」之年。

一甲子六十年中，有此十二年為「小逆」之年。

運生天氣，雖然是相生，但以下生上，所以叫「小逆」。主微病，變化較大，但介於順化和天刑之間。

「運克司天不和愆」，指的是同一年之中，如果其中運的五行屬性克制司天之氣的五行屬性，這樣的年份就叫「不和」之年。

這種情況叫運盛氣衰。

例如，乙巳、己亥之年，中運為金，司天之氣為風木，金克木，為中運克司天之氣，故這兩年為「不和」之年。

再如，丙子、丙午、丙寅、丙申四年，中運為水，而司天之氣皆為水，水克火，為中運克司天之氣，故這四年為「不和」之年。

丁丑、丁未之年，中運為木，司天之氣為土，木克土，為中運克司天之氣，故這兩年為「不和」之年。

癸卯、癸酉之年，中運為火，司天之氣為金，火克金，為中運克司天之氣，故這兩年為「不和」之年。

甲辰、甲戌之年，中運為土，司天之氣為金，土克水，為中運克司天之氣，故這兩年為「不和」之年。

一甲子六十年中，有此十二年中運克司天之氣，為「不和」之年。

運克天氣，以下克上，故名不和，不相得而主病，其天候、氣候、物候、病候變化較大，但在順化之年和天刑之年之間。

「氣運相同天符歲」，指的是同一年之中，如果其司天之氣和中運在五行屬性上相同，這樣的年份就叫「天符」之年。

例如，丁巳、丁亥兩年，中運丁壬化木，乙亥厥陰風木，中運和司天之氣都為木，所以這兩年為「天符」之氣。

戊子、戊午、戊寅、戊申四年，從年干上看戊癸化火，中運為火，中運和司天之氣都為火，所以這四年為「天符」之氣。

己丑、己未兩年，甲己化土，中運為土，丑未太陰濕土，中運和司天之氣都為土，所以這兩年為「天符」之氣。

乙卯、乙酉兩年，乙庚化金，中運為金，卯金陽明燥金，司天之氣亦為金，中運和司天之氣都為金，所以這兩年為「天符」之氣。

丙辰、丙戌兩年，丙辛化水，中運為水，辰戌太陽寒水，司天之氣亦為水。中運和司天之氣都為水，所以這兩年為「天符」之氣。

一甲子六十年中，運氣相同的天符之年共有以上十二年。

「另有天符歲會參」指的還是關於太乙天符、歲會等概念，另節介紹，也是運和氣相合的相對關係。

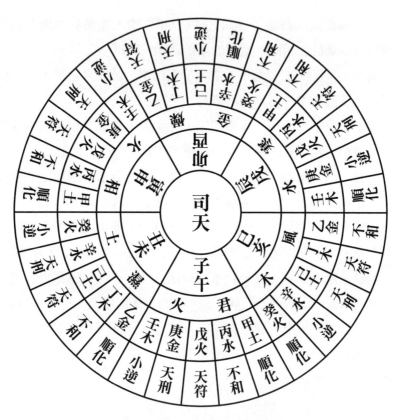

圖十六　六十年運氣上下相臨圖

　　圖十六《六十年運氣上下相臨圖》將上面所述順化、天刑、小逆、不和、天符五種情況集中歸納，可以一目了然查閱任何年份的情況。

　　例如查辛巳年，先找地支巳的位置，在第二內層（從內向外）左編下處有巳亥一欄；再找天干位置，在從外向內第二層中找到辛水一欄，可以看出這一年為小逆之年。

　　其餘年份可以類推查閱。

起主客定位指掌歌

掌中指上定司天，
中指根紋定在泉，
順進食指初二位，
四指四五位推傳。
司天即是三氣位，
在泉六氣位當然，
主以木火土金水，
客以陰陽一二三。

原注

　　左手仰掌，以中指上頭定司天之位，中指根紋定在泉之位。順進食指三節紋，定初之氣位，頭節紋定二之氣位。中指上頭定三之氣位，即司天之位也。第四指頭節紋定四之氣位，二節紋定五之氣位。中指根紋定在六之氣位，即在泉之位也。主氣以木火土金水者，五氣順布之五位也。故初之氣，厥陰風木；二之氣，少陰君火；三之氣，少陽相火；四之氣，太陰濕土；五之氣，陽明燥金；六之氣，太陽寒水。是木生火，火生土，土生金，金生水，水復生木，順布相生之序，一定不易者也。客氣以一二三名之者，三陰三陽六氣加臨也。故厥陰為一陰，少陰為二陰，太陰為三陰；少陽為一陽，陽明為二陽，太陽為三陽。是一生二，二生三，三復生一，

陰極生陽，陽極生陰，六步升降之次每歲排取也。以此定位，主氣客氣，了然在握矣。

詳解

　　這一段口訣其實並沒有新的概念，有關主氣、客氣司天在泉四間氣的理論都已詳細介紹過了，這一段的主要目的是加深讀者的理解，使讀者便於記憶和推算。

　　請讀者參見圖十七指掌圖。

　　手仰掌。

　　中指上端第一指節定為司天之位。

　　中指根部即第三指節下定為在泉之位。

　　食指最下端一指節定為初之氣位。

　　食指中間一節定為二之氣位。

　　第四指即無名指之中間一節定為四之氣位。

　　第四指最下一指節定五之氣位。

　　指掌圖中文字應從左往右讀。

　　左如從初之氣位看，應讀「初之氣，主風木，客地左」。

　　其中，「初之氣」指氣候，「主風木」指主氣的初之氣為風木之氣，「客地左」指在泉左間氣。

　　「二之氣，主君火，客天右」中，指主氣的二之氣為君火之氣，客氣位置在司天右間氣。

　　「三之氣，主相火，客司天」，指主氣三之氣為相火，位為客氣司天之位。

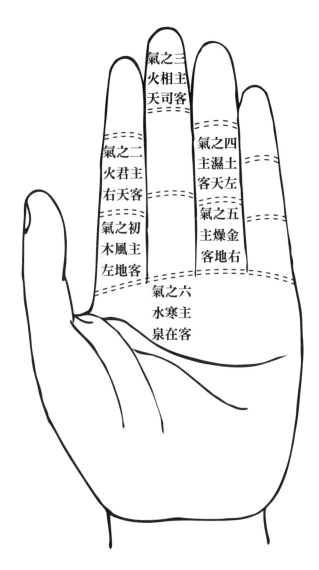

圖十七　指掌圖

「四之氣，主濕土，客天左」指主氣四之氣為濕土，客氣為司天左間氣之位。

「五之氣，主燥金，客地右」指主氣五之氣為燥金，客氣為在泉右間氣之位。

也就是說，主氣如常不變，以木火土金水順布為：

初之氣，厥陰風木；

二之氣，少陰君火；

三之氣，少陽相火；

四之氣，太陰濕土；

五之氣，陽明燥金；

終之氣，太陽寒水。

這是木生火，火生土，土生金，金生水，水復生木，順布相生之序，為一定不變易的。

客氣的推算用三陰三陽加臨方法。

三陰三陽是厥陰（一陰）、少陰（二陰）、太陰（三陰）；少陽（一陽）、陽明（二陽）、太陽（三陽）。

三陰三陽的相生次序是：一生二，二生三，三復又生一。

陰之極為陽，陽之極生陰。

客氣的六步運轉就是這樣三陰三陽依次相生的。

六步客氣的推算方法是：先根據某一年的地支確定司天之氣和在泉之氣，則根據一陰生二陰，二陰生三陰，三陰生一陽，一陽生二陽，二陽生三陽，三陽復又生一陰的往復關係排出四間氣來的。

例如地支為己亥之年的六步客氣的推算方法如下：由己亥厥陰風木推得司天之氣為厥陰風木。在泉之氣與司天之氣相對，一對一，二對二，三對三，所以在泉之氣為少陽（一陽）相火。在泉左

間氣，由在泉一陽生二陽，應為陽明燥金，為初之氣。

　　司天右間氣，由初之氣二陽生三陽，為太陽寒水，為二之氣。

　　二之氣生三之氣，三陽生一陰，又回到三之氣司天之氣厥陰風木。

　　三之氣生四之氣，一陰生二陰，為少陰君火。

　　四之氣生五之氣為二陰生三陰，為太陰濕土。

　　五之氣生終之氣，回到在泉之氣，三陰生一陽，為少陽相火。

　　這樣主氣、客氣六氣了然掌中，很方便主客加臨，推得任何一年或任何一時之情況。

天符太乙天符歲會同天符同歲會歌

天符中運同天氣，
歲會本運臨本支，
四正四維皆歲會，
太乙天符符會俱。
同天符戊同歲會，
泉同中運即同司，
陰歲名曰同歲會，
陽年同天符所知。

原注

　　天符者，謂中運與司天之氣同一氣也。如木運木司天，丁巳、丁亥也；火運火司天，戊子、戊午、戊寅、戊申也；土運土司天，己丑、己未也；金運金司天，乙卯、乙酉也；水運水司天，丙辰、丙戌也，共十二年。歲會者，謂本運臨本支之位也，如木運臨卯，丁卯年也；火運臨午，戊午年也；金運臨酉，乙酉年也；水運臨子，丙子年也，此是四正。土運臨四季，甲辰、甲戌、己丑、己未也，此是四維，共八年。

　　太乙天符者，謂天符之年，又是歲會，是天氣、運氣、歲支三者俱會也。如己居、己未，中運之土，與司天土同，又土運臨丑未也。乙酉中運之金，與司天金同氣，又金運臨酉也。戊午中運之

火，與司天火同氣，又火運臨午也，共四年。

同天符、同歲會者，謂在泉之氣，與中運之氣，同一氣也。以陽年名曰 同天符，如木運木在泉，壬寅、壬申也；土運土在泉，甲辰、甲戌也；金運金在泉，庚子、庚午也。以陰年名曰 同歲會，如水運水在泉，辛丑、辛未也；火運火在泉，癸卯、癸酉、癸巳、癸亥也，共十二年。此氣運符會之不同，人不可不知也。

右天符十二年，太乙天符四年，歲會八年，同天符六年，同歲會六年。然太乙天符四年，己同在天符十二年中矣。歲會八年，亦有四年同在天符中矣。合而言之，六十年中只得二十八年也。

詳解

本段口訣顧名思義，是介紹天符、太乙天符、歲會同天符、同歲會的概念。這些不同的概念，體現的都是運氣學說中運和氣相合、加臨，相互作用的相對關係情況和因此而起的特殊變化。

「天符中運同天氣」，講的是天符的概念，其實我們已經在《六十年運氣上下相臨歌》中學習到了。

所謂天符，指同一年中，中運和司天之氣為相同的五行屬性。

如丁巳、丁亥，是木運木司天；

戊子、戊午、戊寅、戊申，是火運火司天；

己丑、己未年，是土運土司天；

乙卯、乙酉年，是金運金司天；

丙辰、丙戌年，是水運水司天。

天符共十二年，前面已述。

「歲會本運臨本支」，指凡是同一年之中，它的中運和這一年

的地支的五行屬性一致，這樣的年份稱為歲會。

例如，丁卯年，其中運為丁壬化木，為木運，而卯的年支，寅卯屬木。五行配地去，寅卯屬木，巳午屬火，申酉屬金，亥子屬水，辰戌丑未屬土，這在前面已經介紹過了，所以丁卯年的中運和其地支的五行屬性同為木，故這一年是歲會之年。

又如，戊午年，戊癸化火，中運為火運，午的五行屬為火，中運與地支五行屬性相同，故這年也是歲會之年。

丙子年，丙辛化水，而亥子屬水，故這年為歲會之年。

以上這四年為四正。

這就是「四正四維皆歲會」之義。

歲會之年為八年。

其中，己丑、己未、乙酉、戊午四年又為天符之年，因此純屬歲會之年的只有四年。

「太乙天符符會俱」，指的是凡是某一年既屬天符之年，又屬於歲會之年，司天之氣，值年大運，歲支五行屬性三者俱會同一樣的年份，就叫太乙天符。

例如，己丑、己未年，甲己化土，土運為土運；丑未太陽濕土，司天之氣為土；而己丑、己未年年支，丑、未在五行屬性上又為四季土，是中運司天之年，年支五行屬性俱會同一致，故這兩年為太乙天符之年。

又如，乙酉年，中運為金運，司天之氣為陽明燥金之金氣，酉在五行上屬金，故三者俱會於金，這年便是太乙天符之年。

再如，戊午之年，中運為火運，司天之氣為少陰陰火之火，而午的五行屬性為火，三者俱會於火，故這年為太乙天符之年。

太乙天符之年如上列之四年。

「同天符與同歲會，泉同中運即同司」，指的是在同一年之中，凡是這一年的中運和在泉之氣為同一種五行屬性，那麼這一年就定為同天符或同歲會之年。

「陰歲名曰風歲會，陽年同天符所知」，指的是同天符和同歲會的區別在於，年干是陰的陰年為同歲會之年，年干是陽的陽年為同天符之年。

例如，同天符之年有壬寅、壬申年，壬為陽，這兩年為陽年。而丁壬化水，這兩年的中運為木運。寅申少陽相火，司天之氣為少陽相火，在泉之氣與司天之氣對稱，故為厥陰風木，這兩年中運與在泉之氣五行屬性同屬木，所以這兩年為同天符之年。

甲辰、甲戌年，甲為陽干，這兩年都是陽年；甲己化土，這兩年都是中運為土運；辰戌太陽寒水司天，太陰濕土在泉，中運與在泉之氣同為土，這兩年為同天符之年。

庚子、庚午年，庚為陽干，這兩年都是陽年；子孫午少陰君火司天，陽明燥金在泉；乙庚化金，這兩年中運為金運。中運與在泉之氣同為金，這兩年為同天符之年。

同歲會的情況有，辛丑、辛未年，年干辛為陰，這兩年為陰年；丙辛化水，這兩年中運為水運；丑未太陰濕土司天，太陽寒水在泉，故這兩年中運與在泉之氣同屬水又為陰年，所以這兩年是同歲會之年。

癸卯、癸酉、癸巳、癸亥四年，癸為陰，這四年為陰年。戊癸化火，這四年中運同為火運；卯酉陽明燥金司天，少陰君火在泉；巳亥厥陰風木司天，少陰君火在泉，故這四年的在泉之氣都是火，這四年的中運與在泉之氣同為火又同為陰年，所以這四年是同歲會之年。

圖十八　天符之圖

天符者，中運與司天相符也，如丁年木運，上見厥陰風木司天，即丁巳之類。共十二年。

太乙天符者，如戊午年以火運火支，又見少陰君火司天，三合為治也。共四年。

　　以上同天符同歲會共十二年。

　　圖十八《天符之圖》和圖十九《歲會之圖》、圖二十《同天符同歲會圖》這三個圖便於查閱，其讀法是：

　　《天符之圖》分三層，最外層是十二年天符之年的干支；內層第二圈內為相應的干支年份的司天之年，如太陽就是太陽寒水等。圈外旁注太乙天符之年。

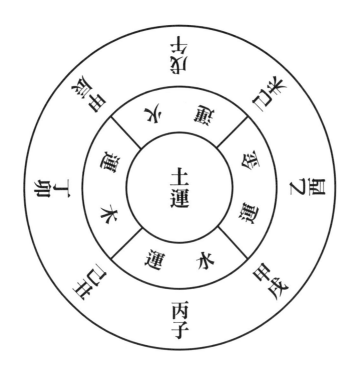

圖十九　歲會之圖
歲會者，中運與年支同其氣化也。如木運臨卯，火運臨午之類。共八年。

　　《歲會之圖》最外層為八年歲會之年的干支；中層是相應的中運；最內層是旺於四季的土運，由直線與最外層干支相提示。

　　《同天符同歲會圖》從外向內第二層為相應的干支紀年，最外層為相應的同天符或同歲會，內兩層為相應干支的在泉之年，如厥陰應為厥陰風木在泉。

　　天符和歲會百根據運和氣不同結合的情況而命名的。

　　天符中又分同天符和太乙天符。

　　歲會中又有同歲會。

圖二十　同天符同歲會圖

同天符、同歲會者，中運與在泉合其氣化也。陽年曰：同天符，陰年曰：同歲
會。如甲辰年，陽土運而太陰在泉，則為同天符。癸卯年，陰火運而少陰在泉，
則為同歲會。共十二年。

　　知道這些概念有什麼具體作用呢？在我們進行實際的運氣推算
時，這些概念可以揭示和幫助我們注意這一年特殊的變化情況。

　　一般說來，逢天符和同天符之年，天候、氣候、物候、病候的
變化就比較大。

　　逢歲會和同歲會之年，這些變化就相對的穩定，變化比較小一
些。

　　逢太乙天符是變化最為強烈的，最不穩定的。

執法行令貴人歌

天符執法犯司天，
歲會行令犯在泉，
太乙貴人犯天地，
速危徐持暴死占。
二火相臨雖相得，
然有君臣順逆嫌，
順則病遠其害小，
逆則病近害速纏。

原注

　　邪之中人，在天符之年，名曰中執法，是犯司天天氣。天，
陽也；陽性速，故其病速而危也。邪之中人在歲會之年，名曰中
行令，是犯在泉地氣。地，陰也；陰性徐，故其病徐而持也。邪之
中人在太乙天符之年，名曰中貴人，是犯司天、在泉之氣。天地之
氣俱犯，故其病暴而死也。二火，君火、相火也，雖同氣相得，然
有君臣順逆之嫌，不可不知也。君火，君也；相火，臣也。二火相
臨，謂司天加臨中運六步，客主加臨，君火在上，相火在下，為君
臨臣則順，順則病遠，其害小也。相火在上，君火在下，為臣犯君
則逆，逆則病近，其害速也。

詳解

　　前面介紹了天符、歲會、太乙天符等概念，這一節介紹我們在病理學上的運用。

　　「天符執法犯司天」，指的是在天符之年邪氣中人，人體疾病是犯司天之氣。換言之，天符之年人體疾病應表現出這一年的司天之氣的特點來。

　　如丁亥之年，人體疾病犯厥陰風木司天之氣，因此其病的作用特點多與肝有關係。

　　「歲會行令犯在泉」，指的是當這一年是歲會之年時，邪氣中人，人體所得疾病多是犯了在泉之氣。也就是說，歲會之年人體疾病上的臨床表現特點應該表現出這一年在泉之氣的特點來。

　　如丁卯之年，陽明燥金司天，少陰君火在泉，因此這一年人體疾病的特點應該與臟腑上的三焦包絡有關。

　　「太乙貴人犯天地」，指的是凡逢上太乙天符之年，邪氣中人，人體疾病上的臨床特點是既犯天氣又犯地氣，也就是說既犯這一年的司天之氣，又犯這一年的在泉之氣。這樣的太乙天符之年，人體上的疾病臨床特點，既表現出司天之氣的特點，又表現出在泉之氣的特點來。

　　例如乙酉之年，司天之一氣為陽明燥金，在泉之氣為中運火，中運為乙庚化金運，酉的五行屬性為金，司天之氣為中運，地支五行屬性三者俱會為太乙天符之年，這一年的疾病上臨床特點既表現出司天陽明燥金的特點，又表現出在泉少陰君火的特點，在人體臟腑上對應心、小腸、大腸、肺等。

　　以上三句，第一句天符之年邪氣中人時就叫「中執法」。

第二句歲會之年邪氣中人時就叫「中行令」。

第三句太乙天符之年邪氣中人時就叫「中貴人」。

這就是《黃帝內經》上所說的，天符為執法，歲會為行令，太乙天符為貴人。

為什麼天符稱為執法，歲會稱為和令，太乙天符稱為貴人呢？

這是因為天符是中運應司天之氣，天無言而化育萬物，就好像在上面「執法」一樣，所以名為執法。

歲會是中運和地支的五行屬性相同，地是承接於天而管萬物生長死亡的生殺大事，就好像行令於下一樣，所以歲會之年就稱為行令。

太乙天符是中運、司天之氣，歲支的五彩繽紛行屬性都相同，太乙，是無上至尊的意思，所以就像掌握眾多職務的「貴人」，所以太乙天符被稱為「貴人」

第四句「速危徐遲暴死占」，講的預測天符之年、歲會之年和太乙天符之年疾病的變化劇烈程度。

在天符之年邪之中人，是犯司天之氣，天為陽，陽性速，天氣運行，強健不息，中執法者，失去他體內正常運轉循環之平衡，所以疾病表現的特點是快速而危險的，即句中「速危」之意。

在太乙天符之年邪之中人，名曰中貴人，是犯司天之氣和地支之氣，天地之氣俱犯，所以疾病來得異常猛烈，容易暴病而死。這是句中「暴死」之意。

順便說一句，同天符的情況同於天符，同歲會的情況同於歲會。

「二火」，指的是客氣中和主氣中的少陰君火和少陽相火這兩種。

我們面前說過，六氣中以火為主，火屬陽，無陽則陰無以化。

君火指火之溫，相火指火之熱，君火和相火的程度不同，作用也不同。

「二火相臨」，指一年中客氣加臨於主氣，客氣加臨，二種火氣相臨。

我們說過，主氣指一年之中正常主時之氣，客氣指各個年度的特殊之氣。

客主加臨，就是把客氣加在主氣之上，把一年四季中年反映出來的特殊變化情況和當時的普遍變化規律放在一起看，加以對比和分析，得出當時應有的變化情況。

「二火相臨」有兩種情況，即主氣為君火，客氣相火加臨。或主氣為相火，客氣君火加臨其上。

兩種不同的火氣相臨之時，從表面上看好像是同氣為相得，不應該有什麼大的劇烈變化或克制關係，然而實際情況並不是這樣。

二火為君火、相火，有君臣之分，有順逆之分。

君火為君，相火為臣。

當主氣和客氣加臨之時，如果客氣是君火，加之於主氣相火之上，這種關係就叫君位臣。相反，如果客氣是相火，加於主氣君火之上，這種關係叫臣位君。

當群位臣，即客氣君火加於太氣相火之上，君在上，臣在下所以為「順」。

具體地說，即當主氣少陽相火主時之時，也就是主氣中的三之氣這樣一段時間，如果當時的客氣為少陰君火（三之氣之上的少陰君火即少陰君火為司天之氣），本來二火相得，這個季節天氣應該很炎熱才是，但實際情況卻並不太熱，這種現象並不嚴重影響自然氣

候的變化和萬物的正常生長，雖然也算特殊，但問題不大，所以稱為「順」。

順則病遠，其害也小。

相反，當臣位君時，客氣相火加之於主氣君火之上，臣在上，君在下，當然違反常規，所以稱為「逆」。

具體地說，就是當主氣是少陰君火主時之際，也就是在二之氣春分到小滿這樣一段時間之中，如果這時的客氣為少陽相火，這個季節本來應溫，卻要出現大熱，這種現象就是太過屬於炎熱之變，這就要嚴重影響自然氣候的變化和萬物的正常生長和化育，這個反常的氣候變化，影響很大，故稱為「逆」。

逆則病近，其害也速。

也就是說，順之時，這種情況反映在人的身上影響不大。而逆之時，對人的身體和疾病就有很大的影響，人體既容易生病，其病來得也猛烈，害處很大。

這就是歌訣中「二火相臨雖相得，然有君臣順逆嫌，順則病遠其害小，逆則病近害速纏」的確切意義。

南北政年脈不應歌

天地之氣行南北，
甲己一運南政年，
其餘四運俱為北，
少陰隨在不應占。
北政反診候不應，
姑存經義待賢參。
從違非失分微甚，
尺反陰陽交命難。

原注

　　天地之氣，謂三陰三陽，司天、在泉、左間、右間之客氣也。客氣行南政之歲，謂之南政；行北政之歲，謂之北政。南政之風，惟甲己一運，其餘乙庚、丙辛、丁壬、戊癸四運，俱為北政之年也。少陰隨在不應占者，謂少陰君火客氣，隨在司天、在泉、左間、右間加臨之位，主占其脈不應於診也。應於診者，即經曰：少陰之至，其脈鉤。不應者，謂脈不鉤也。南政之年，少陰司天，則主占兩寸不應，在泉則主占兩尺不應；厥陰司天，其天左間則少陰，主占右寸不應；太陰司天，其天右間則少陰，主占左寸不應；厥陰在泉，其泉間則少陰，主占左尺不應；太陰在泉，其泉右間則少陰，主占右尺不應，此皆在客氣少陰之位也。北政之年，則反診

其不應，皆在客氣陽明之位。如少陰司天，則主占兩尺不應；在泉則主占兩寸不應；厥陰司天，其天左間則少陰，主占左尺不應；太陽司天，其天右間則少陰，主占右尺不應；厥陰在泉，其泉左間則少陰，主占右寸不應；太陰在泉，其泉右間則少陰，主占左寸不應。然南政十二年，北政四十八年，其南政候以正診，北政候以反診，應與不應之理，熟玩經文，總令人難解，姑存經義，以待後之賢者參詳可也。

不應之部不應者，則為得其氣而和也。不應之部反應者，則為違其氣而病也。應左而右，應右而左者，則為非其位。應上而下，應下而上者，則為失其位。皆主病也，而有微甚之別。甚者即尺寸陰陽交也，謂少陰之脈，當寸不應反見於尺，當尺不應反見於寸，是為尺寸反，子、午、卯、酉年有之；少陰之脈，當左不應，反見於右，當右不應，反見於左，是為陰陽交，辰、戌、丑、未、寅、申、巳、亥年有之。皆主死，故曰命難也。

詳解

本書的初衷是面向一般的文化讀者，非專業中醫學人，想讓一般讀者以此為契機瞭解中國古代哲學中或不可少的一個相當重要的組成部分——運氣學說。而這一節脈象醫學知識專業化太強，如果讀者興趣不大，可以跳過此節，並不影響對運氣學說的完整理解。

實際上這一節的內容歷來就存在著爭議和難解之處，所謂「姑存經義待賢參」，也不過是希望從醫者在實踐中去參詳而已，所以我們對這一節也不多解釋，下面只對原注進行白話照譯而已。

天地間的氣，稱為三陰三陽六氣，即是司天之氣、在泉之氣、

以及司天在泉各自的左右二間氣所構成的六步客氣。客氣行於南政的年份，稱為南政，行於北政的年份，稱為北政。南政的年份，只是年干上為甲為己的年份，其餘年干上帶乙庚、丙辛、丁壬、戊癸四種中運的年份，都是北政之年。

　　「少陰隨在不應占」一句，講的是少陰君火客氣，隨在司天、在泉、左間、右間加臨的任一位置，意味著其脈象不應於診斷，就於診斷的，即是《內經—至真要大論》上說：「少陰之至，其脈鉤。」不應於診斷，則是說脈不鉤。分別說來，即是南政的年份，少陰司天之時，主占兩「寸脈」不應於診斷，在泉則主占兩「尺脈」不應於診斷；厥陰司天之時，其司天的左間氣則為少陰，主占右「寸脈」不應於診；太陽司天之時，其司天的右間氣則為少陰，主占左「尺脈」不應；太陰在泉之時，其在泉的右間氣則為少陰，主占左「尺脈」不應，以上這些情況都是客氣是少陰當位。北政的年份，則是反診候其不相應，都在客氣的陽明的位置。如果是少陰司天，則是主占「尺脈」不應；在泉之時則主占兩「寸脈」不應；厥陰司天之時，它的司天左間氣則為少陰，主占左「尺脈」不應；太陰司天之時，它的司天右間氣則是少陰，主占右「尺脈」不應；厥陰在泉之時，它的在泉之氣的左間氣則為少陰，主占右「寸脈」不應；太陰在泉，它的在泉右間氣則是少陽，以正診，北政之年候以反診，應於診斷和不應於診斷的道理，熟玩《內經》原文，總是令人難解，這裡姑且存而不釋，留待後來的賢者參詳推敲。

　　如果是應該不應於診的時候而確實不應了，那就是得到平和之氣。反之應該不應卻應了，則是違了平和之氣而得病，應左而右，應右而左的，是非學其位。應上而下，應下而上的，則是失去正位。這兩種情況都主得病，但是輕重的區別。病重的即是尺寸反和

陰陽交兩種情況，稱之為少陰之脈，當於寸不相應卻反見於寸，當
於尺不應反見於寸，這就是尺寸反的情況，年支帶子、午、卯、酉
的年份有此現象；少陰之脈，當左不應，反見於右，當右不應，反
見於左，這就是陰陽交的情況，年支上帶辰、戌、丑、未、寅、
申、巳、亥的年份上有此現象。這兩種情況皆主死，所以稱為命
難。

　　附圖二十一、二十二和二十三說明以上內容。

圖二十一　南北政圖

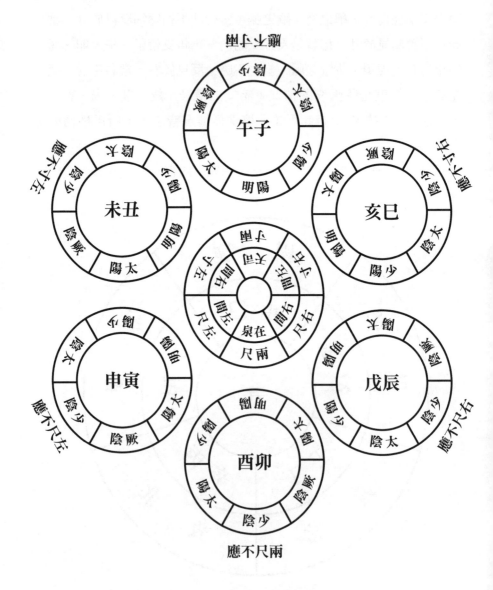

圖二十二　南政年脈不應圖

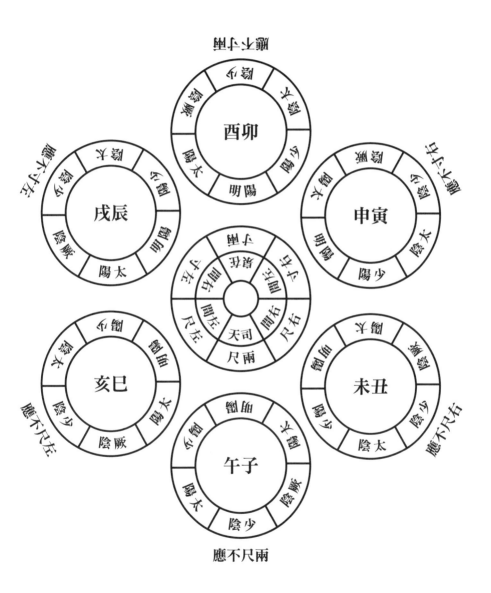

圖二十三　北政年脈不應圖

五運氣令微甚歌

運識寒熱溫涼正，
氣審加臨過及平。
六氣大來皆邪化，
五運失和災病生。
微甚非時卒然至，
看與何時氣化並。
更與年虛月空遇，
重感於邪證不輕。

原注

　　運，五運也，主四時，在天則有寒熱溫涼之正令，在地則有生長收藏之正化。氣，六氣也，主六步，在主則有風、熱、火、濕、燥、寒一定之常候，在客則有六氣加臨太過、不及、平和之異應也。凡五運六氣之來，應時而至，無微甚而和者，皆為平氣也。即應時而至，或六氣大來，或五運微甚，或至非其時，或卒然而至，皆邪化失和不平之氣，主害物病人也。但看與何時之氣化與病同並，則當消息其宜而主治也。若犯之而病者，更與不及之年，廓空之月，重感於邪，則其證必重而不輕也。

詳解

本段口訣是推算運氣之時大致的分析運氣的方法。

「運識寒熱溫涼正」。運,指五運。

一年中可以分為五步,相應於五運,分別掌握第一步的變化情況。木、火、土、金、水五運,在氣候上相應於風、熱、濕、燥、寒的正常變化,在物候上則相應於生、長、收、藏的正常變化情況。

所以當我們在進行運氣的推算之時,首先要懂得五運所代表的正常變化情況。

「氣審加臨過及平」,氣,指六氣。

前面我們已經介紹過,一年中可分為六步,每一步相應有一氣主之。六氣,即木氣、君火、相火、土氣、金氣、水氣這六氣。

六氣又有主氣和客氣之分。主氣是每年不變,年年如此,每一年中的普遍變化規律的基本情況。

初之氣為厥陰風木,氣候上以風為特徵。

二之氣為少陰君火,氣候以熱為特徵。

三之氣為少陽相火,氣候以火為特徵。

四之氣為太陰濕土,氣候以濕為特徵。

五之氣為陽明燥金,氣候以燥為特徵。

六之氣為太陽寒水,氣候以寒為特徵。

每一年中都是以上的常候,讀者可以參閱主氣歌一節。

客氣也分為六氣,它是每年不一樣的,代表了這一年氣候變化的特殊規律。

客氣加臨於主氣,所以我們在分析一年的運氣時,要將主客之

氣結合起來相互參證，既要看到主氣之常，也要看到客氣之變。

在主客氣加臨的分析時，又要考慮到它們的太過、不及、平和的各種差異。考慮到太過、不及、平和，才能分清主要矛盾和次要矛盾，以及由此而引起的勝、復、乘、侮的這些相應原五行變化關係，這樣才能準確預測出實際的情況。

凡是五運六氣的到來，順應這一年的時令季節而來，該熱則熱，該涼則涼，該濕則濕，該寒則寒，沒有「微」和「甚」的差別，這就是平氣。

以上就是「氣審加臨過及平」的意思。

但是即使是氣候的到來基本合乎時令的規律，六氣的表現卻很強烈，或者五運有太過和不及，多與少的情況，這時都是邪化，人體上容易引起疾病。

「六氣大來皆邪化」，就是說六氣大來，表現強烈，雖然該熱，卻熱得過份，雖然該冷，卻冷得出奇；雖然該濕，卻濕得太過，等等這些「大來」的情況，都應屬一地「邪化」，不是「正化」，而是屬於嚴重反常。

「五運失和災病生」，說的是五運出現太過不及現象，失去平衡和調，本來該熱，卻熱得過份或不夠，本來該冷，卻冷的過份或不夠，等等這些嚴重反常情況，會在人體上反映成疾病，在自然界則造成實際災難。

「微甚非時卒然至」一句，是接著上兩句的，也是講邪化失和致病的情況。

「微」就是少，不及之意。

「甚」，就是多，太過之意。

不僅運的太過不及所造成的反常情況可以使人生病，而且運氣

至來非為其時，或卒然而到，也是邪化失和不平之氣，主害物病人。

「看與何時氣化並」一句，是講當出現以上的邪化失和不平之氣害物病人之時，應該採取正當的診治方法。

也就是說，在這時，應該看人體所生之病和當時的氣化失調情況的關係，而採取相應的措施治療。

這就是中醫上治其原發、治病求本之意。

如果認識疾病的產生與某種運氣的失常有關，那麼由於人體臟腑相應出現盛衰失常，就應該採取如《黃帝內經》中所介紹的諸如「微者調之，其次平之，盛者奪之」、「上下所主，隨其利，疏氣令調」、「正者正治，反者反治」、「謹察陰陽所在而調之，以平為期」等治療原則來治病。

「更與年虛月空遇，重感於邪證不輕」，講的是如果人之所犯之病，遇上了這一年和這一運季都在運氣上屬不及，那麼當重感於邪氣之時，所表現出的臨床證候一定重而不輕。

五運平氣太過不及歌

木曰敷和火升明，
土曰備化金審平，
水曰靜順皆平運，
太過木運曰發生，
火曰赫曦土敦阜，
水曰流衍金堅成，
不及委和伏明共，
卑監從革涸流名。

原注

　　太過被抑，不及得助，皆曰平運。木名敷和，敷布和氣生萬物也。火名升明，明性上升，其德明也。土名備化，土母萬物，無不化也。金名審平，金審而平，無妄刑也。水名靜順，體靜性順，喜安瀾也。甲、丙、戊、庚、壬陽年，皆曰太過之運，木名發生，木氣有餘，發生盛也；火名赫曦，炎暑施化，陽光盛也；土名敦阜，敦厚高阜，土尤盛也；金名堅成，堅則成物，金有餘也；水名流衍，水氣太過，流漫衍也。乙、丁、己、辛、癸陰年，皆曰不及之運，木名委和，和氣委弱，發生少也；火名伏明，火德不彰，光明伏也；土名卑監，土氣不及，化卑監也；金名從革，金氣不及，從火革也；水名涸流，水氣不及，涸其流也。

詳解

本段口訣詳細介紹五運的平氣、太過和不及的概念及其在運氣推算中的運用。

平氣的概念在《五運齊化兼六氣正化對化歌》中已經介紹過了，讀者可以參照學習。

五運之氣平和而無太大的變化既不太過也非不及這樣的情況就叫平氣。運太過而被抑，或者運不及而得助，都可以產生平運之年。

五運分為木、火、土、金、水五種運，因此這五種運的平運，在實際中所表現出來的情況都各有特點。

如果我們掌握了平運實際而具體的特點，當我們進行運氣推算時遇到平運之年，就可以預測這一年的大致情況。

木運是平運的年份，《黃帝內經》上叫作「敷和之紀」（見《五常政大論》，下同）。根據運太過被抑，運不及得助的平氣推算原則，一甲子六十年中歲運屬於木運而又是平運，屬於敷和之紀的年份有丁亥、丁巳兩年。

敷和，就是敷布和氣化生萬物的意思。

敷和之年，木運平運，和氣敷布，遍及同行，春意盎然，陰陽調節器和，運氣頒均屬正常，陽氣通達，陰氣也均勻分佈，生長化收藏的現象和生命萬物的變化生長都相當正常。這一年的氣候變化端正祥和，變化正常、柔緩、隨和，植物也生長良好，柔軟和調，伸屈自如。這一年化生萬物皆繁榮茂盛，正如草木旺盛生長一樣。

木運平氣之年，自然作用上以開發通散為其特點。

木運平氣之氣，氣候溫和，風的作用明顯。

木運平氣之年，人體臟腑中的肝與之對應，表現為肝的作用活躍。由於肝開竅於目，所以眼睛的作用相應正常。肝的作用與氣候溫暖有關。如果氣候偏涼，那麼就會影響肝氣的正常活躍，用五行的概念來說，肝屬木，「清」是金的屬性，木畏金，所以肝畏氣候清涼。

木運平氣之年，凡是青色穀物的生長相對良好，如五穀中的麻。凡是酸味果實或有堅核的水果生長相對良好，如水果中的李子。

木運平氣之年中所有的氣候及物候變化主要與春季相應，亦即主要表現在春天。由於一年中各個季節實際上是互相影響的，春天氣候正常，全年也都正常。

自然界動物中的毛蟲的生長胎孕與木運有關，木運平運，其生長也正常。

從家畜上說，狗為木畜（五畜的五行歸類），木運之年狗的生長與其有關。

在人體上，由於肝主筋，所以木運平運之年筋能夠得到正常的調養而活動自如。肝有病時可能會出現痙攣拘急局部脹滿等症狀。

木運平氣之一年具有酸味的植物生長良好，具有酸味的食物或藥物與人體健康和疾病治療密切相關。

木運平氣之年，氣候溫和，不冷不熱，完全正常，這就好像角音位在清濁之間，不高不低，完全協調和諧一樣。

火運是平運的年份，《黃帝內經》上叫作「升明之紀」。

火運平氣之年，在一甲子六十年之中，有戊辰、戊戌、癸巳、癸亥四年。

火運平氣之年，陽氣旺盛。

升明，指陽性上升，陽光普照。

由於這一年氣化正常，物化也相應正常，農作物生長良好。

陽主升，這一年陽氣高升，農作物生長迅速，化育成熟很快。這一年對生產生長的作用就像以火加熱一樣能使生物快速生長。這一年由於氣溫偏高，植物生長快，十分茂盛，像火燃燒一樣，全年氣候偏熱，夏日裡更是烈日炎炎。

火運平氣之年，人體臟腑中的心與之相應，表現為心氣正常。舌為心之外竅，因此舌的活動也表現良好。

心喜熱惡寒，氣候嚴寒可以使心的負擔加重發生疾病，用五行的概念說，心屬火，寒是水的屬性，火畏水，因此心畏寒。

火運平氣之年火運平氣之年，五穀中的麥、五果中的杏，和果實中有「絡」的植物，例如橘樹一類生長良好而且在其作用上也偏於燥熱與火相應。小麥、橘絡、橘皮一類的性質上都比較偏溫。

火運平氣之年，氣候及物候變化，主要表現在該年夏季。羽蟲的生長胎孕與火運之年有關。馬為火畜，長征良否與火運之年有關。

火運主歲之年，不論氣候變化上或者物候變化上都具有火熱之象。氣候上紅日當頭，物候上欣欣向榮，如火如荼。

水運平氣之年，心氣正常，由於心主血的原因，因此血液的作用也相對良好，能滋養人體臟腑經絡、四肢百骸。

人體有痛之時可能表現出抽搐的症狀。

苦屬火，水運平氣之年，具有苦味的植物生長良好，苦味的食物或藥物在治療人體疾病上的作用很大。

水運平氣之年，雖然陽氣高升，但並不過分，就像五音中的徵

音，雖然偏高，但是音和而美，仍然是十分協調的。

　　土運是平運的年份，在《黃帝內經》中被叫作「備化之紀」。
　　一甲子六十年中土運平運之年的有己丑、己未兩年。
　　土運平氣之年的氣候、物候的變化協調正常。
　　土為萬物之母，土載金木水火四行，土德正常，則其他金木水火四行也才能正常。
　　土運平氣之年，五穀化生完備，五穀豐收。
　　土運平氣之年，氣候平和，物性變化柔順。
　　土為萬物之母，其化生作用，不論地勢高下，均賴土的化育作用。
　　由於氣候正常，農作物充分成熟，穀物生不但數量多而且品質好，粒大肉肥。
　　土運平氣之年，雨水調和，不旱不澇，政令安靜。
　　土運平氣之年，在長夏濕土用事的季節裡，氣候炎熱而潮濕，雨水較多。
　　在人體臟腑上，脾與土運平運相應，脾開竅於口，人體脾的作用正常，口的作用也正常。脾畏風，從五行上說，脾為土，風為木，故此木克土，木又屬肝，所以脾的作用正常與否與肝的作用又密切相關。
　　這一年中小米這一類的穀物、大棗、果實之肉厚者，均生長良好。
　　土運平氣之年，應在長夏，長夏這一段時間氣候變化良好。這一年中五蟲中的倮蟲，五畜中的土畜牛等動物胎孕生長均皆良好。
　　這一年黃色穀物如小米等穀物生長良好。

由於脾胃的良好否與人的胖瘦有關，五運、平運一年脾的作用良好，所以人就會肌膚飽滿、營養良好。

人體有病時可能出現積聚痞塞現象。

土運平氣之年，甘味穀物生長良好，甘味穀物或藥物與人體的脾胃密切相關。

宮音代表土音，正如土為萬物生長的基礎一樣，宮音是低音，是其他四音的基礎音。

土運平氣之年，相應生物肌肉豐盛，同時亦與人體肌肉營養密切相關。

備化，指土為萬物之母，無所不化，故曰「備化」。

金運為平運之年，在《黃帝內經》中被叫作「審平之紀」。

一甲子六十年中金運為平氣的有乙卯、乙酉、庚午、庚寅、庚子、庚申六年。

金運平氣之年，秋收之氣既無太過，又無不及，收斂而不混亂，完全正常。

金運平氣之年到了秋天也會有葉落樹凋的現象，肅殺清涼，但這是正常的物化現象，對生物並無損害侵犯。

這一年五穀生長收成均正常良好。

這一年氣候高潔明淨，秋天秋高氣爽。

金運平氣之年，雖然天高氣朗，但畢竟秋天裡是西風用事，與綿綿春風不同，氣候剛烈勁切，清涼肅殺，給自然帶來正常的一片清肅、蕭索的景象。

金運平氣之年，其作用是散落飄零，秋天西風強勁，樹凋葉落。

　　這一年植物生長成熟堅實而收斂，這些現象就像五行中金的屬性。

　　金運平運的職能是勁肅，使秋天氣候剛勁，自然界呈肅殺景象，秋天裡氣候因此清切而乾燥。

　　金運平氣之年，相應於人的臟腑是肺，由於肺開竅於鼻，所以這一年人體臟腑和鼻的功能相應正常。

　　肺畏熱，因五行上肺屬金，熱屬火，火克金，所以肺的作用正常與否和心密切相關，和熱密切相關。

　　金運平氣之年，稻類穀物生長收成良好，胡桃類果物，生長收成良好，外有堅殼的果實生長良好。

　　金運平氣，氣候變化主要表現在秋天，秋天氣候正常良好。

　　金運平氣之年，五蟲中的介蟲及雞等動物胎孕生長物皆良好。

　　金運平氣之年，生長的各類穀物、果實、肉食等，均對人體臟腑及皮毛有滋補作用，人體生病可能表現出咳嗽症狀。

　　這一年辛味植物例如蔥、蒜、薑之類生長良好，具有辛味的食物或藥物與人體肺的作用密切相關。

　　金運之音為商音。商是五音中的次低音，其聲哀怨低沉，象徵金運平氣之年秋季的蕭條肅殺。

　　金運平氣之年，相應生物，外殼堅硬。

　　審平，指審慎而公平，不妄施刑法，象徵金運的平運，故名「審平」。

　　水運是平運之年份，在《黃帝內經》中被稱為「靜順之紀」。

　　靜順，指平運的水運，作靜性順，波瀾不興，故名「靜順」。

　　一甲子六十年中，水運是平運的年份只有辛亥一年。

　　水運平運之年，冬季裡雖然也是一派嚴寒的自然景象，但它是正常的閉藏現象，無害於萬物來年春天的萌芽生長。

　　一年中物化方面的生長化收藏現象的正常與否，與「藏」的關係極大。冬天藏得好，來年春天才能正常生長發生。

　　水運平氣之年，由於冬藏正常，所以來年五穀生長收成均正常良好，完整無傷。

　　這一年冬天氣候及物候變化均正常，靜順明淨。

　　水運平氣之年，由於冬藏正常，所以水源不竭，得以灌溉，滋潤植物。

　　這一年冬天天氣嚴寒，萬物生長現象幾乎停止，就像水遇寒冷，凝結成冰一樣。

　　這一年水源不竭，川流不息，奉生者多，來年再生長良好。

　　冬天表現出正常的氣候寒冷、凝肅。

　　水運平運，人體臟腑與之相應的是腎。這一年腎的作用相應正常。由於腎開竅於人體前後二陰，所以人體的前後陰的作用也相應正常。

　　腎畏濕，從五行上說，腎為水，脾為濕土，土克水，腎所不勝者脾，亦即腎的作用正常與否，與脾的作用正常與否密切相關。

　　水運平氣之年，黑大豆、板栗、果實中含水多而稠者，生長收成良好。

　　水運平氣之年，這一年的氣候、物候變化主要表現在冬季。

　　這一年五蟲中的鱗蟲，如魚類；五畜中的豬的胎孕生長良好。

　　這一年黑色穀物，例如黑大豆等穀物生長良好。

　　水運平氣之年中生長的各種相應穀物肉果菜之類動植物，例如前述黑大豆、豬、板栗以及其他含汁液多而又黏稠的果實均有補養

人體骨髓的作用。

腎主骨，生髓，故這些植物也有補腎的作用。

在人體生病時可能表現出氣血失調而引起的生理功能逆亂現象，或手足冰冷現象。

水運平氣之年，屬水類動植物生長良好。屬水類的動植物與人體腎臟的生理補益及疾病治療密切相關。

水運用羽音來代表。

羽在五音中是最高音，水運平氣之年，水源充足，腎藏不竭，自然氣候、物候及人體生理活動均處於高能狀態，就像五音的羽聲，高亢激越，響遏行雲。

水運平氣之年，相應產物黏稠多汁。

凡是平運之年，春天裡氣候溫暖，生物萌芽生長現象完全正常。

夏天裡氣候炎熱，生物生長旺盛，欣欣向榮。長夏季節生物生長變化完全成熟，沒有不足或受到約束。

秋季氣候轉涼，物候收斂，但不太過，不會損害正常物化，影響以後的生長。

冬天裡藏閉但不壓抑生機，損害以後的再生長。

以上是詳細描述每一種平運的具體特點，五運平氣之年，各個具體年份中氣候及物候變化的一般情況和正常表現，以及其與動植物的生長、人體有關臟腑的相應關係。

下面我們將談到歲運太過之年的各個具體年份的特殊情況。

木運太過，在《黃帝內經》中叫做「發生之紀」。

年干中凡是帶有甲、丙、戊、庚、壬的陽年，都是太過之年。

發生，指木氣有餘，發生旺盛。

一甲子六十年中屬於木運太過之年的，有壬申、壬午、壬辰、壬寅、壬子、壬戌等六年。

木運太過之年，經過上年寒冬的閉藏之後，生機被開啟和陳布，萬物在春天中重新開始萌芽生長，自然界一片除舊佈新之景象。

土運這時能生長萬物，與木的疏泄作用的正常密切相關。

春溫之氣於此分佈變化，陰氣隨之均勻分佈，生機盎然，世界萬物都呈現出一片欣欣向榮的生長情況。春天裡植物化生正常，天氣美好，自然界一片活躍，風和日麗，條舒暢達。

木運太過之年，人體容易出現肝病，在臨床上表現為「掉眩巔疾」症狀，即抽搐、頭昏眼花等頭部疾病。

木之德是消除萎靡不振的上一年冬天的閉藏現象和開啟分裂萌芽變化之始。

木運太過之年，可能會由常而變，木氣偏盛，氣候嚴重反常，造成災害，甚至出現狂風暴風摧屋拔樹的災變現象。

木運太過之年，由於春天木氣偏盛，氣候反常，所以不但要影響木類有關的動植物的正常生長收成，而且由於木旺乘木侮金的原因，土類和金類有關的動植物在生長收成上都要受到影響。

相應在五穀上為：木之穀麻，金之穀稻，金之畜雞，木之畜太，木之果李，金之果桃，木之色青，土之色黃，白之色金，木之味酸，土之味甘，金之味辛。

木運太過之年，其特點是一年四季都可能受春的特點影響，甚至表現出春的特點。

木運太過，人體肝氣相應偏重，疾病在經絡上的表現主要是見

於足厥陰肝經。由於足厥陰肝與足少陽膽是一臟一腑，緊緊相連，因此是少陽膽經也可以同時受病。

肝氣偏盛，首先傳脾，因此人體脾臟也同時可以受影響而發病。

木運太過之年，不但屬於木類的毛蟲在胎孕生長方面要受影響，而且由於勝復的原因，屬於金類的介蟲胎孕長征方面也要受影響。

同理，不但屬於木類的穀物或果類有堅核的植物的生長收成受影響，而且屬於金類的穀物或果類，外有堅殼的植物在長征收成方面也受到影響。

木運太過之年，由於人體肝氣偏盛，所以在臨床上表現為易怒。

木運太過之年，春天本來就木氣偏重，氣溫偏高，如果再碰上火氣司天之年，這一年的氣候就會比較熱。人體臟腑中肺和大腸、脾和胃都會因此出現火熱現象，而在臨床上再現出嘔吐、反酸、咳嗽、氣喘、眩暈等症狀。

每一甲子六十年中，既是木運太過，而又是火氣（君火或相火）司天的年份有壬申、壬午、壬寅、壬子四年。

木運太過，風氣偏盛，溫熱太過氣候反常，有可能在秋天金氣來復。金氣來復之時，會出現暴涼現象，甚至一片肅殺之景，清氣大至，草木凋謝，人體的肝可能受邪而發病。

總的說來木運達過之年，春天風氣偏盛，氣溫偏高，在物候、病候上都相應有所變化特點。由於勝復乘侮的原因，除了以上所述的反常變化之外，在氣候上長夏可以出現雨水失調，秋天出現氣溫過涼；在物候上再現出成熟不全，秀而不實，草木凋謝；在疾病上

出現脾病、肺病等等。

火運太過之年，在《黃帝內經》中被稱之為「赫曦之紀」。

赫曦，指由於火運太過，炎暑施化，陽光盛大。

一甲子六十年中，屬於火運太過的年份有戊辰、戊寅、戊子、戊戌、戊申、戊午六年。

但是由於其中戊辰、戊戌兩年是太陽寒水為司天之氣，水克火。根據運太過而被抑的平氣原則，這兩年為平運之年，所以實際上火運太過之年只有四年。

火運太過之年，夏季裡萬物生長茂盛，一派欣欣向榮的景象。由於陰氣內化，陽氣外榮，夏季炎熱的氣候使萬物因此春生夏長，得以昌盛。

夏季中主要的變化為長，而且陽氣相當旺盛，生長的變化也很快。

火運太過，氣候及物候會有反常現象。天氣會過度炎熱而出現炎灼擾動現象，氣候極度炎熱，如沸水的滾滾熱流。

火之德為暄暑鬱蒸。

火運太過之年，由於火旺乘金侮水以及勝復的關係，所以這一年火類動植物生長收成不僅受影響，而且金類和水類的有關動植物的生長收成也會受影響。

相應為：火之穀麥，水之穀豆，火之畜羊，水之畜豬，火之果杏，水之果栗；火之色赤，金之色白，水之色玄；火之味苦，金之味辛，水之味鹹等等，與這一年的火運太過關係密切。

這一年的氣候、物候反常變化主要是表現在夏季。

這一年人體疾病經絡方面的表現，主要表現在手少陰心經和手

少陽少腸經。

又由於手厥陰經與手少陽三焦經相合，因此也可以同時表現在少陽三焦經。

這一年火運太過，人體五臟中的心也相應火氣太過旺盛而發生疾病，同時由於心氣偏盛時可以乘肺而使肺也發生疾病。

心屬火，肺屬金，火克金，故影響到肺。

火運太過之年，不但屬於火類的羽蟲類動物的胎孕生長要受影響，而且由於勝復乘侮的原因，鱗類動物的胎孕生長也要受影響。

在植物上不但多脈絡的植物（屬火類）在生長收成上受影響，而且由於勝復乘侮，多黏稠液體的植物（屬水類）也受影響。

火運太過之年，疾病臨床上表現以笑為特點，人體心火亢盛，可能得症疾瘡瘍、出血性病症、燥狂或妄言妄語，眼睛紅赤，這些症狀多屬心疾、熱疾。

火運太過之年，如果該年的司天之氣為太陽寒水，根據運太過而被抑的原則，太過之火被司天之水氣抑制，表現出來的則是平氣之年了，如上述提及的戊辰、戊戌兩年。

在這樣的情況下，秋令之氣也就表現為正常所見。

但在這時雖為平氣，司天之氣卻為太陽寒水，人體又可能因寒邪偏盛而發生另外的疾病。相反，如果火運太過之年的司天之氣是火，那麼火上加火，火氣極度偏盛，火盛就一定要刑金，因此秋氣必然要往後延遲，也就是說，這樣年份的秋天便應涼不涼，至而不至，嚴重反常。像這樣的火運太過且司天之氣又是火的年份有戊寅、戊申、戊子和戊午四年。

火運太過，對生物嚴重傷害，到了該年冬天就會出現寒氣來復的異常寒冷的氣候，在這時，寒氣來復的異常寒冷的反常氣候中，

人體的心氣因此可能會因寒邪傷心而受到損害。

土運太過之年，《黃帝內經》中叫做「敦阜之紀」。

敦阜，指敦厚高阜，土盛大貌。

一甲子六十年中屬於土運太過之一年的有甲子、甲戌、甲申、甲午、甲辰、甲寅六年。

土運太過之年，主泛化生一切物質。

土運太過，對生物有很大好處，自然界外物可以順利生長而成熟，充分化生。反應在天氣上可能山雨欲來，煙雨茫茫，大雨則應時而至，濕氣用事，燥象解除。

土運太過之年，該年長夏季節可能雨水太多，水聚成災，這是由於土運太過，雨濕流行，濕氣偏盛的反常的自然景象所致。

長夏雨水太多，土地成泥坑，還有可能因暴雨、大雨、久雨而成災，雷電交加，飄風疾驟，土崩水泛。

土運太過，雨濕偏盛，不但土類各物、肉類、果菜生長收成受影響，而且由於勝復乘侮的原因，土達過必乘水，土太過木必然來復，因此水類及木類的穀肉果菜的生長收成也會受到影響。

具體地說，就是：土之穀稷，木之穀麻，土之畜牛，木之畜犬，土之果棗，木之果李；土之色黔、水之色玄、木之色蒼；土之味甘，水之味鹹，木之味酸等等。

土運太過之年，其反常現象主要表現在該年長夏季節。

在人體疾病上表現在經絡方面主要是見於足太陰脾經和足陽明胃經。

在臟腑方面主要與脾和腎有關，其中的勝復乘侮關係前面已多次講解，此處就不再詳細分析。

在動物的生長方面不但屬土的倮蟲在胎孕生長上要受影響，而且由於勝復原因，土太過，木來復，因此屬木的毛蟲也受到影響。

在果物上不但屬土的多肉果類生長收成要受影響，而且屬於木的堅核果類也在生長收成上受影響。

在人體病候臨床上表現出腹部脹滿，四肢不舉，這是脾痛和肝病例的表現。

土運太過之年，木氣來復時，有可能大風驟然而至，雲散雨停，積留的雨濕迅速被風吹乾，這是自然氣候變化上的自穩調節。這時風氣偏盛，由於人體相應肝盛乘脾，所以可能中風邪而傷脾。

金運太過之年，《黃帝內經》中稱之為「堅成之紀」。

堅成，指堅則成物，金有餘之故。

一甲子六十年中，歲運屬於金運太過之年的有庚午、庚辰、庚寅、庚子、庚戌、庚申六年。

其中除了庚午、庚寅、庚子、庚申四年是由於君火或相火司天，而火克金，根據運太過而被抑的原則，這四年實際上是平氣之年，不計在內。所以完全屬於金運太過之年的，一甲子六十年中只有庚辰和庚戌兩年。

金運太過，自然界則會收斂一些，不如平時那樣活潑活躍。天氣上以晴朗氣明為特點，氣候偏乾燥。自然界萬物因之而完全成熟，遍佈收斂收成之氣。

金運太過，秋氣早至，化氣不能終其用，萬物因此早熟。陽氣減少，政令清肅，勁烈銳切。

金運太過，金氣偏盛，氣候過涼，人體可能出現突發性運動障礙和皮膚疾病。

金運太過之年，由於清涼太過，自然界過早出現樹凋葉落的蕭殺景象，形成災變。

反常的氣候，不但金類的有關穀肉果菜之類生長收成受到影響，而且由於勝復乘侮的原因，木類、火類有關的穀肉果菜在生長收成上也要受到影響。

具體來說：金之穀稻，火之穀黍，金之畜雞，火之畜馬，金這果桃，火之果杏；金之色白，木之色青，火之色丹；金之味辛，木之味酸，火之味苦等等。

這一年的反常氣候主要表現在秋天。

人體疾病主要表現於太陰肺經和陽明大腸經。

由於反常氣候，在動物上不但屬金的介蟲的胎孕生長受到影響，而且因為勝復乘侮的關係，屬火的羽蟲也要受到影響。

果物方面不但外有堅殼的果實（屬金）的生長收成受到影響，而且中有脈絡的果實（屬火）也會受到影響。

金運太過之年，金氣偏盛，火氣來復，臨床上表現出氣喘、呼吸困難等肺心疾病。

金運太過之年，如果同年司天之年是少陰君火或少陽相火，那麼根據運太過而被抑揚頓挫的法則，由於火的承製作用，這一年應為平氣之年，前已述及。

這樣的平氣金年，偏盛金氣受火之克，因此不會乘木而影響春木生長，但這時由於火盛刑金，心病可以及肺，臨床上仍可出現咳嗽等肺部病症狀。

金運太過之年，當氣候突變之時，氣候太涼，會出現樹凋葉枯，草木枯乾現象。這時自然調節即會有火氣來矯正火氣偏盛的過熱現象。

火盛刑金，人體中火氣之邪可能出現肺病症狀。

水運太過之年，在《黃帝內經》中被叫作「流衍之紀」。

流衍，指流漫衍行，水盛大貌。

一甲子六十年中，水運太過之年有丙寅、丙子、丙戌、丙申、丙午、丙辰六年。

水主冬令，氣機密閉，萬物蟄伏不動，封藏起來。這樣的物候現象是由於寒冷的原因，出現植物不長，動物匿伏，自然界一派平和現象。

水運太過時，水太多時會出現水漂上泄下，波湧流急的現象。

這一年冬季格外地寒冷，出現冰雪霜雹過多的反常現象。

水運太過之年，由於氣候太冷，不但水類有關穀肉果菜的生長收成也要受到影響，而且由於乘侮勝復的原因，其他屬於土類、火類的穀肉果菜也要受到影響。

具體地說：火之穀豆，土之穀稷，水之畜豬，土之畜牛，水之果栗，土之果棗；水之色玄，火之色丹，土之色黅；水之味鹹，火之味苦，土之味甘等等。

水運太過之年，其反常氣候及物假變化主要表現在該年冬天。

人體疾病在經絡上主要表現為足少陰腎經及足太陽膀胱經。在臟腑上由於乘侮勝復的原因，除了腎病，還要考慮心病。

水運太過之年，不但屬於水類的鱗蟲在胎孕生長方面要受到影響，而且由於勝復乘侮的原因，屬於土類的倮蟲在胎孕生長方面也要受到影響。

多黏汁的果實（屬水）和體肥肉厚的果實（屬土）在生長收成上由於勝復乘侮的原因都要受到影響。

　　水運太過之年，由於脾腎疾病而可以在臨床上出現膨脹症狀。

　　這一年如果是太陽寒水司天，司天之氣為水，這一年的氣候就會特別寒冷，這樣就會嚴重影響萬物的生長。

　　水運太過，同年司天又是水，歲運與司天之氣氣同，其實為天符之年。天符之年氣候變化劇烈，所以氣候嚴重反常。

　　水運太過，則土氣來復。土氣來復時，出現濕霧濛濛的現象。

　　土來乘水，人體中邪傷腎。

　　以上談的是各種運氣太過之時的具體的特點，下面再來詳細介紹不及之時的特點。

　　木運不及之年，在《黃帝內經》中被稱為「委和之紀」。

　　委和，指和氣委弱，木氣不及。

　　一甲子六十年中，木運不及之年共有丁卯、丁丑、丁亥、丁酉、丁未、丁巳六年。

　　木，在季節上代表春，在氣候上代表溫暖，在物化上代表萌芽發生。

　　木運不及，上述變化均不正常，春行秋令，應溫反涼，應生反殺。

　　金克木，金勝木，所以木運不及，反而金的特點有時有表現。

　　木運不及之年，生機不明顯，風少雨多濕勝，夏天應熱不熱，生長緩慢，秋涼早來，植物生長比平常年份較晚，而且凋落也較早。

　　木運不及之年，表現出收斂、集中的氣用反常的特點。

　　人體相應肝氣不及，臨床上可以表現出癱瘓、痙攣、拘急馳緩等運動障礙。

　　由於木運不及，金來乘之，木未侮之，因而就出現金土偏勝現象，並相應影響動植物的生長，所以不但屬木類的穀肉果菜生長受到影響，其他屬金、屬土的也受到影響。

　　具體來說：木之果李，土之果棗，木之實核，金之實殼，土之穀稷，金之穀稻；木之味酸，金之味辛；金之色白，木之色蒼；木之畜犬，金之畜雞，木之蟲毛（蟲），金之蟲介（蟲）等等。

　　木運不及之年，氣候寒冷，霧露尤多，氣氛悽愴，物化現象緩慢，生氣不足，表現偏於低沉，臨床病候多肝病。

　　木運不及之年，由於金氣來乘，所以木本身所代表的氣候、物候已不明顯，有一半與金所代表的氣候、物候現象相似。

　　木運不及之年，如果遇上當年的司天之氣是厥陰風木，則不及的木運便可由於得到了司天之氣的幫助而構成平氣之年，即運不及而得助。

　　如丁己年，其司天之氣是己亥厥陰風木，所以這一年的歲運與司天之氣同氣，所以這一年實際上已構成平氣。

　　而如果木運不及之年又為陽明燥金司天，木不及，金本來就要乘木，且司天之氣又是金，就成了乘上加乘，以致木的本性完全喪失，變成和金運平氣之年的情況差不多，這一年中沒有春天，不溫暖，無生機，自然界一片肅殺之象。

　　歲木不及之年，人體肝的作用不足，疏泄失職，因此在臨床上出現肢體不用、氣血瘀阻不行所致的癰腫、瘡瘍等病症。

　　由於土來反侮木，自然氣候風少雨多溫盛，甘味植物因氣候潮濕過甚而易生蟲。這一年如果遇上太陰濕土司天之年，就會侮上加侮，表現出土運平氣的特點，又熱又濕，這一年中已感受不到春天，春行長夏之氣，完全屬於反常。

歲木不及之年，由於金氣來乘，春行秋令，但由於勝復的原因，這一年的夏天又會出現火來復金的暴熱現象。

這一年對自然氣候和物候上的損害，主要表現在該年的春季和東方地區。

當火來復金之時，天氣炎熱、暴熱，就會出現飛蟲、蛀蟲、蛆、雉增多和雷霆大作的自然現象。

火運不及之年，在《黃帝內經》中被稱為「伏明之紀」。

伏明，指火德不彰，光明潛伏。

一甲子六十年中，屬於火運不及之年共有癸酉、癸未、癸卯、癸巳、癸丑、癸亥六年。其中癸巳又屬於平氣之年，因為這一年的值歲金運得到年支巳的支持，巳的五行屬火，故癸巳年為平氣之年。

由於火不及，火不勝者，所以火運不及之年，夏天裡應熱不熱，相對寒冷，生物的生長也不通用正常進行，一切都反而顯示出了水的特點來。

這一年生長之機不明顯，閉藏之氣反而遍佈，收斂之氣自行其政，也就是夏行秋冬之令，氣候反常，植物長勢不好。

火運不及之年，夏天裡多次出現寒涼的反常現象，夏季的時間也較短，不像正常的夏季的時間長。但由於夏天裡應熱不熱，經常出現寒流，所以生物長勢不好，所結的果實就不成熟，到了長夏季節，氣候轉為熱而潮濕，土氣來復，雨水也多了，但生物本身已經到了衰老階段，錯過了生長期，因而仍然長不好。

火運不及之年，氣候應熱不熱，冬天裡蟄伏的動物因此也就提前進入蟄伏階段，早早準備過冬。

　　火運不及之年，夏天本來應有的炎熱之氣為寒冷所束閉，處於一種抑鬱的狀態，運氣鬱極而發，因此當鬱結之氣暴發出來，往往就變化劇烈，暴冷暴熱。反應在人體上，人體心陽相對不足，由於心主血、主脈，心陽不足，推動乏力，血脈運行不暢，所以可能在臨床上表現出疼痛症狀。

　　火運不及之年，不但有關火類的穀肉果菜的生長收成受到影響，並且由於水乘金侮的原因，水類及金類的穀肉果菜的生長收成也會受到影響。

　　具體來說：水之穀豆，金之穀稻，水之果栗，金之果桃，火之實絡（中有脈絡的果實），水之實濡（黏汁液多的果實）；火之味苦，水之味鹹；水之色黑，火之色丹；火之畜馬，水之畜豬，水之蟲鱗（蟲），火之蟲羽（蟲）等等。

　　火運不及之年，水來勝火，冰雪霜寒的現象就多。

　　火運不及之年，人體心氣不足，還會出現昏感和喜悲善忘等反常現象，屬精神情態上的反常。

　　火運不及之年，火氣的特點反而不明顯，而處處表現出水的特點。

　　這一年夏天應熱不熱，就好像水運不及之年的冬天一樣，火運不及之年的夏天相對寒冷，雖然說它畢竟不是正常的冬天，但卻和不冷的冬天差不多了。

　　如果這一年又遇上了陽明燥金司天，那麼金氣反侮的現象變本加厲，這一年的夏天就會同金平氣之年的秋天一樣，實為嚴重反常。

　　雖然火運不及之年，夏天十分寒冷，但是由於勝復的原因，到了長夏季節土氣來復，所以又會出現雨水很多的情況，氣候變為炎

熱而潮濕。

　　火運不及之年，其反常現象主要表現在南方及每年的夏季。

　　當長夏季節土氣來復時，又會常常出現暴雨、大雨、雷電交加等氣候變化。

　　土運不及之年，《黃帝內經》中叫做「卑監之紀」。

　　土本來是萬物化生的基礎，現在土運不及，所以只能卑監以化。

　　一甲子六十年中，屬於土運不及的年份有己巳、己卯、己丑、己亥、己酉、己未六年。

　　在這六年中，己丑和己未兩年，由於司天之氣為丑未太陰濕土，根據運不及而得助的原則，這兩年實際上已經構成了平氣的年份，所以土運不及之年只有四年。

　　土運不及之年，其化所減少或不足，這是由於長夏季節裡雨水不足，植物的生產變化受到影響而不完全，生命處於衰減降低的狀態。

　　土的化生之氣不行令，而由於水乘土的關係，春生之氣卻非常明顯。長夏季節度中的濕熱郁蒸現象應有而無，反而春天的氣候物候現象顯著。

　　這一年主要的反常情況表現在長夏應濕不濕，應雨不雨，而其他春夏秋冬的變化並不十分劇烈。

　　土不及，木乘水侮，所以在長夏裡卻多表現風和寒這樣的木和水的特點來。雖然春木繁榮，木氣正常，但由於其根基的土不及，所以植物出現秀而不實的現象，生長出不飽滿的果實，農作物收成的產量也會降低。

　　土運不及，人體的脾的運化作用相對不足，因此水濕滯留，如果滯留在皮膚上，就會在臨床上出現肌膚濕性瘡瘍和膿腫症狀。

　　土運不及之年，不但土類有關的穀肉果菜的生長收成受到影響，而且由於勝復乘侮的關係，木類和水類的穀肉果菜的生長收成也要受到影響。

　　具體來說，就是：木之果李，水之果栗，水之實濡（多黏液多汁的果實），木之實核（中有堅核的果實），水之穀豆，木之穀麻；木之味酸，土之味甘；木之色蒼，土之色黃；土之畜牛，木之畜犬，土之蟲倮（蟲），木之蟲毛（蟲）等等。

　　土運不及，木氣來乘，所以這一年出現雨少風多、風氣偏盛、「飄怒振發」的現象。

　　土運不及，化生不旺，秀而不實，物候處於低調狀態。在臨床上由於脾運不足，又可能出現氣滯水留、水腫、脹滿等症狀。

　　土不勝木，相應在人體上，肝氣橫逆犯脾，脾的運化作用更加失調，全年土的特點不明顯，反而木的特點卻比較明顯。

　　土運不及之年，與木運不及之年的氣候、物候現象往往會大同小異。而當這一年遇到太陰濕土司天，那麼運不及得助而構成平氣，與土運平氣的情況相同了。

　　如果遇到的是厥陰風木司天，那麼本來土不及，木己乘土，現在乘上加乘，這一年的長夏便會和木氣平氣之平的春天一樣了，夏行春令，雨少風多，不熱而溫，氣候嚴重反常。由於人體上脾虛肝乘，所以臨床上又會出現腹泄邪氣傷脾現象。

　　土運不及之年，雨水不足，應熱不熱，所以植物乾枯萎凋，生長不好。

　　土運不及之年，由於土載四行，土為萬物之母，所以其反常現

象不僅出現在長夏土季，而且一年四季都會受到極大影響，這種影響的破壞性是相當大的，如虎狼傷人一樣。當木氣乘土，由於自然調節的作用，金氣來復，到了秋天，以上的各種反常變化才有所緩和，克制風氣。

金運不及之年，在《黃帝內經》中被稱為「從革之紀」。

從革，指金氣不及，從火而革。

一甲子六十年之中，屬於金氣不及的年份有乙丑、乙亥、乙酉、乙未、乙巳，乙卯等六年。其中乙酉和乙卯兩年，由於是陽明燥金司天，根據運不及而得助的原則，這兩年構成了平氣之年，所以實際上金運不及之年只有四年。

金運不及之年，氣候上應涼不涼，物候上應收不收，火來刑金，這一年秋涼秋收之氣遲至，春溫春生之氣明顯。

由於氣候應涼不涼，炎熱，萬物因此生機旺盛，生長繁榮，但到了秋天，本來該收成了，卻應收不收，繼續生長，自然界因此出現反常燥熱的活躍景象。

人體肺臟相應不足，因此臨床上可能出現滿悶、氣逆、咳嗽、喘息等肺病症狀。

金運不及之年，由於火乘木侮的原因，不僅屬於金類的穀肉果菜生長收成受影響，屬於木類和火類的穀肉果菜也受到影響。

具體來說，就是：木之果李，火之果杏，金之實殼（有殼類的果實），火之實絡（中有脈絡的果實），木之穀麻，火之穀麥；火之味苦，金之味辛；金之色白，火之色丹；木之畜雞，火之畜羊，金之蟲介（蟲），火之蟲羽（蟲）等等。

金運不及之年，應涼不涼，秋行夏令，烈日炎炎，有如盛夏，

嚴重異常。人體肺氣失調，臨床上會出現噴嚏、咳嗽、鼻出血等症狀。

這一年的特點不明顯，火的特點卻反而非常顯著。

金運不及之年的秋天應涼不涼，氣候偏溫，其氣候就像火運不及之年的夏天應熱不熱，氣候偏涼一樣。也就是說金運不及的秋天在氣候上與火運不及的夏天相似。

金運不及之年上遇陽明燥金司天，則可以運不及而得助，從而構成平氣之年。而如果遇上厥陰風木司天之年，金運不及就會被木風侮上加侮，這一年的秋天就好像木運平氣之年的春天一樣，秋行春令，春風和煦，氣候反常。

當這一年火氣偏盛時，水氣來復，因而這一年的冬天又可能表現出異常寒冷，出現暴寒現象。

這一年的氣候及物候的反常變化主要表現在這一年的秋季和西方地區。

水氣來復之時，由於氣候暴寒，寒季早來，水類動物如魚、豬、鼠便早早匿伏起來準備過冬，冬令之一氣早至。

水運不及之年，稱為「涸流之紀」。

涸流，指水氣不及，水流涸竭。

一甲子六十年中，水運不及之年，計有辛未、辛巳、辛卯、辛丑、辛亥、辛酉六年。其中除了辛亥年的年支亥的五行屬性為水，因此構成平氣之年以外，實際上水運不及之年只有五年。

水運不及之年，陽氣反盛，冬天裡應寒不寒，反而出現了氣候較熱的陽氣偏盛現象。水不及則土來乘之、炎來侮之。

這一年的冬天不冷反熱，冬行夏令，萬物應藏不藏，氣候嚴重

反常。

　　冬天裡由於不冷不雪不冰反而雨濕流行，冬行夏令，氣候相對偏熱。本來在冬天裡需要蟄伏過冬的動物這一年由於天氣變熱，也不藏匿蟄伏了。土地潤濕柔軟，不結不凍，水源也變得不足，植物在冬季仍然生長茂盛，物候反常。

　　在人體上腎氣失常，腎虛不能藏精，可能出現遺溺、失精等等症狀。腎陰不足，也可能出現大便乾等症狀，陰虛而津液不足。

　　以上與腎臟失職相關。

　　水運不及之年，由於土乘火侮現象，不僅水類所屬的穀肉果菜在生長收成方面要受到嚴重影響，而且土類和火類的穀肉果菜在生長收藏上也受影響。

　　具體說來，即：土之果棗，火之果杏，水之實濡（多黏汁的果實），土之實肉（中多厚肉的果實），土之穀稷，火之穀黍；土之味甘，水之味鹹；土之色黔，水之色玄，水之畜豬，土之畜牛，水之蟲鱗（蟲），土之蟲倮（蟲）等等。

　　水運不及之年，土氣來乘，這一年冬天氣溫偏高，出現霜雪稀少，雨水增多，天氣陰暗不明，陰雲蔽日，塵霧迷濛的自然景象。

　　水運不及，由於腎虛脾乘心侮的原因，會出現肢體肌肉萎縮或遲緩無力等運動障礙，或卒倒眩僕，四肢逆冷，大便乾結等脾病心心病症狀。

　　這一年水的特點不明顯，反而土的特點較為明顯。

　　水運不及之年的冬天和土運不及的長夏季節卻有許多相似之處。

　　如果這一年遇到司天之氣為太陰濕土，土本來已乘不及之木，此時乘上加乘，這一年的冬天就和土運平氣之年的長夏一樣又熱又

濕，非常相似。

水運不及之一年，腎虛不能化木，在人體疾病上又可能出現小便不通、大便乾澀不利的腎病症狀。

當土氣偏盛出現天昏地暗、暴雨傾盆現象時，由於木氣來復，又會出現狂風大作，摧屋拔樹的現象。

水運不及之年，其反常變化主要表現在該年的冬天和北方地區。

由於冬天不冷，狐狢等動物應藏不藏，四處活動。

總的說來，歲運不及之年，則其所不勝乘其不及而侵犯之，不勝之氣自然速至，這種氣候反常現象對自然界的生命現象造成嚴重影響。由於勝復的原因，這個反常的氣候又必會受到它所不勝的氣來報復。這種勝復的關係實際上是自然界的一種自穩調節機制，始終維持著相對的平衡狀態。

本段歌訣我們用了大量的篇幅來加以討論，這是因為本節介紹的內容都是非常有用的有實際參閱價值的。

懂得運氣的基本推算，如果不瞭解其所代表的豐富意義，就一無所得，所以這一節內容是運氣推算的實際含義，非常有用。

運氣所至先後時歌

應時而至氣和平，
正化承天不妄行。
太過氣淫先時至，
侮刑我者乘我刑。
不及氣追後時至，
所勝妄行刑所生。
所生被刑受其病，
我所不能亦來乘。

原注

　　應時而至，謂交五運六氣之日、之時，正當其日、其時而氣
即至，則為正化平氣，承天之令，不妄行也。如時未至而的敢先
至，來氣有餘則為太過，名曰氣淫，即邪化也。刑我，謂克我者
也；我刑，謂我克者也。假如木氣有餘，克我之金不能制我，金反
受木之侮，則木盛而土受克也必矣。其年若見肝病為正邪，見肺病
為微邪，風脾病則為賊邪也，餘時法此。若時已至而氣未至，來氣
不足，則為不及，名曰氣迫，亦邪化也。所勝謂我所勝，即我克者
也。所生，我所生者也。所不勝，謂我所不勝，即克我者也。假如
木氣不及，我克之土，無畏妄行，則生我之水必受病也；木衰，金
乘其衰亦來刑木為病也。其年若腎病為實邪，見心病為虛邪，見肺

病則賊邪也。餘時法此，推此可知二經三經兼病之理矣。

詳解

運氣本來各主其時，但由於因為有太過和不及，由此引起的五行關係有勝復乘侮的連運變化，其結果使運氣看上去有先至後至，應時而至，非時而至。

「應時而至氣和平」，指的是當交五運六氣之日、之時，正當其日、其時，氣運正好達到，這就是正化平氣。

正化平氣，該至而來，是承天候正常的司化之令，不妄行，乃化生萬物的平和之氣。

例如平氣之年的戊辰年，初運木運正好在當年大寒日寅初初刻到來，二運火運在春分十三日寅正一刻到來，三運土運正好在芒種後十日卯初二刻到來，四運金運、終運水運也都正好在其運交之日到來，這就是「應時而至」的平和之氣。

以六氣來說，初之氣在大寒日應時而至，二之氣在春日應時而至，三之一氣在小滿日應時而至，四之氣在暑日應時至至，五之氣大秋分日應時而至，終之一氣在小雪日正至，這樣的年份也是平氣之年。

這就是「應時而至氣和平，正化承天不妄行」的意義。

「太過氣淫先時至」，講的是如果運氣相交之日未至，而該運或氣卻先於這正常的時候到來，這就是來者之運氣有餘，就是太過。

這樣的太過之氣，稱之為「氣淫」。淫，即是過，多而氾濫之意。這樣的太過淫氣，即是邪化、不正常、反常的司化。

　　例如木運太過之年，由於木運太過，可能還不到這一年，而在上一年的冬天結束之前，木氣就提前到達，使氣候轉溫，風氣偏盛，草木過早萌生，蟄蟲早出。這些情況都是反常的現象，必然會引起反常效果，這時風氣就是邪化之氣，風氣氣淫，影響一年來自然界的正常司化。

　　「侮刑我者乘我刑」，是緊接著「太過氣淫先時至」一句，講的是太過之時的五運六氣的五行關係。

　　「刑我」，即是克我的意思；「我刑」，即是我克的意思。

　　例如當木氣太過之時，本來金克木，但現在木氣太旺，金克不動木，這種情況就稱為金反受木之「侮」。而木本來就是克土的，現在木比平時更旺，木不僅克土，簡直就是使木完全受壓制，這種情況就叫木「乘」土。

　　「侮」和「乘」是兩個非常重要的概念，運氣推算中隨時會遇上，所以讀者對此一定要仔細推敲。

　　還是舉木氣太過之例，木氣太過，這邪化的反常之氣，必然災物病人，反映在人體身上，這一年的肝病為正邪、肺病為微邪、脾病為賊邪。

　　風木之氣太過，人體上主肝病，這好理解。由於金受木「侮」，金相應之肺臟，也可能生病。又土被木「乘」，所以土相應之脾也易為病。其中肝病為主，肺脾病為派生。

　　其他火氣太過、土氣太過等等，都以上面的方法類推。

　　「侮刑我者乘我刑」從字面意義上講，就是太過之氣「侮」，能克制自己的運氣而「乘」自己所能克制的那種運氣。

　　「不及氣迫後時至」，指如果五運六氣交司之日、之時已到，但該至的運氣卻遲遲未至，來者之氣不足，這就是不及。這種不及

之氣，被叫著「氣迫」，也是邪化，屬於嚴重反常。

「所勝妄行刑所生」是緊承上句。所勝，指的是我所能勝，即是我所能克的；所生，指的是我之所生的；所不勝，指桑罵槐的是我所不能勝，即是克我的。

例如：當木氣不及之時，木氣的所勝是土，木氣的所生應該是火，木氣的確良所不勝便是金。

木氣不及，木氣本來可以克制土氣，現在由於氣弱而難以克制，土氣便無所畏懼而妄行。

土氣克水，現在木氣不及之時，土氣妄行，妄行的土氣當然比平時更能變本加厲地克水，所以能夠生木的水必然受病。

金本能克木，現在木氣不及，金就不僅能克木，而且要「乘」木了，金乘木之衰，這也是打破平衡的反常現象，所以金也為病，表現失常。

反映在人體的病候臨床上，木氣不及，水被土刑，火也因其母弱而被刑，金亦為病，所以這一年腎病是實邪，心病為虛邪，肺病則為賊邪。

其他不及的情況以此類推。

這樣就可以找到人體疾病的病理和原因。

「所勝妄行刑所生，所生被刑受其病，我所不能亦來乘。」從字面上來解釋，就是說當運氣不及之時，其所勝之一氣當妄行無忌，其所生之氣也受影響被刑，所生之氣被刑，是受到妄行無忌之氣的影響，受到不及之氣的牽連，這時候我所不勝的那種氣不僅克不及之氣，而且要「乘」不及之氣了。

六氣勝復歌

邪氣有餘必有復，
勝病將除復病萌，
復已又勝衰乃止，
有無微甚若權衡。
時有常位氣無必，
勝在天三復地終，
主客有勝而無復，
主勝客逆客勝從。

原注

　　六氣有勝，則必有復，陰陽循環之道也。勝病將除，復病即萌，邪正進退之機也。勝已而復，復已又勝，本無常數，必待彼此氣衰乃止，自然之理也。有勝則復，無勝則否，勝微復微，勝甚復甚，猶權衡之不相過也。然勝復之動時，雖有常位，而氣無必也。氣無必者，謂應勝之年而無勝也。時有常位者，謂勝之時在前，司天天位主之；自初氣以至三氣，此為勝之常也。復之時在後，在泉地位主之；自四氣以至終氣，此為復之常也。所謂六氣互相勝復也。若至六氣主客，則有勝而無復也。在勝而無復者，以客行天令，時去則已，主守其位，順承天命也。主勝客，則違天之命，而氣化不行，故為逆。客勝主，則上臨下奉，而政令乃布，故為從也。

詳解

運氣學說乃是一分為二的辯證法，有一正必有一反，勝復就是矛盾的轉化問題。

「邪氣有餘」指六氣有太過而勝的情況。

「必有復」指有勝則有復。

例如當土氣太過之時，土本來克水，現在就要乘水，水之子為木，木要為母報復，必有復土之時，這就是有勝則有復，是自然循環之道。

由於勝與復彼此不能割裂，從人體的臨床病候上說，勝病在復氣來臨時，其病症因為本勝氣被糾正而將消除。但是勝病才除，復氣又來為病，是為復病開始萌生，這是邪氣、正氣一進一退的道理。所以歌訣中說「勝病將除復病萌」。

勝氣完結之後復氣即至，而復氣完結之後勝氣又生，這沒有一定之數。只有等到勝氣、復氣彼此相互消耗而衰竭之後，這種勝復相循環的關係才能結束，恢復正常五行秩序。

這是自然界的規律。

「復已又勝衰乃止」，就是這個意思。「復已」即復氣完結；「又勝」即又產生勝氣；「衰乃止」指勝復二氣彼此衰竭之後這種關係才結束。

「有無微甚若權衡」中，指勝復二氣相倚相生如同常在權衡，不相為過。

「有」指有勝氣則有復氣；「無」指無勝氣則無復氣；「微」指勝氣微少則復氣微少；「甚」指勝氣過甚則復的敢過甚；「如權衡」指就像秤與秤錘的關係。

「時有常位氣無必」指勝復的相生相長的關係。

勝復之氣沒有定數，指可能是應勝之年卻可能沒有勝。

時間上有常位，指一般說來，勝氣的時間在一年中的前半年，以司天之位主之。也就是說，自初之氣到三之氣這樣一段時間，這就是勝氣的常位；而自四之氣到終之氣，這段時間卻是復氣的常位，這就是六氣相互勝復。

「勝在天三復地終」即上上的意思。

勝之氣在前，司天天位主之，復之氣在後，在泉地位主之。

至於六氣的主氣和客氣，是有生氣而無復氣。

主客之氣有勝而無復的原因，是客氣行天令，它所主的那一步的時間一結束，它也就隨之而去。而主氣是從初之氣到終之氣，各守其位，年年不變，歲歲如此，是順承一年的基本普通變化規律的。

這就是「主客有勝而無復」的意思。

客氣行天令，指客氣代表這一年天氣的特殊的變化規律。

主氣承天令，指天氣是代表大自然天氣的大的普遍適用的變化規律。

主氣勝客氣之時，是違天之命，用普遍情況勝過特殊情況，這時就會氣化不順，嚴重反常，所以叫做「逆」。

客氣勝過主氣，則是上旨下奉，政令乃能牽實行，所以叫做「從」，也就是在普遍規律的指導下表現出特殊規律。

這就是「主勝客逆客勝從」的意思。

運氣亢害承制歌

運氣亢則皆為害，
畏子之制敢不承，
因有承制則生化，
亢而無制勝病生。
勝後子報母仇復，
被抑屈伏郁病成，
鬱極乃發因數弱，
待時得位自災刑。

原注

　　五運六氣太過而極，則謂之亢，亢則必害我所勝者也。假如木亢極，則必害我之所勝之土；土之子金，隨起而制木，木畏承受其制，則不敢妄刑彼母也。五行有此承制之道，自相和順，則生化不病矣。假如木亢盛而無制，則必生勝病；勝病者肝，受病者脾，二經同病也。有勝必有復，有盛必有衰，自然之道也。木盛而後必衰，土之子金，則乘衰必復勝母之仇，是則更生復病也；復病者肺，受病者肝，二經同病也。餘藏法此，若木不及，則被金遏抑，屈伏不伸，而木鬱之病生也。然被鬱極而乃發者，蓋以木氣不及，不能令子火旺，故不能復也，所以必待其已之得位時而後發也；雖發而不為他害，但自為災病，亦由本氣弱耳。故方其未發之時，與

勝病同，勝病者肺，鬱病者肝，及其已發之時，不復病肺，惟病肝也。餘藏此法。此上文以太過釋勝，不及釋鬱病，非謂一歲之太過不及，則分司之一氣無勝、復、鬱病也。凡太過妄行害彼而病者，皆勝病也。受害子終不能復，鬱而發病者，皆鬱病也。不及被抑而病者，亦鬱病也。被鬱待子來報母仇而病者，皆復病也。推此餘皆可通也。

詳解

在前面《五行質氣生克制化歌》中，我們已經介紹了亢害承制的概念。

本節繼續發揮和解釋運氣的推算中的一些基本道理和邏輯。

五運六氣太過而達到極點，這就被稱為「亢」。

運氣亢盛，那麼就必然會「害」它所能克制的那種五行屬性。比如說，木氣太過到亢極，則必然要嚴重傷害它本來就能克制的土氣，這就是「運氣亢則皆為害」的含義。

木氣亢盛之時，嚴重害土，土本來生金，所以我們稱金為土之子。

讀者應該注意，五行中的「母」和「子」的說法非常直觀形象，所生者為子，生我者為母，金為土之子，相生的關係一目了然。

金能克木，當木氣亢盛傷害金之母土時，金當然要為其母土報復，起而克制木，這時木承受了金的克制，就不敢肆無忌憚地妄刑金之母土了。

這就是「畏子之制敢不承」的含義，說木畏土之子金的克制，而承受金之制，不敢過分地傷害土。

　　五行之間的關係，因為有了上面所說的承制的辯證關係，而達到一種動態的平衡，此消彼長，彼長此消，不會發生太過反常的情況，五行自然相互和順，自然界萬物因此而得到正常的生生化化，運轉無窮。

　　這就是「因有承制則生化」之意。

　　相反，如果五行之間沒有這種亢害承制的動態平衡關係，運氣亢盛，而得不到相應的承制和調整，必然會禍物病人。舉例來說，反映在人體疾病上，如果是木氣亢盛不得承制，人體相應的肝也因失常態而病，這叫做「勝病」。

　　由於土被木亢之害，在人體上相應為脾失常而病，這叫做「受病」。所以臨床上人可能出現既有肝病症狀，又有脾病症狀的情況。

　　這就是「亢而無制勝病生」的含義。

　　自然界的規律是一分為二的，有勝則有復，有盛則必有衰。

　　例如木氣亢盛之後，因為自然界的自穩調節平衡規律，必然會有盛極而衰的時候。木衰之時，土之子金，必然要乘此衰弱之際來為其母土報復木勝土之仇。

　　這時金氣又來唱主角，這也是自然界的失常現象，由此更生「復病」。相應為肺病就是「復病」，而肝病則成為「受病」，受復之病。

　　這就是「勝後子報母仇復」的含義。

　　如果是運氣不及的情況，這不及之氣因為要被勝它之氣抑制屈伏，久不舒展，因此就會鬱結成病。

　　這就是「被抑屈伏郁病成」的含義。例如，木氣不及之時，木則為金所抑制，屈伏不伸，就會生出「木鬱之病」。

　　運氣鬱極而發病，是因為其之不及衰弱，不能很好地生養其

子，其子不旺，則不能很好地為母報復。例如木鬱發病，因木氣不及，不能使其子火旺盛，子火不旺盛，就不能報復害木乘木的金。

這種情況，必須等到木氣自己得其位時才能發作，改變其鬱極的情況。

鬱極而暴發，在自然界產生嚴重的反常變化情況，但這鬱極之發，卻不為它害，只是自為災病，這是由於它的本氣太弱的原因，不能它害。

例如木鬱之發，當其未發之時，由於是金乘木產生的勝病，在人體上是肺病，而鬱病是肝病。到了木氣得其位而鬱發之時，人體表現出來已經不再病肺，只是病肝了。

其餘的臟腑病變情況照此方法類推。

這就是「鬱極乃發因數弱，待時得位自災刑」的含義。

讀者需要注意的是，以上所說的太過、不及，用太過解釋勝病，用不及解釋鬱病，並不是專門指一年的值歲大運的太過和不及，實際上各分司之氣都有以上所提到的勝病、復病和鬱病。

凡是太過妄行害別氣的，都是勝病。

受害之氣不能報復，鬱極而發的，都是鬱病。

不及被抑而鬱結成病的，就是鬱病。

被鬱之氣等待其子來為自己報仇的，都是復病。

懂得了以上道理，就可以觸類旁通了。

五運鬱極乃發歌

火土金鬱待時發，
水隨火後木無恒。
水發雹雪土飄驟，
木發毀折金清明，
火發曛昧有多少，
微者病已甚兼刑。
木達火發金鬱泄，
土奪水折治之平。

原注

　　五鬱之發，各有其時。火鬱待三氣火時而發，土鬱待四氣土時
而發，金鬱待五氣金時而發，此各待旺時而發也。水郁不待終氣水
時，而每發於二氣三氣二火時者，以水陰性險，見陽初退，即進乘
之，故不待水旺而發也。木鬱之發，無一定之時者，以木生風，善
行數變，其氣無常，故木發無恒時也。五發之時既已審矣，然五發
徵兆，五氣微甚，天時民病，不可不知也。水發之征，微者為寒，
甚為雹雪；雹雪，寒甚也。土發之征，微者為濕，甚為飄驟；飄
驟，暴風雨也。木發之征，微者為風，甚為毀折；毀折，摧拔也。
金發之征，微者為燥，甚為清明；清明，冷肅也。火發之征，微者
為熱，甚為曛昧；曛昧，昏翳也。多少者，謂有太過、不及也。不

及者病微，太過者病甚。微者病已，謂本經自病也。甚者兼刑，謂兼我刑，刑我者同病也。如木氣甚，我刑者土，刑我者金，土畏我乘來齊其化，金畏我勝來同其化，故三經兼見病也。餘氣法此。木達謂木鬱達之；達者，條達舍暢之義也。凡木鬱之病，風為清斂也，宜以辛散之、疏之，以甘調之、緩之，以苦湧之、平之，但使木氣條達舒暢，皆治木鬱之法也。火發謂火鬱發之；發者，發揚解散之義也。凡火鬱之病為寒束也，宜以辛溫發之，以辛甘揚之，以辛涼解之，以辛苦散之，但使火氣發揚解散，皆治火鬱之法也。金泄謂金鬱泄之；泄者，宜排疏降之義也。凡金鬱之病，燥為火困也，宜以辛宣之、疏之、潤之，以苦泄之、降之、清之，但使燥氣宣通疏暢，皆治金鬱之法也。水折謂水鬱折之；折者，逐導滲通之義也。凡水鬱之病，水為濕瘀也，宜以辛苦逐之、導之，以辛淡滲之、通之，但使水氣流通不蓄，皆治水鬱之法也。土奪謂土鬱奪之；奪者，汗、吐、下利之義也。凡土鬱之病，濕為風阻也，在外者汗之，在內者攻之，在上者吐之，在下者利之，但使土氣不致壅阻，皆治土鬱之法也。

詳解

五運鬱發是一個很重要的概念。

《黃帝內經》中一再地強調，雖然已經按照前面所介紹的推算公式，得出每一年甚至每一月的具體運氣情況，但仍然不能機械地形而上學地對號入座，僅知其常，不知其變。

五運鬱發就是一種辯證的自然現象。

五運鬱發與人體疾病關係，表現為人體疾病的性質與鬱發之氣

的性質基本一致。所以從五運鬱發，可以知病機病理。

鬱發，是鬱到了極度而發作。

五運鬱發意為木、火、土、金、水五運在被鬱到了極度的時候，它本身就會發生反克的現象。例如，水可以克火，水氣太甚，火氣被乘而鬱積於裡，不能表現出其性質。但是如果火氣被壓抑鬱結到了極度，物極必反，它本身就可以突破水的約束發作出來，而火熱燎原。

這種現象就是「鬱發」，實際上是被鬱的一方的反抗和報復之氣。

一甲子六十年的各年份中，五運有太過、不及和平氣的區分。

歲運太過之年，其因鬱而發的現象，比較急、比較猛。

歲運不及之年，其因鬱而發的現象，表現得比較慢，比較緩。

歲運太過這年，由於因鬱而發的現象來得猛急，所以人體因感受此鬱發之氣而發病的症狀也比較重。

歲運不及之年，由於因鬱而發的現象來得比較緩慢，所以人身因感受此鬱發之氣而發也比較緩慢，常表現為遷延纏綿，持久不癒。

五運鬱發，各有其時。

火鬱之發待三之氣火時而發；土鬱待四之氣土時而發；金鬱待五之氣金時而發，這三種情況是待它們各運的旺盛時候而發。

這就是歌訣中第一句「火土金鬱待時發」的含義。

水鬱之發卻不待終之氣水時而發，卻發作在二之氣，三之氣這一段屬於火的時間。這是因為水性陰險，見陽初退，即進乘之，所不待終之氣，就在二之氣、三之氣時間鬱發報復。

木鬱之發，無一定之時，所以「木無恒」即指此意。

　　這是由於木生風，風木善行數變，其氣發無常，因此木發無恒時。也就是說，風行於一年四季各時之中，一年四季各時都有木鬱發作的可能。

　　這就是「水隨火後木無恒」的意義。

　　下面的幾句歌訣：「水發雹雪土飄驟，木發毀折金清明，火發曛昧有多少」，是具體地介紹五運各運的鬱發時在自然界表現出來的變化情況。

　　我們先來介紹一下這幾句字面上的意義，再分別具體地詳述各運鬱發的天氣、物候、疾候特點。讀者只有詳細掌握鬱發之時具體的情況，才能在運氣推算時作出較確切的預測，而不犯生搬硬套的錯誤。

　　「水發雹雪」，指水鬱之發，輕則為寒，重則為冰雹大雪。

　　「土飄驟」，指土鬱之發，輕則為濕，重則為暴風狂雨。

　　「飄驟」，即指暴風雨。

　　這一句就是「水發雹雪土飄驟」的字面上的含義。

　　「木發毀折」，指木鬱之發的徵候，輕微的就表現為風，嚴重的則表現為摧屋拔樹，毀折自然界。

　　「毀折」是指狂風大作之時，摧屋拔樹的自然災害情景。

　　「金清明」，指金鬱之發時，輕則表現為乾燥，嚴重時則表現為清明。

　　「清明」，指冷而肅殺。

　　這就是「木發毀折金清明」的含義。

　　「火發曛昧」，指火鬱之發時，輕微時則表現為氣候較熱，嚴重時則表現為曛昧。

　　「曛昧」的意思是昏黑朦暗，所謂熱得發昏之意。

「有多少」指五運鬱發有太過和不及的區別。

這就是「火發曛昧有多少」的含義。

下面我們來詳細分論各種鬱發現象。

土鬱之發是指土氣被鬱至極而發作。

從歲運來說，凡屬木運太過之年，或土運不及之年，均可以由於木來乘土、風可勝濕的原因而出現土鬱現象。木運太過之年，風氣偏盛，會出現土鬱現象。土運不及之年，木氣來乘，也會出現風氣偏勝而發生土鬱現象。

從歲氣來說，在四之氣上而客氣為厥陰風木之氣主時，也可以因風氣偏勝，太陰濕土之氣被鬱而出現土鬱現象。

土鬱之發的表現，是雷雨大作、山谷震動。雷雨大作時烏雲密佈、天昏地暗、煙霧迷濛、「化為白氣」，山洪暴發、巨石被洪水沖決而下，大風飄驟、飛沙走石，河水氾濫、田地被洪水淹沒，水退之後，泥土堆成小丘。

土被木鬱，降雨就減少，氣候乾旱。但土鬱之發，雷雨大作，山洪暴發，經過鬱發之後，氣候乾旱現象解除，氣候恢復正常，生物的生長收成自然就恢復正常。

土鬱之際，人體脾胃運化作用相應失調，因而在臨床上可以出現脾胃運化失調的症狀；而土鬱之際，木氣太過，人體亦相應容易發生上述肝盛乘脾的各種疾病。

如果自然環境出現「雲奔雨府，霞擁朝陽，山澤埃昏」的景觀，（《黃帝內經－素問－六元正紀大論》）即下雨之處烏雲密佈，早晨太陽周圍雲彩很多，山林沼澤之處天氣陰暗的景色，就是土鬱之發，亦即是雷雨將作的前兆。

土鬱之發的時間主要在四之氣這一段時間中，也就是大暑以

後，秋分以前，大約在農曆六月中至八月中這一段時間，之所以主要在這一段時間中的原因，這是因為四之氣為太陰至時，土氣偏旺，所以也就多在此時發作。

遠望高山，如果看到白雲橫繞，浮游山頂，時聚時散，雲層較低，這就是土鬱即發的先兆。

「金鬱」指金氣被鬱。

「金鬱之發」是指金氣被鬱至極而發作。

從歲運來說，凡屬火運太過之年或金運不及之年，均可以由於火來乘金，熱可勝涼的原因而出現金鬱的現象。火運之年太過，火氣偏盛，可以出現金鬱現象。金運不及之年，火氣來乘，也可以出現火氣偏盛發出金鬱現象。

從歲氣來說，在五之氣上，而客氣為少陰君火或少陽相火主時之時，也可以因火氣偏勝，而使陰明燥金之氣被鬱出現金鬱現象。

金鬱之發，主要表現為天氣清明，秋高氣爽，「天潔地明」，（《黃帝內經－素問－六元正紀大論》）一反夏日濕熱交蒸的自然景象。而氣候由熱轉涼，使人產生瑟瑟西風、蕭索淒涼之感，所謂「風清氣切，大涼乃舉」。這時秋涼以後，在自然景象上「草樹浮煙」，即樹林之中，霧氣迷濛，這是因為秋節之氣行，厚霧數起的原因。這時肅殺之氣於是而至，樹乾枯，草黃枯敗，落葉飄零，秋風大作，秋聲淒切。

金鬱之發時，人體的肺運化作用亦相應失調，在臨床上可以出現諸種肺氣運化失調的症狀；還有如「善暴痛，不可反側」等症。由於肺肝關係，因此也容易由肺傳肝而在臨床上出現「心脅滿引少腹」等等肝氣失調症狀。

金鬱之發時，人體肺氣失調，由於肺主氣，肺朝百脈，人體氣

血均上注於面，所以在金鬱之發時，燥氣偏盛，人體肺氣嚴重失調，可以在面部出現「面塵色惡」等症。

金鬱之發，氣候乾燥，還可以出現鹵地鹽鹼上泛的自然景象。

金鬱之發的時間主要在五之氣這一段時間中，也就是秋分以後，小雪以前，大約在農曆八月中至十月中這一段時間，之所以主要在這一段時間中的原因，這是因為五之氣是陽明主時，金氣偏盛，所以也就多在此時發作。

如果出現了夜降霜露，樹林之中秋風淒切，秋聲回起的景象，這就是金鬱之發，亦即金氣將來復的先兆。

「水鬱」是指水氣被鬱，「水鬱之發」是指水氣被鬱至極而發作。

從歲運來說，凡屬土運太過之年或水運不及之年，均可以由於土來乘水的原因而出現水鬱的現象。土運不及之年，土氣來乘，也可以出現濕氣偏勝，從而發生水鬱現象。

從歲氣來說，在終之氣上，客氣在泉之氣為太陰濕土主時之時，也可以因濕氣偏勝，而使太陰寒水之氣被鬱出現水鬱現象。

金鬱之發時，陰寒之氣突然出現，氣候突然轉寒，即所謂「陽氣乃辟，陰氣暴舉」（《黃帝內經－素問－六元正紀大論》）。這時氣候轉嚴寒，「大寒乃至」，江河湖池之水凍結成冰，天寒而降大雪。大雪紛飛之時天氣陰暗的自然，即是「黃黑昏翳」。由於氣候寒冷，萬物蕭條，不能正常生長。

水鬱之發時，寒氣偏勝，寒勝則可以引起人體氣血不利而女生疼痛。氣候寒冷，氣血流行不利，因此可以在此時出現腰椎疼痛，大關節屈伸不利等症狀。還可以出現其他各種氣功血逆流的症狀，即所謂「善厥逆，痞堅腹滿」。

　　水鬱之發時，陽氣已衰，不能主事，陰寒之氣由於土濕之氣偏勝而鬱積於裡，天氣陰暗低沉，這就是水鬱之發的表現。

　　水鬱之發的時間主要表現在少陰君火主時之前後或少陽相火主時之前後，也就是說，如果少陰君火主時，火氣過甚，水氣被鬱時，則水鬱之發可以在少陽相火主時之前，亦即在二之一氣的後一段時間出現寒氣來復的現象。如果少陽相火主時，火氣過甚，火氣被鬱時，則可以在少陽相火至時之後，亦即在三之氣以後的一段時間中出現寒氣來復的現象。

　　宇宙的變化十分幽遠玄深，氣候變化規律千頭萬緒，這些變化規律雖然細緻而複雜，但是仍然可以經過觀察，見微知著，加以總結和理解。

　　在春夏大熱之時，如果突然出現天氣陰黑、天色陰黃的現象時，這就表示水氣即將來復，是水鬱之發的前兆。

　　「木鬱」即木氣被鬱。

　　「木鬱之發」即木氣被鬱至極而作。

　　從歲運來說，金氣太過之年可以由於金氣偏勝，金來乘木而產生木鬱現象。木運不及之年，也可以由於木運，木氣不及，金氣來而產生木鬱現象。

　　從歲氣來講，在初之氣厥陰風木用事這一段時間中，如果客氣是陽明燥金，也可以由於客勝主的原因而產生木鬱現象。

　　木鬱發生之時，天空塵土飛揚，天昏地暗，天空中的雲物和地面上的萬物，動亂這寧。風氣偏勝，狂風大作，房屋被風吹倒，樹木被風吹斷。

　　木鬱發生之時，風氣變化經常可以形成災變，即所謂「木有變」。

　　木鬱發生之時，人本肝氣相應失調，因而可以在臨床上出現肝病以及脾的症狀。

　　在木鬱發生之時，人氣肝氣失調，不但可以在臨床上發生胃脘痛，脅肋痛等一般肝勝乘脾的症狀，也可以發生肝病重症。

　　木鬱發生之時，天空昏暗，與蒼山一色，「氣濁色黃黑」，即是說天空陰沉，或黃或黑。天空烏雲密佈，天色昏暗，如果雲鬱不動時，就是大雨的前兆。木鬱之發，沒有一定時間，即所謂「其氣無常」。

　　木鬱之際，風氣因被鬱而表現風少，如果有風，江河之濱，風吹草伏，樹葉因風吹而翻轉見底，山高風勁樹被風吹而發出鳴響，虛嘯於岩岫，這些都是風氣偏勝的表現，說明木鬱之發，大風即將來臨。

　　火鬱即火氣被鬱。

　　火鬱之發即火氣被鬱至極而發作。

　　從歲運來說，水運太過之年可以由於水氣偏勝，水來乘火而產生火鬱現象。火運不及之年，也可以由於火運不及水氣來乘而產生火鬱現象。

　　從歲氣來說，在二之氣少陰君火或三之氣少陽相火用事這一段時間中，如果客氣是太陰寒水，也可以由於客勝主的原因而產生火鬱現象。火鬱至極就可以因鬱而發，反侮其所不勝之氣而表現出火氣偏勝的氣候及物候上的變化。

　　火鬱之發時，氣候暴熱，平時比較涼爽的地方，如山上，水邊，廣廈內也都十分炎熱，樹木因炎熱而流出液汁，高大的房子裡也熱得像火燒一樣。這時土地發白，鹽鹼浮泛，水井或水池中的水因天熱而乾枯或減少，野草因天熱而焦枯發黃。

對於此種暴熱現象，人們都感到反常而迷惑不解，流行種種猜測、解釋和惑言。

火鬱之發這一段時間中，天氣炎熱，下雨減少，雨季延後。

火鬱之發，氣候炎熱，人體容易由於因高熱的消耗出現氣虛的症狀，在臨床上還可能出現全身頭面四肢、脅腹胸背等部位的瘡瘍痛腫等症狀，或出現嘔吐、噁心等消化道症狀。

人體還易外感熱邪，熱極生風而在臨床上出現痙攣拘急抽搐的症狀，還可出現痢疾、溫瘧、腹中暴痛、出血、津液耗損不足。

火鬱之發時，天氣十分炎熱，到了半夜熱乃不退，汗出不止。

火鬱之發的主要時間在四之氣這一段時間中。亦即在大暴以後秋分之前，大約在農曆六月中至八月中這一段時間。四之氣本為太陰濕土主時，一般說來應該是濕氣偏勝，但是由於火鬱之發的原因，在四之氣這一段時間，可以出現天氣反熱，應雨不雨的情況。

陽熱過甚就要向相反方向轉化，由陽動變為陰靜，但重陽必陰、重陰必陽，陽氣偏旺到了極度，就要向陰的方向轉化，即是火鬱之發時氣候暴熱，但炎熱過甚，又會出現寒涼，以求自調。

火鬱之發以後，由於陽熱偏勝而出現「動復則靜，陽極反陰」現象時，濕氣主時的作用便繼之出現，植物仍然可以成熟。火被寒鬱，即春夏季節，百花開放之時，天氣反常，出現了冰雪，火被寒鬱而且出現火鬱現象。但是如果出現了烈日當空，南方沼澤之地本涼爽而感到炎熱時，則預示被鬱的火氣即將發作。

以上我們專門分別詳細介紹了各種鬱發現象在天候、氣候、物候時具體的徵兆和表現。下面我們接著來看原文歌訣中最後幾句的字面的含義。

「微者病已甚兼刑」中，指五運鬱發是分別由於太過或不及而

在病症上的不同。

「微」指不及之鬱發病微。

「甚」指太過之鬱發病重。

「微者病已」指是本經自病。如木不及的鬱發，自病在木經肝。

「甚兼刑」指的是鬱發之氣過分，刑（克）我者，我刑（克）者，兼而同病。例如木氣過分，我所刑者為土，刑我者金，土畏我乘來同我而化，金畏我反勝而也來同我而化，所以在病候上，肝、脾、肺三者兼見病。

其他情況以此類推。

這就是「微者病已甚兼刑」的含義。

最後兩句「木達火發金鬱泄，土奪水折治之平」講的是五運之鬱結而為病時所應有的治療原則。

「木達」指木鬱達之。

達，是條達舒暢之義。

凡是木鬱為病，應該以辛散之、疏之，以甘調之、緩之，以苦湧之、平之，使木氣條達舒暢。

「火發」，指火鬱發之。

發，是發揚解散的意思。

凡是火鬱為病，表現為寒束火，所以應該以辛溫發之，以辛甘揚之，以辛涼解之，以辛苦散之，使大氣發揚解散。

「金鬱泄」，指金鬱泄之。

泄，渲泄疏降的意思。

凡是金鬱為病，表現為燥為火所困，宜以辛渲之、疏之、潤之，以苦泄之、降之、清之，總要使燥氣渲通疏暢，這就是治療金

鬱之病的方法。

「土奪」指土鬱奪之。

奪，指治療中汗、吐、下利的方法。

凡是土鬱之病，表現為濕為風阻，治表應該使之發汗，治內要攻之；治上則使吐之、在下使之通利，總之是要本著使土氣不致於壅阻的原則，來治土鬱之病。

「水折」，指水鬱折之。

折，是逐導滲通之義。

凡是水鬱為病，表現為水被濕所瘀滯，所以應該以辛苦逐之、導之，以辛淡滲之、通之，要使水氣流通不蓄，這都是治療水鬱之病的原則和方法。

天時地化五病二火歌

運氣天時地化同，
邪正通人五臟中，
五臟受邪生五病，
五病能該萬病形。
熱合君火暑合相，
蓋以支同十二經，
雖分二火原同理，
不無微甚重輕情。

原注

　　木、火、土、金、水五運之化，不外乎六氣風、熱、暑、濕、燥、寒。六氣之化亦不能出乎五行。故運雖有五，氣雖有六，而天之氣令地之運化皆同也。邪化正化之氣，皆通乎人之五臟之中。正化養人，邪化病人。五臟受邪，則生五臟之病。五病能該萬病情形，謂主客一定之病，主客錯雜之病，及勝復鬱病，皆莫能逃乎五病之變。猶夫天地化生萬物，皆莫能逃乎五行之屬也。五行惟火有二，在地為火，在天為熱、為暑。以熱合少陰為君火，暑合少陽為相火。蓋以地為陰陽十二支，同乎人之陰陽十二經，火雖有二，理則一也。故其德、政、令、化、災、病皆同。然不無熱微病輕、暑甚病重之情狀也。

詳解

運氣學說中，運和氣是兩個不同的概念，五運之化是木、火、土、金、水，而六氣之化是風、熱、暑、濕、燥、寒。

但是實際上五運之化和六氣之化的本質都是相通的。五運之化不能超出六氣之化的範圍，六氣之化也不能外乎五運之化的範圍。所以說運雖有五種，氣雖有六種，但是天之氣令和地之運化是一樣的。

相應來說，木通風，火通熱、暑，土通濕，金通燥，水通寒。

氣主要針對天之氣候的變化而言。

運則是針對地上萬物相應而運行化生變化而言。

這就是第一句「運氣天時地化同」的含義。

自然界化生之氣又有正化之氣和邪化之氣的分別。

正化是自然界變化的一般規律，順乎常理。

而邪化則是自然界中出現的反常變化情況。

人的身體感應自然界的變化，這正化之氣和邪化之氣，都與人體的五臟相通。

正化之氣能養人，而邪化之氣則能病人，這就是「邪正通人五臟中」的意思。

由於邪化病人，即自然界的反常失調的變化能使人感應而生疾病。

邪化之氣首先與人的五臟相通，人就相應生五臟之病。

受木邪之氣，生肝臟之病；

受火邪之氣，生心臟之病；

受土鬱之氣，生脾臟之病；

受金邪之氣，生肺臟之病；

受水邪之氣，生腎臟之病。

這就是「五臟受邪生五病」的意思。

「五病能該萬病形」，指的是上面所說的五臟所生的五病能夠概括一切複雜的病症。

前面的幾節我們介紹過，人體感運氣之變而生病，或者感一定的主氣、客氣而生單一的病；或者生主氣客氣相互錯雜之病，一病中見主客之病症；或者是由於太過不及而生勝病，伴之又生復病；或者生鬱結之鬱病（本氣不及之病），這些病情病理的變化都不能逃出五病之變，出不了肝、心、脾、肺、腎這五病的範疇。

這和天地之間生化萬物，都不能逃出木、火、土、金、水這五行的變化是一個道理。自然界萬物再複雜，最後都可以歸結到木、火、土、金、水五行上來解釋。

人體無論什麼複雜的病變，其實也一樣，可以用肝、心、脾、肺、腎之病來解釋。

這就是人體疾病中的五行關係。

五行中，木、土、金、水都只有一種，唯有火有兩種，即君火和相火。

我們在前面（如《主氣歌》）實際上已經詳細介紹過君火和相火的概念。

五行中的火，在天為熱為暑，在地為火，即在天氣之中為熱為暑，而在五運之中為火。

以熱合少陰為君火。

以暑合少陽為相火。

這就是「熱合君火暑合相」的意思。

　　讀者可以參看《主氣歌》中對君火、相火的解釋。

　　「蓋以支同十二經」緊接著解釋了上一句為什麼火分為相火和君火兩種，這是因為地支有陰陽十二支，對應著人的陰陽十二經。

　　讀者再參閱《運氣合臟腑十二經絡歌》中的對應情況加以理解。

　　「雖分二火原同理」指的是火雖然分為相火、君火兩種，但它們的本質是一致的。所以反映到相火、君火所化生的現象，它們的性質、變化、災害、人體所感而生的病症等，都是相同的。

　　「不無微甚重輕情」，緊接著講君火、相火兩種火，道理上雖然是一樣的，但卻在病症病情上卻有分別。

　　君火生熱，熱較微，病較輕。

　　相火生暑，暑較甚，病較重。

　　也就是說，暑所表現出的火的強度要比熱高一些，因而感暑之病則比感熱之病重一些。

五星所見太過不及歌

五星歲木熒惑火，
辰水鎮土太白金。
不及減常之一二，
無所不勝色停勻。
太過北越倍一二，
畏星失色兼母雲。
盛衰徐疾征順逆，
留守多少吉凶分。

原注

　　天之垂象，莫先乎五星。五星者，木、火、土、金、水之五星也。木曰歲星，居東方。火曰熒惑星，居南方。水曰辰星，居北方。土曰鎮星，居西南。金曰太白星，居西方。其主歲之星，不大不少，不芒不暗，不疾不徐，行所行道，守所守度，此其常也。若五陰年是為不及，其星則減常之一。不及之甚，則減常之二，其光芒縮。主歲之星，其色兼我所不勝之色而見也。如木不及，歲星青兼白色也；火不及，熒惑星紅兼黑色也；土不及，鎮星黃兼青色也；金不及，太白星白兼紅色也；水不及，辰星黑兼黃色也。五陽年是為太過，其主歲之星北越，謂越出本度而近於北也。北乃紫微之位，太乙所居之宮也。故倍常之一，太過之甚，倍常之二，其

光芒盈。主歲之星，其色純正，畏我之星，失其本色，而兼生我之
母色也。假如木太過，畏木之星、土星也，失其本色之黃，而兼生
土之火赤色也。蓋以木盛而土畏，必盜母氣為助，故兼母色見也。
土兼赤色，土又生子，餘星仿此。凡星當其時則當盛，非其時則當
衰，星遲於天為順，為災病輕。星速於天為逆，為災病重。稽留不
進，守度日多，則災病重。稽留不進，守度日少，則災病輕。故曰
吉凶分也。

詳解

　　以前我們講過，運氣學說是古代哲人望氣觀天象而發現的，這
一節歌訣就是談運氣與天象五星的一些具有實用價值的關係，五
星，即木星、火星、土星、金星、水星這五星。

　　五星之中，木星又稱為歲星，位於東方。

　　火星又稱為熒惑星，位於南方。

　　水星又稱為辰星，位於北方。

　　土星又稱為鎮星，位於西南方。

　　金星又稱為太白星，位於西方。

　　這就是歌訣中所簡括為「五星歲木熒惑火，辰水鎮土太白金」
的五星的名稱。

　　運氣學說認為，天體上星辰的變化，與自然界氣候等的變化密
切相關。五運六氣的太過和不及，平氣的變化，上應五星的運行情
況。

　　《黃帝內經》認為天地一體，天人感應，而事實上經過長期的
觀察和總結也可驗證。

五星各從氣化，總的說來：

木星的運行與春相應、與風相應、與溫相應、與生長相應。

火星的運行與夏相應、與熱相應、與生成相應。

土星的運行與長夏相應、與濕相應、與化相應。

金星的運行與秋相應、與燥相應、與涼相應、與收斂相應。

水星的運行與冬相應、與寒相應、與藏相應。

天體五星如果在運行中出現了遲緩不前或者逆行的話，那就是意味著地面上有了特殊的變化，即可根據這一現象的出現而對地面上的情況進行檢查或分析。

如果五星的運行出現了在運行軌道上往來迂迴的現象時，也應細緻考察分佈地上的情況。

一年之中有主管全年的值年大運，即中運，中運相應一年的主歲之星。

中運木運，主歲之星為木星，上應歲星。

中運火運，主歲之星為火星，上應熒惑星。

中運土運，主歲之星為土星，上應鎮星。

中運金運，主歲之星為金星，上應太白星。

中運水運，主歲之星為水星，上應辰星。

中運有太過、不及和平氣，相應五星也有常和變。

五星之常，即歲為平氣之年，主氣之星則表現為不大不小，不快不慢，不十分明亮也不特別色暗，而且主歲之星循正常軌道而行，守其正常運行的尺度和分寸。

如果這一年是五陰年，即年干上為乙、丁、己、辛、癸的年份，屬不及之年，這一年的主歲之星，其亮度比平常小二分之一，這一年的氣候、物候現象相應要衰減。

如果這一年歲運是不及之甚，不及的情況很嚴重，這一年歲運的主歲之星，其亮度就是小四分之三，光芒銳減，這一年氣候、物候衰減降低得則更厲害。

這就是「不及減常之一二」的準確含義。

「無所不勝色停勻」指不及之年中，主歲之星出來的不僅是其本色，還要表現出它所不能勝的那種五行屬性的顏色。

這是由於五行的生克乘侮的原因。

五星的本色是：

木星青色；

火星赤色；

土星黃色；

金星白色；

水星玄色（黑色）。

當木運不及，金來乘木，所以木星之色是青兼白色。

木運不及，金來乘木，所以木星之色是青兼白色。

火運不及，水來乘火，火星之色是紅兼黑色。

土運不及，木來乘土，土星之色黃兼青色。

金運不及，火來乘金，金星之色是白兼紅色。

水運不及，土來乘水，水星之色是黑兼黃色。

五陽年是歲運太過之年，即年干上帶甲、丙、戊、庚、壬的年份。

歲運太過，其主歲之星北越，即是說運星在運行中離開正常軌道偏北。

古人認為北乃紫微之位，太乙所居之宮，含有至尊無上的意思，現在運星不守運行的法度而向北偏近，這就是太過之年依恃的

強悍驕肆之太過之氣。

　　一般的太過之年，其運星的亮度比平常要大一倍。而太過之甚之年，運星的亮度則比平常要大二倍，亮度大增，十分顯眼。

　　這就是「太過北越倍一二」的意思。

　　「畏星失色兼母雲」指的是歲運太過之年，主歲之星，亮度純正耀眼，而被主歲之星所克制的那種五行屬性之星，叫做畏星，反而失其本色，卻兼有能生它的五行屬性的那種星之色。

　　畏星，即畏我之星，即五行屬性受我克制之星。

　　母星，這裡指畏星的母星，即生我之星，五行屬性上能生我之星。

　　例如，歲木太過，木星主歲。木星的畏星為木克土之土星。畏星的母星是火生土之火星。這一年中，畏星失色，即土星失去其本色之黃而顯得不正常，畏星母色，即土星表現出兼有有利於土之火的赤色。

　　這是因為木氣太盛，土極端畏懼，所以土盜其母氣火氣來為助，以達到微妙的平衡。土盜母氣，所以土星兼有母星火星的紅色，土因此可以生子金，使金強盛，這樣間接地來克制木氣。

　　再如，歲火太過，火星之歲，火星之畏星為金星，金星失其常色，而兼有金之母土星之黃色，故金星白兼黃色。

　　歲土太過，土星主歲，土星之畏星為水星，水星失其常色，而兼有水之母土星之青色，故水星黑兼青色。

　　歲金太過，金星之歲，金星之畏星為木星，木星失其常色，而兼有木之母水星之黑色，故木星青兼黑色。

　　歲水太過，水星之歲，水星之畏星為火星，火星失其常色，而兼有火之母土星之紅色，故火星紅兼黑色。

　　五星的運行，凡是正當其時則應該盛，非其時則當衰。

　　五星的變化與時令與時令季節變化不相應的反常現象，即有「盛」與「衰」之分。

　　如前所述，「太過北越倍一二」，就是盛的情況，而「不及減常之一二」，則就是衰的情況。

　　「徐」和「疾」是指快和慢。

　　「逆」和「順」是指進和退。

　　正常稱為順，反常稱為逆。

　　「留守」指運星在運行軌道上稽留不前的現象。

　　「留守多少」指運星在運行軌道上稽留的時間有多少。

　　如果運星的運用行在軌道上比平時快速，那麼所反應在自然界、人體上，災害疾病就重而劇烈。

　　運星的運用行在軌道上較為遲緩，那麼所反應在自然界或人體上，災害疾病就比較輕。

　　如果運星在運行軌道上稽留不進，所遵守法度的時間較多，所造成的災害和疾病就較重。

　　運星的運用行在軌道上稽留不進，所遵守法度的時間料短，則災害相應為輕。

　　一言以蔽之，所以說，從天體的運行情況，可以看出吉凶的分別來。

　　這就是「盛衰徐疾征順逆，留守多少吉凶分」的含義。

　　我們根據實際中對天象中五星的觀察，則可以更好更準確地推算出實際中的運氣情況。

五行德政令化災變歌

木德溫和政舒啟，
其令宜發化生榮，
其變烈風雲物飛，
其災摧拔殞落零。

原注

　　木主春，故其德溫暖柔和也。春氣發，故其政舒展開啟也。春氣升，故其令宜發也。春主生，故其化生榮也。春主風，故其變烈風而雲物飛揚，此風之勝也。木勝不已，則為摧折拔殞，散落飄零之災也。

火德彰顯化蕃茂，
其令為熱政曜明，
其變災烈水泉涸，
其災焦灼萎枯形。

原注

　　火主夏，故其德彰著昭顯也。夏主長，故其化蕃季茂盛也。夏陽盛，故其令熱也。夏陽外，故其政光明顯曜也。夏主熱，故其變

炎光赫烈而水泉乾涸，此熱之勝也。火勝不已，則為萬物焦灼，草萎木枯之災也。

土德溽蒸政安靜，
其令雲雨其化豐，
其變陰埃震驟注，
其災霖雨岸堤崩。

土主長夏，故其德溽蒸熱也。土主靜，故其政安靜也。長夏氣濡，故其令雲雨也。土氣厚，故其化萬物豐備也。長夏主濕，故其變陰晦煙埃震雷，驟注暴雨，此濕之勝也。土勝不已，則為久霖淫雨，潰岸崩堤之災也。

金德清潔政勁切，
其化緊斂令露膏，
其變肅殺霜早降，
其災蒼乾草木凋。

金主秋，故其德清涼皎潔也。秋氣肅，故其政肅勁齊切也。秋主收，故其化緊收斂縮也。秋主露，故其令露膏萬物也。秋主燥，故其變肅寒早霜殺物，此燥之勝也。金勝不已，則為蒼枯，草木凋

零之災也。

> **水德悽愴政堅肅，**
> **其化清謐其令寒，**
> **其變凜冽寒太甚，**
> **其災冰雹霜雪邊。**

原注

　　水主冬，故其德悽愴而寒也。冬氣固，故其政堅凝肅勁也。冬主藏，故其化清冷靜謐也。冬主寒，故其變凜冽，寒氣太盛，此寒之勝也。水勝不已，則為冰雪霜雹之災也。

詳解

　　《運氣要訣》一書完全可以圓滿而自足地構造出運氣學說的基本體系，這在於這些歌訣不僅先將其年歲的五運六氣等術語推算出來，而且在其後的歌訣中較為詳細地介紹了其實際運用的情況。

　　可以毫不誇張地說，讀懂了《運氣要訣》，就是不學習《黃帝內經》中的原文，也可以基本上掌握運氣學說的精要。

　　在本段的歌訣中，仍然完滿和補充運氣推算的概念，使運氣推算有血有肉，有詳實的實有價值。

　　我們先來介紹《五行德政令化災變歌》中題目的含義。

　　五行為木火土金水。

　　五行分別從性質上可以從「德」、「政」、「令」、「化」、「變」、

「災」等方面描述。

如木，有木之德，木之政，木之令，木之化，木之變，木之災這些不同的性質方面。

「德」，有恩惠、恩德之義。

如我們平常所言「德性」、「感恩戴德」等，都有如「德」的用法。

自然界、天地，對我們的最大好處是能化生萬物，所謂「天地之大德曰生」，所以五行之德指其相應能對自然萬物及人所帶來的益處。

「政」，一作正，意思指為政的職能。

主其事者曰政，如舊官之制中有學政、鹽政之稱，現在我們也有行政、政府的用法，其本義相去不遠。

五行之德，指一年中各個季節及其相應氣候以及人體相應器官等等，這一五行屬性所表現出來的正常職能作用。

「令」，有號令、命令、時令的意義。

五行之令，指相應這一五行屬性的季節、氣候、物候、病候所表現出來的相應的特點，這些特點是受該五行屬性號令而表現的。

「化」，有變化、化生之義。

《黃帝內經》中說，「物生謂之化」，「物之生從於化」。《辭源》中解釋「天地之生長萬物曰化」。

五行之化，是指該五行屬性在大自然中化萬物之時，或機體運化之際，所表現出來的這個側面的特點。

「災」，即災害、災禍，意義明確。

這是指當某一五行屬性在自然界中表現出嚴重反常之時，在相應的氣候、物候、病候上引起災害之時的情況。

「變」，字面意義為變化、改變。

五行之變，實際上是指物極之變。

事情的發展到了一定的程度，就會發生性質上的變化。如一年中氣候出現偏勝現象，到了較過分的程度，就會向對立面轉化，或者發生強烈而過分的反常變化。

本章的歌訣分為五個自然段，分別論述五行各行的德政令化災變的情況。

木主春，所以木之德溫暖柔和，就是說木在春季給自然界帶來溫暖的好處。大地春回，春氣舒發，河水解冰，草木萌芽，自然界處於一片舒展通暢狀態，所以說木之政舒展開啟。

春氣升揚，東風徐徐，所以木之令是宣散發揚。

春主生，氣候溫和，萬物復甦，開始萌芽生長，所以春之化是生長而繁榮，一派生機勃勃，日益繁茂的景象。

春主風，風氣偏勝之時，會產生特殊變化，所以木之變為烈風而雲物飛揚。

如果風氣繼續偏勝，就會盛極而災，所以木之災是摧屋拔樹，把剛剛萌芽生長的植物吹得飄散零落，而成為災害。

火主夏，所以火之德彰者明顯，夏天裡烈日當空，炎熱似火。

夏主長，所以火之化蕃秀茂盛，在夏天裡萬物蓬勃生長，欣欣向榮，十分茂盛。

夏天陽氣極盛，所以火之令為熱，夏令氣候特點是十分炎熱。

夏天陽氣外現，所以火之令政光明顯曜，烈日當空，炎熱非常。

夏主熱，所以火之變炎光赫烈，熱得不正常，水泉也乾涸為

旱，這就是熱為勝氣。

火氣盛極，勝而不止，就會出現萬物焦灼、草萎木枯之災害。這是由於過於炎熱的情況下，植物因熱旱而枯萎死亡。

土主長夏，所以土之德溽蒸，夏天中由於天氣炎熱同時雨水也多，因此出現濕熱薰蒸的情況。

「溽」同濡，指滋潤。

土主靜，所以土之政安靜，相對地穩定，這是指長夏季節中天氣雖然炎熱，但由於雨水多，因此火氣就不會過於偏勝，天氣也不會太熱，植物生長也不會出現旱象，而能正常、穩定地生長。

長夏氣濡，所以土之令為雲為雨，這是說長夏屬於雨季，多雨水，氣候偏於潮濕。

土氣厚重實在，所以土之化萬物豐備，這是說在長夏裡，由於天氣炎熱，同時雨水也多，因此萬物能正常生化，豐富而完全，可以正常地生長成熟。

長夏主溫，所以土之變表現出陰晦、煙埃、震雷、暴雨驟然如注的變化，這是土氣偏勝所起的變化。

如果土氣一直偏勝而不停止，就必然出現久霖淫雨、潰岸崩堤的災害，暴雨大雨，成為洪水，使土潰水泛。

金主秋，所以金之德清涼皎潔，這是說在秋天之際，天氣涼爽而晴朗，秋高氣爽，一派乾淨明亮的景象。

秋之氣肅殺，所以金之政肅勁齊切，這是說秋天裡秋風急勁，一般植物開始凋謝收斂，停止生長。

秋主收，所以金之化是緊收斂縮，這是說秋天裡萬物的生機開始減退和收斂，植物的生長也成熟了，可以收取。

秋主露，故其氣露膏萬物，這是說秋天萬物皆出現霧露悽愴寒

涼之態，氣候時令特點以霧露寒涼為主。

秋主燥，所以金之變是寒冷、早霜、肅殺，這是說由於燥氣偏勝，就會由此而出現反常變化，過於寒冷，秋行冬令，植物也會出現過早的凋亡萎謝。

如果金氣偏勝而不停止，就會出現氣候嚴重反常，異常寒冷，植物可以因此過早凋謝或死亡而造成金之災。

水主冬，所以水之德為悽愴而嚴寒，這是說冬天裡由於氣候寒冷，而使人產生淒涼的感覺。

冬之氣凝固，所以水之政堅凝肅勁，這是說冬天裡天寒地凍，滴水成冰，自然界萬物隱藏生機，植物一般停止生長。

冬主藏，所以水之化為清冷靜謐，這是說冬天由於清冷嚴寒，萬物的生長一般處於靜止和閉藏的狀態。

冬主寒，所以水之令為寒冷，意即冬天以寒冷為主要節令特點。

由於冬主寒，所以水之變為凜冽，這是寒氣太盛的情況，也是水為勝氣的原因，這是說冬天雖然應該寒冷，但反常之變化的規律，其方法是既要瞭解其常，又要瞭解其變。

常，即是五行的德、政、化、令各個方面的特點，這些特點是恆常不變的。變，即是五行的變、災方面的特點，這是可變的氣候中的特殊反常現象。

推算運氣時，把氣候變化與物化現象以及人體生理、病理的表現綜合起來分析，這樣就能找出物化方面和人體疾病方面表現和自然界季節氣候變化方面的關係，及其發生物化、病化的根本原因。一般說來，平氣之年的特點多為常，而不及和太過之年的特點則有變。

所以參照當年平氣、太過、不及的情況，再考慮到這一年五行屬性上的德、政、令、化、災、變，就可以全面詳細地預測到這一年的綜合情況。

五行地化蟲畜穀果有太過不及齊兼化歌

木主化毛犬麻李，
火主羽馬麥杏饒，
土主化倮牛稷棗，
金主化介雞稻桃，
水主化鱗彘豆栗，
得氣皆育失蕭條，
太過齊化我克我，
不及兼化克皆苞。

原注

蟲者，毛、羽、倮、介、鱗也。麟為毛蟲之長，而諸毛皆橫
生，故屬木也。鳳為羽蟲之長，而諸羽皆翔升，故屬火也。人為倮
蟲之長，而諸倮物皆具四腳，故屬土也。龜為介蟲之長，而諸介皆
甲堅固，故屬金也。龍為鱗蟲之長，而諸鱗皆生於水，故屬水也。
次則其畜犬，其穀麻，其果李，皆木化也。其畜馬，其穀麥，其果
杏，皆火化也。其畜牛，其穀稷，其果棗，皆土化也。其畜雞，其
穀稻，其果桃，皆金化也。其畜彘，其穀豆，其果栗，皆水化也。
凡此五化之物，得其氣之和，則皆蕃育，失其氣之和，則皆蕭條
而不育也。太過齊化，謂我所化之物，與克我者所化之物皆育也。
假如木太過，毛蟲、犬畜、麻穀、李果，木化之類育。而介蟲、雞

畜、稻穀、桃果，金化之類亦育。蓋太過則氣盛，所不勝者，來齊共化也，其餘太過之化仿此。不及兼化，謂克我者、我克之者皆茂育也。假如木不及克我之金，其介蟲、其畜雞、其穀稻、其果桃，皆化育也。蓋不及則氣衰，克我者我畏之，我克者不畏我，來兼其他也。其餘不及之化仿此。苞者，茂也。

詳解

這一節介紹五行的外延展開的豐富內容，與在太過、不及之年中，與之相應的物化生長的關係。

首先我們看五行與五蟲的對應關係。

五蟲，乃是把自然界的動物分為五類，即毛蟲、羽蟲、倮蟲、介蟲、鱗蟲也。

麟為毛蟲之長，而毛蟲之毛都是橫生的，所以把它們歸入木類。

鳳為羽蟲之長，而羽蟲之羽都是向上而下，所以把它們歸入火類。

人為倮蟲之長，而倮蟲都有四肢，四肢相應土鎮四方，長旺四時之義，所以把倮蟲歸入土類。

龜為介蟲之長，而介蟲之介殼都是十分堅固的，所以把它們歸入金類。

龍為鱗蟲之長，而所有的鱗蟲都生活在水之中，所以把它們歸入水類。

我們再看五行的其他對應關係。

木之畜為犬，木之穀為麻，木之果為李，這些都是從木而化生

的。

火之畜為馬，火之穀為麥，火之果為杏，這些都是從火而化生的。

土之畜為牛，土之穀為稷，土之果為棗，這些都是從土而化生的。

金之畜為雞，金之穀為稻，金之果為桃，這些都是從金而化生的。

水之畜為彘，水之穀為豆，水之果為栗，這些都是從水而化生的。

以上的內容即是前五句的詳細含義。

第六句「得失皆育失蕭條」，指的是凡是以上五行生化之物，能得其生化之氣的和氣，則皆可很好地化育。而如果失其化生之氣之和，則不能很好地化育，反而蕭條敗落。

「太過齊化我克我」，指的是太過之時，我所化之物，與克我者所化之物，皆能正常很好地化育。例如，木太過時，木所化之物為毛蟲、犬畜、麻穀、李果，都可以順利地化育成長。同時，克木之金類化育之物，為介蟲、雞畜、稻穀、桃果等，也能較好地化育。

這是因為太過則氣盛，所不勝者，來齊其化。

也就是說，舉剛才之例，木太過，木所不勝為金，由於木太過，金不敢妄克木，反而來齊木之化，使金的特點得不到表現，而卻表現出木的特點來。

其餘的太過之化，以此類推。

最後一句「不及兼化克皆苞」中，「不及兼化」指克我者，我克者，都可以茂盛地化育。例如：木不及，克我之金，介蟲、畜

雞、穀稻、果桃，這些金所化育之類皆能較好生長。而同時，木克土之類，倮蟲、牛畜、穀稷、棗果，也同樣可以正常化育。

這時，因不及則氣衰，克我者我畏懼它，而我克者它都不畏懼我，都來兼其化育。

其餘的不及情況仿此類推。

苞，指茂盛之義。

運氣為病歌

五運六氣之為病，
名異情同氣質分，
今將二病歸為一，
免使醫工枉費心。

原注

　　五運六氣之為病，雖其名有木、火、土、金、水、風、暑、濕、燥、寒之異，而其實為病之情狀則同也。今將木運之病、風氣之病，火運之病、暑氣之病，土運之病、濕氣之病，金運之病、燥氣之病，水運之病、寒氣之病，總歸為一病。不使初學醫工，枉費心思而不得其頭緒也。

諸風掉眩屬肝木，
諸暴強直風所因，
支痛軟戾難轉側，
裡急筋縮兩脅疼。

原注

　　在天為風，在地為木，在人為肝，在體為筋。風氣通於肝，故

諸風為病，皆屬於肝木也。掉搖動也，眩、昏運也。風主動旋，故
病則頭身搖動目昏眩運也。暴、卒也，強直、筋病，強急不柔也。
風性勁急，風入於筋，故病則卒然筋急強直也。其四肢拘急疼痛，
筋軟短縮，乖戾失常，難於轉側，裡急脅痛，亦皆風傷其筋，轉入
裡病也。

　　諸痛癢瘡屬心火，
　　諸熱昏暗躁譫狂，
　　暴注下迫嘔酸苦，
　　膺背徹痛血家殃。

原注

　　在天為熱，在地為火，在人為心，在體為脈。熱氣通於心，故
諸火痛癢瘡之病，皆屬於心火也。熱微則燥，皮作癢。熱甚則灼，
膚作痛。熱入經脈與血凝結，淺則為癰，深則為疽，更深入之，則
傷藏府。心藏神，熱乘於心，則神不明，故昏冒不省人事也。心主
言，熱乘於心，則神不辨，故暗而不能言，或妄言而譫語也。火主
動，熱乘於身，則身動而不寧，故身躁擾，動甚則發狂也。暴注
者，卒暴水瀉，火與水為病也。下迫者，後重裡急，火與氣為病
也。嘔吐酸苦，火病胃也。膺背徹痛，火傷胸也。血家殃者，熱入
於脈，則血滿騰，不上溢則下瀉，而為一切失血之病也。

諸濕腫滿屬脾土，
霍亂積飲痞閉疼，
食少體重肢不舉，
腹滿腸鳴飧泄頻。

原注

　　在天為濕，在地為土。在人為脾，在體為肉。濕氣通於脾，故諸濕為病，皆屬於脾土也。濕畜內外，故肉腫腹滿也。飲亂於中，故病霍亂也。脾失健運，故病積飲也。脾氣凝結，故病痞硬、便閉而痛也。脾主化穀，病則食少也。脾主肌肉，濕勝故身重也。脾主四肢，四肢不舉，亦由濕使然也。脾主腹，濕淫腹疾，故腹滿、腸鳴、飧泄也。

諸氣膹鬱痿肺金，
喘咳痰血氣逆生，
諸燥澀枯涸乾勁，
皴揭皮膚肩臂疼。

原注

　　在天為燥，在地為金，在人為肺，在體為皮。燥氣通於肺，故諸燥氣為病，皆屬於肺金也。膹鬱、謂氣逆胸滿，膹郁不舒也。痿，謂肺痿咳嗽，唾濁痰涎不已也。喘咳氣逆、唾痰涎血，皆肺病也。凡澀枯涸乾勁，皆燥之化也。乾勁似乎強直，皆筋病也。故

卒然者，多風入而筋勁也。久之者，多枯燥而筋勁也。皴，膚皴澀
也。揭，皮揭起也，此燥之病乎外也。臂痛肩痛也，亦燥之病於經
也。

> **諸寒收引屬腎水，**
> **吐下腥穢澈清寒，**
> **厥逆禁固骨節痛，**
> **癥瘕癲疝腹急堅。**

原注

　　在天為寒，在地為水，在人為腎，在體為骨。寒氣通於腎，故
諸寒氣為病，皆屬於腎水也。收、斂也，引、急也。腎屬水，其化
寒，斂縮拘急，寒之化也。熱之化、吐下酸苦，故寒之化、吐下腥
穢也。熱之化、水液渾濁，故寒之化、澄澈清冷也。厥逆、四技冷
也。禁固、收引堅勁。寒傷於外，則骨節痛也。寒傷於內，則症
瘕、癲疝、腹急堅痛也。

詳解

　　運氣學說的一個最突出的作用是作為疾病機理，為中醫的治療
提供了一個理論上的依據和治療原則。所以運氣為病的知識是非掌
握不可的。

　　五運六氣在人體疾病上的反應，其病機雖然有木、火、土、
金、水、風、暑、濕、燥、寒這些表面上不同的分別，其實五運和

六氣，在人體身上為病所表現出來的病的情狀卻是一樣的，這就是「五運六氣之為病，名異情同氣質分」的含義。

實際上，可以將運和氣的兩種病歸為一種，如：

木運之病和風氣之病歸為一種；

火運之病和暑氣之病歸為一種；

土運之病和濕之病歸為一種；

金運之病和燥氣之病歸為一種；

水運之病和寒氣之病歸為一種。

這樣的歸類，可以使初學的醫者免得枉費心思而不得其頭緒，這就是第一段口訣說的「今將二病歸為一，免使醫工枉費心」的含義。

第二段口訣所言的是木運之病和風氣之病的情況。

在天為風，在地為木，風木實際上同質而異名，所言側重不同。

風木反映或對應在人體身上，在人為肝，在體為筋。

風氣通於肝，所以諸風為病，皆屬肝木。

「掉」，搖動之義。

「眩」，昏眩之義。

風動主旋，所以為病則表現為頭身搖動而目昏眩暈的症狀。

這是「諸風掉眩屬肝木」的實際含義。

「暴」，卒然，突然之義。

「強直」，即為僵直，僵急不柔順，乃是筋病的臨床症狀。

風性勁急，風又入於筋，所以病症的表現為突發性的筋急僵直的運動性障礙。

這是「諸暴強直風所因」的意義所在。

「支痛」，同肢痛，四肢疼痛。

「軟戾」，指筋軟短縮，乘戾失常。

「難轉側」指身體活動不便，難以輾轉反側。

「裡急脅痛」，指風傷其筋，轉入裡病。

「支痛軟戾難轉側，裡急筋縮兩脅疼」，繼續前兩句，指的還是風痛，肝病時的臨床出現的如運動性障礙等病症。

第三段口訣所言的是火運之病和暑熱之氣病的情況。

這裡面有幾種對應關係：

在天為熱，在地為火。

在人為心，在體為脈。

熱氣通於心，所以諸種火痛癢瘡之病，皆屬於心火。

這是「諸痛癢瘡屬心火」的含義。

熱微則燥，皮作癢。

熱甚則灼，膚作痛。

熱入經脈與血凝結，淺則為痛，深則為疽，更深入的時候，就傷了臟腑了。

心為神所藏之所，熱乘於心，則神不辨，故此喑而不能言，或妄言而譫語。

「喑」，指嗓子啞，不能出聲。

「妄言譫語」，即胡言亂語，言語失常。

火又主動，熱乘於身時，身動而不寧，所以身燥而難耐。

身動太甚，甚則發狂，神志失常。

這是「諸熱昏喑躁譫狂」的含義。

「暴注」，指突然發生水瀉之病，是火與水之為病。

「下迫」，指裡急後重，火之氣為病。

「嘔酸苦」，指嘔吐酸苦，是火病在胃。

「膺背徹痛」，是火之病在傷胸。

「血家殃」，指熱入於脈，則血滿騰，不上溢即下瀉，而成為一切失血之病。

這就是這一段中最後兩句「暴注下迫嘔酸苦，膺背徹痛血家殃」的含義。

第四段口訣講的是土運之病和濕氣之病的情況。

這裡有如下的關係：

在天為濕，在地為土。

在人為脾，在體為肉。

濕氣通於脾，所以諸種濕氣為病，都可以歸於脾土之病中去。

濕積蓄在外，所以肉腫腹滿。

這就是「諸濕腫滿屬脾土」的含義。

而飲亂於中，所以會出現霍亂之病。

脾失健運，所以病表現為積飲。

脾氣凝結，所以病為痞礙，便閉而疼。

這就是「霍亂積飲痞閉疼」的含義。

脾主化穀，病則食少，消化不良。

脾又主肌肉，所以濕勝而身重。

脾主四肢，四肢不舉，也是由於脾失健運的原因。

這就是「食少體重肢不舉」的含義。

脾主腹，濕氣偏勝氾濫使腹有疾，所以出現腹滿、腸鳴、飧泄頻繁的症狀，這是「腹滿腸鳴飧泄頻」的含義。

第五段口訣講的是燥氣為病和金運為病的情況。

這裡有如下關係：

在天為燥，在地為金。

在人為肺，在體為皮。

燥氣通於肺，所以諸種燥氣為病的情況，都可以歸為肺金之病一類。

「膹鬱」指氣逆胸滿，膹鬱不舒。

「痿」，指肺痿咳嗽，唾濁痰涎不斷的臨床症狀。

這就是「諸氣膹鬱痿肺金」的含義。

「喘咳痰血氣逆生」，指凡是臨床上出現喘、咳、痰中有血、氣逆的症狀，也是上一句所言之的肺病。

凡澀、枯、涸、乾、勁，都是由燥而生化出來的。

乾、勁有僵自之義，是筋勁病。卒然發作的，是多風入而筋勁。時間長才發作的，是多枯燥而筋勁。

這是「諸燥澀枯涸乾勁」的含義。

「皴」，指皮膚皴澀。

「揭」，指皮揭而起。

這都是燥之病在外表上的表現。

「肩臂痛」，指燥之病相應在經絡上的病。

這是「皴揭皮膚肩臂疼」的意義。

第六段指的是水運為病和寒氣為病之時的情況。

其中首先要弄清楚以下關係：

在天為寒，在地為水。

在人為腎，在體為骨。

寒氣通於腎，因此諸種寒氣為病，皆可歸於腎水為病一類中去。

「收」，收斂之義。

「引」，拘急之義。

腎屬水，其化寒，所以其病為斂縮拘急。

這說是「諸寒收引屬腎水」的意義。

前面講過，熱之化，吐下酸苦，所以現在寒之化，吐下腥穢。

熱之化，水液渾濁，所以寒之化，乃是澄澈清冷的。

這就是「吐下腥穢澈清寒」的含義。

「厥逆」，指四肢發冷。

「禁固」，指收引堅勁，有運動性障礙。

這就是「厥逆禁固骨節痛」的含義。

寒傷於外，所以骨節痛。

寒傷於內，則可能出現癥瘕、癩疝、腹急堅痛等症狀。

「瘕」，指肚子裡結塊的病。

這就是最後一句「 癥瘕癩疝腹急堅」的含義。

五運客運太過為病歌

風氣大行太過木，
脾土受邪苦腸鳴，
飧泄食減腹支滿，
體重煩冤抑氣升，
雲物飛揚草木動，
搖落木勝被金乘，
甚則善怒顛眩冒，
脅痛吐甚胃絕傾。

原注

　　上文統論主運主氣為病，此詳言五運客運專主之病也。歲木太過、六壬年也，或歲土不及、六己年也。木太過則恃強乘土，木不及則母弱而金衰，無以制木，而木亦來乘土，故木氣盛則風氣大行，為木太過之化。在人則脾土受邪為病，苦腸鳴飧泄、食少、腹滿、體重、煩冤。煩冤者，謂中氣抑鬱不伸故也。在天則有雲物飛揚之變，在地則有草木動搖之化。木勝不已而必衰，衰則反被金乘，有凋隕搖落之復也。故更見善怒、顛疾、眩冒、脅痛、吐甚之肝脾病也。胃絕傾者，謂胃土沖陽之脈絕而不至，是為脾絕，故主命傾也。

暑熱大行太過火，

肺金受邪喘咳痾，

氣少血失及病瘧，

注下嗌乾中熱多，

燔炳物焦水復過，

冰雨寒霜水復過，

甚則譫狂胸背痛，

太淵脈絕命難瘥。

原注

　　歲火太過、六戊年也，或歲金不及、六乙年也。火太過，則火恃強而乘金。金不及，則母弱而水衰無以制火，而火亦乘金。故火氣盛則暑熱大行，為火太過之化。在人則肺金受邪，其為病喘而咳嗽，氣少不足息，血失而顏色瘁，及瘧疾注下，火瀉咽乾中熱也。在天則有燔炳炎烈沸騰之變，在地則有物焦槁、水泉涸之化。火勝不已而必衰，衰則反被水乘，有雨冰雹早霜寒之複也；故更見譫語狂亂，胸背痛之心肺病也。太淵，肺脈也。肺金之脈絕而不至，是為肺絕，故主病難愈也。

雨濕大行太過土，

腎水受邪腹中疼，

體重煩冤意不樂，

雨濕河衍涸魚生，

風雨土崩鱗見陸，

　　腹滿溏瀉苦腸鳴，
　　足痿瘻痛並飲滿，
　　太谿腎絕命難存。

原注

　　歲土太過、六甲年也，歲水不及、六辛年也。土太過，則土恃強而乘水，水不及，則母弱而木衰無以制土，而土亦乘水。故土氣盛則濕大行，為土太過之化。在人則腎水受邪，其為病，四肢冷厥、腹中痛，體重、煩冤、意不樂也。在天則有雨濕數至之變，在地則有河衍涸澤生魚之化。濕勝不已而必衰，衰則反被木乘，有風雨大至，土崩鱗見於陸之複也，故更見腹滿、溏瀉、腸鳴、足痿瘻痛、飲滿之脾胃病也。太溪，腎脈也，腎水之脈絕而不至，是為腎絕，故曰主命難存也。

　　清燥大行太過金，
　　肝木受邪耳無聞，
　　脅下少腹目赤痛，
　　草木凋隕焦槁屯，
　　甚則胸膺引背痛，
　　胠脅何能反側身，
　　喘咳氣逆而血溢，
　　太沖脈絕命難生。

原注

　　歲金太過、六庚年也，歲木不及、六丁年也。金太過，則金恃強而乘木；木不及，則母弱而火衰無以制金，而金亦乘木。故金氣盛則清燥大行，為金太過之化。在人則肝木受邪，其為病耳聾無聞，脅下痛、少腹痛、目眥赤痛也。在天則有清燥肅殺之變，在地則有草木凋隕之化。燥勝不已而必衰，衰則反被火乘，有蒼乾、焦槁之復也。故更見胸膺引背、胠脅疼痛、不能轉側，喘咳、氣逆、失血之肝肺病也。太衝，肝脈也，肝木之脈絕而不至，是為肝絕，故主命難生也。

寒氣大行太過水，
邪害心火熱心煩，
躁悸譫妄心中痛，
天冰霜雪地裂堅，
埃霧濛鬱寒雨至，
甚則腫咳病中寒，
腹滿溏鳴食不化，
神門脈絕死何言。

原注

　　歲水太過、六丙年也。歲火不及、六癸年也。水太過，則水恃強而乘火；火不及，則母弱而土衰無以制水，而水亦乘火。故水氣盛則寒氣大行，為水太過之化。在人則心火受邪，其為病心煩躁

悸，譫語妄言，心中熱痛也。在天則有雨冰霜雪之變，在地則有凍裂堅剛之化。寒勝不已而必衰，衰則反被土乘，有埃霧朦鬱不散，寒雨大至之複也。故更見腫、喘、中寒，腹滿、溏瀉、腸鳴，飲食不化之腎脾病也。神門，心脈也，心火之脈絕而不至，是為心絕，故主死也。

詳解

上文《運氣為病歌》是統而論之主氣主運之為病的情況。

本段歌訣詳細討論五運客運加臨主運可能發生的人體疾病等情況。

第一段歌訣討論歲木太過之年的情況。

六壬之年，也就是壬申、壬午、壬辰、壬寅、壬子、壬戌年為歲木太過。

六己之年，也就是己巳、己卯、己丑、己亥、己酉、己未年，因為它們是歲土不及，所以由於兼化的原因，這六年也可以大體上被認為和歲太過之年相類。

木歲太過之年，風氣大行，恃強乘土，或者是土運不及之年，母弱而金衰，不能去克制木，木反而乘土，所以這們的年份都表現為木運太過司化現象。

相應於人，則是脾土受邪為病，為歌訣中所言的「腸鳴」、「飧泄」、「食少」、「腹滿」、「體重」、「煩冤」之類病症所苦。

「煩冤」，是中氣抑鬱不伸產生的煩躁不安的症狀。

相應於天候，就有自然界氣候雲物飛揚的變化。

相應於物候、地候，就有草木動搖之生化或變化。

　　木氣偏勝不停止一旦出現，根據物候不極必反的自然規律，必然盛極而衰，這時就會反而被金所乘，有凋隕搖落的報復現象。

　　這是「搖落木勝被金乘」一句的含義。

　　由於有此複雜因素在內，所以在人體疾病臨床上經常可以見到善怒、顛疾、眩暈、脅痛、劇吐這類的肝脾之病。

　　「胃絕傾」，指的是胃土沖陽之脈絕而不至，是為脾絕，病人有生命之危險。

　　沖陽穴為足陽明胃經穴位，如在此處摸不到動脈搏動，表示胃氣敗絕，可以致人於死。

　　沖陽穴之位置，在本段歌訣詳解之後，有附圖穴位，標明了本書所涉及的重要穴位的位置所在。

　　這是「甚則善怒顛眩暈，脅痛吐甚胃絕傾」的含義。

　　歲火太過，是六戊之年，也就是戊辰、戊寅、戊子、戊戌、戊申、戊午這六年。

　　或者歲金不太的六乙之年，即乙丑、乙亥、乙酉、乙未、乙巳、乙卯六年，由於它們金運不及，其特點大致也和歲火太過之年相似，所以歸作一類。

　　火太過，則火恃強而乘金。

　　金不及，則母弱而水衰無以制火，火同樣也要來乘金。

　　所以火氣盛大之時，必然暑熱大行，自然界一切都表現為火太過的變化情況。

　　這是第二段的首句「暑熱大行太過火」的含義。

　　表現在人體疾病上，則是肺金受邪、臨床病症為喘而咳嗽之病，或氣少不足息，呼吸困難，血失而顏色憔悴以及瘧疾、注下、

火瀉、咽乾，內中有熱。

這是「肺金受邪喘咳脳，氣少血失及病瘧，注下嚏乾中熱多」三句的含義。

歲火太過，在天候則有燔炳炎烈沸騰之變，氣候炎熱異常；在地候則由於氣溫太高，引起萬物焦槁，水泉涸乾等大旱的災變。

火氣偏勝如果持續下去，必然會勝極而衰，這時候火衰則反被水乘，出現了雨、冰雹、旱、霜、寒的報復現象。

這是「燔炳物焦水復過，冰雨寒霜水復過」二句的含義。

所以在這些年份之中，不僅能見到上述疾病，還可能更多的見到譫語狂亂、胸背痛等心肺之病的臨床表現，這是「甚則譫狂胸背痛」的含義。

「太淵脈絕命難瘥」中，太淵是穴位名，為手太陰肺經的穴位。

這一句說如果在太淵穴位上摸不到動脈的搏動，則表示心肺氣皆敗絕，而可以導致人的死亡，主病難癒。

歲土太過之年，是六甲之年。也就是甲子、甲戌、甲申、甲午、甲辰、甲寅六年。

或者是歲水不及的六辛之年，即辛未、辛巳、辛卯、辛丑、辛亥、辛酉這六年。所以歲水不及的這六辛之年，大致上也可以歸入歲土太過年的情況。

土太過，土恃強而乘水。

水不及，則母弱而木衰，木衰不能正常制土，所以土同樣乘水。所以土太過和水不及大致可等觀。

土氣盛大，則雨濕大行，這是土太過之司化。

　　反映在人體疾病方面，主要是腎水受邪，腎病為主。臨床表現為四肢厥冷、腹中痛、體重、煩冤、情緒低落等。

　　以上這一段是前三句「雨濕大行太過土，腎水受邪腹中疼，體重煩冤意不樂」的含義。

　　煩冤，指煩躁而委曲。

　　以上這些症狀均與脾虛濕盛有關。

　　土太過，天候上有雨濕數至之變，而在自然界中則表現為河水氾濫、乾涸的池塘也會聚水生出魚蟲。

　　這是「雨濕河衍涸魚生」的意思。

　　但是當雨太大了，水太多了，水多之後又可以反過來侮土而出現「土崩」，即水泛土潰。

　　「鱗見陸」，鱗蟲類本生活在水中，現在鱗見於陸，是水泛土潰的水災反常現象，是水氣來復之報。

　　這是「風雨土崩鱗見陸」之意。

　　由於水氣來復，體現在人體相應的疾病方面，則有腹滿、溏瀉、腸鳴、足痿瘛痛、飲滿等脾胃之病。

　　這是「腹滿溏瀉苦腸鳴，足痿瘛痛並飲滿」之意。

　　「太谿腎絕命難存」一句中，太溪，乃穴位名，在足內踝後，跟骨上動脈陷中，為足少陰腎經穴位。

　　土運太過之年，腎水受邪，如果腎受邪太甚，在太溪穴處不能摸到動脈搏動，即意味著腎氣已絕，預後不良，所以說「命難存」。

　　歲金太過之年，是六庚之年。

　　一甲子中，六庚年是庚午、庚辰、庚寅、庚子、庚戌、庚申六年。

或者歲木不及之年，其大致情況也與歲金太過之年相同，可同視之。歲木不及之年，為六丁年，即丁卯、丁丑、丁亥、丁酉、丁未、丁巳這六年。

金太過，則金恃強而乘木。

木不及，則母弱而火衰，火衰不能正常克制金，所以金也趁機來乘木。

金氣大盛，在天候上則表現為清燥大行，為金太過之司化。

反映在人體疾病上，則肝木受邪，以肝病為主。在臨床上表現的病為耳聾無聞、脅下痛、少腹痛、目眥赤痛等症狀。

這是這一段歌訣前三句「清燥大行太過全，肝木受邪耳無聞，脅下少腹目赤痛」的含義。

人體的兩脅下、少腹、目、耳等部位，均與肝密切相關，所以有以上之病。

金太過，在天候上有清燥肅殺之變化，在自然界則表現為草木凋隕的司化現象，但是如果燥勝的現象不停止，則必然勝極而衰，衰則反被火乘。火來報復金之時，表現為氣候出現反常的炎熱，有焦槁之復。

這是「草木凋隕焦槁屯」的意思。

火氣來復，體現在人體疾病方面，則可以有胸膺引背、 胠脅疼痛，不能轉側，喘咳、氣逆、失血這類的肝肺之病。

這是「甚則胸膺引背痛，胠脅何能反側身，喘咳氣逆而血溢」三句的含義。

最後一句「太沖脈絕命難生」，太沖，乃穴位名。穴在足大趾本節後二寸，亦即在足背部第一蹠骨間隙之中點處，為足厥陰肝經穴位。

　　這句指的是如果在太沖穴處不能摸到動脈搏動，則是肝水受邪太甚，太沖脈絕，即肝氣已絕，預後不良，有生命危險。

　　水運太過之年，即六丙之年。六丙之年即丙寅、丙子、丙戌、丙申、丙午、丙辰這六年。

　　或者是火運不及之年，其大致情況和變化類於水運太過之年，可視同。

　　火運不及之年，即六癸年：癸酉、癸未、癸亥、癸巳、癸丑、癸卯這六年。

　　水太過，則水恃強而乘火。

　　火不及，則母弱而土衰，土衰不能正常克制水，所以水也能來乘火。

　　水氣盛，表現在氣候上，則是寒氣大行，為水太過之司化。

　　反映在人體的病症上，則是心火受水之邪，在臨床上表現為心煩躁悸、譫語妄言、心中熱痛。

　　這是本段口訣中前三句「寒氣大行太過水，邪害心火熱心煩，躁悸譫妄心中痛」的意思。

　　水太盛，在天候上表現為有雨冰霜雪的變化，在自然界則有凍裂堅剛之司化。

　　這是「天冰霜雪地裂堅」的意思。

　　當寒勝不停止，一直下去必然勝極而反，使水氣衰竭，水衰則反而被土所乘。這樣就會表現為土的特點來，即埃霧朦鬱不散，寒雨大至這樣的土氣來復現象。

　　這是「埃霧濛鬱寒雨至」的含義。

　　土氣來復，在人體疾病上可以反映為腫、喘、中寒、腹滿、溏

瀉、腸鳴、飲食不化這樣的一些腎脾之類的病症。

這是「甚則腫咳病中寒，腹滿溏鳴食不化」兩句的含義。

最後一句「神門脈絕死何言」，神門，是穴位之名，在掌後銳骨之端陷中，穴當腕側橫紋尺側三分之一段的中點處，即銳骨之後，尺側腕屈肌腱橈側之凹陷處，為手少陰心經的穴位。

如果神門穴處不能摸到動脈的搏動，意味著邪害心火過甚，心氣已絕，預後不良，必有生命危險。

附：沖陽諸脈穴位

沖陽穴——在足跗上五寸，去陷骨二寸骨間動脈

太淵穴——在掌後內側，橫紋頭動脈中

太溪穴——在足內踝後五分，跟骨上動脈陷中

太沖穴——在足大指本節二寸間，動脈應手陷中

神門穴——在掌後銳骨端陷中

圖二十四　沖陽諸脈穴圖

六氣客氣主病歌

　　少陰司天熱下臨，
　　肺氣上從病肺心，
　　燥行於地肝應病，
　　燥熱交加民病生，
　　喘咳血溢及血瀉，
　　寒熱鼽嚏涕流頻，
　　瘡瘍目赤嗌乾腫，
　　厥心脅痛苦呻吟。

原注

　　上文統論主運、主氣為病，此則詳言六氣客氣專主之病也。少陰君火司天，子午歲也。火氣下臨金之所畏，故肺氣上從而病肺心也。凡少陰司天，則陽明燥金在泉，故燥行於地而病肝也。是則知燥熱交加，民病喘咳，血上溢，血下泄，寒熱、鼽塞、噴嚏、流涕、瘡瘍、目赤、嗌乾、腫痛、心痛、脅痛，皆其證也。

　　太陰司天濕下臨，
　　腎氣上從病腎陰，
　　寒行於地心脾病，

寒濕交攻內外淫，
民病身重足跗腫，
霍亂痞滿腹脹膹，
肢厥拘急腳下痛，
少腹腰疼轉動屯。

太陰濕土司天，丑未歲也。濕氣下臨水之所畏，故腎氣上從而病腎陰也。凡太陰司天，則太陽寒水在泉，故寒行於地而病心脾也。是知寒濕內外交政，民病身重，足跗腫，霍亂，痞滿，腹脹，四肢厥逆拘急，腳下痛，少腹痛，腰痛難於動轉，皆其證也。

少陽司天火下臨，
肺氣上從火刑金，
風行於地肝木勝，
風火為災是乃因，
民病熱中咳失血，
目赤喉痺聾眩瞑，
瘡瘍心痛瞤瘛冒，
暴死皆因臣犯君。

少陽相火司天，寅申歲也。火氣下臨金之氣畏，故肺氣上從而

病肺也。凡少陽司天，則厥陰風木在泉，故風行於地，木勝則病在肝。是則知風火為災，民病熱中，咳而失血，目赤，喉痹，耳聾眩瞑、瘡瘍，心痛、瞤動，瘛瘲，昏冒，皆其證也。暴死者，是三之客氣，相火加臨君火，以臣犯君故也。

> **陽明司天燥下臨，**
> **肝氣上從同肝筋，**
> **熱行於地心肺害，**
> **清燥風熱互交侵，**
> **民病寒熱咳膹鬱，**
> **掉振筋痿力難伸，**
> **煩冤脅痛心熱痛，**
> **目痛眥紅小便繬。**

原注

　　陽明燥金司天，卯酉歲也。燥氣下臨木之所畏，故肝氣上從而病肝筋也。凡陽明司天，則少陰君火在泉，故熱行於地而病肺心也。是則知清燥風熱交侵，民病寒熱而咳，胸胡膹滿，掉搖振動，筋痿無國，煩冤抑鬱不伸，兩脅心中熱痛，目痛眥紅，小便絳色，皆其證也。

> **太陽司天寒下臨，**
> **心氣上從病脈心，**

濕行於地脾肉病，
寒濕熱內去推尋，
民病寒中終反熱，
癰疽火鬱病纏身，
皮瘣肉苛足痿軟，
濡瀉滿腫乃濕根。

原注

太陽寒水司天，辰戌歲也。寒氣下臨火之所畏，故心氣上從而病心脈也。凡太陽司天，則太陰濕土在泉，故濕行於地而病脾肉也。是則知寒濕熱氣相合，民病始為寒中終反變熱，如癰疽一切火鬱之病，皮瘣痹而重著，肉苛不用不仁，足痿無力，濕瀉腹滿身腫，皆其證也。

厥陰司天風下臨，
脾氣上從脾病生，
火行於地冬溫化，
風火寒濕為病民，
耳鳴掉眩風化病，
支滿腸鳴飧瀉頻，
體重食減肌肉痿，
溫厲為災火化淫。

原注

　　厥陰風木司天，巳亥歲也。風氣下臨土之所畏，故脾氣上從而病脾也。凡厥陰司天，則少陽相火在泉，故火行於地而病溫也。是則知風火寒濕雜揉，民病耳聾，眩暈，振掉，腹滿腸鳴，完穀不化之瀉，體重食減，肌肉痿瘦，皆其證也。

詳解

　　前面統論了主運、主氣為病的具體情況及臨床病症反應。

　　本段口訣詳細討論六氣中客氣加臨主氣之時可能出現的變化情況。

　　首言「少陰司天」的情況。

　　少陰君火，乃子午之歲。也就是說，凡屬年支上逢子、逢午之年，均為少陰君火司天之年。

　　一甲子六十年中，子午之歲共有：壬子、壬午、戊子、戊午、甲子、甲午、庚子、庚午、丙子、丙午這十年。

　　「熱下臨」，指少陰君火司天之年，氣候偏熱。

　　「上從」指受司天之氣的影響。

　　「肺氣上從」，指肺金畏熱火之下臨，而上從火化，人體的肺因受氣候炎熱而病。

　　「病肺心」，指少陰君火司天之年，不僅病在心，肺也會受到影響而生病。

　　「燥行於地」，指少陰君火司天，則是陽明燥金在泉，所以稱為燥行地。

「肝應病」，指由於陽明燥金在泉，金克肝木，所以肝也應病。

「燥熱交加民病生」指由於司天之氣為少陰君火，在泉之氣為陽明燥金，所以這一年是燥和熱交加，人體因此而病。

以下是病的臨床表現症狀：喘咳、血上溢、血下泄、寒熱、鼽塞、噴嚏、流涕、瘡瘍、目赤、嗌乾、腫痛、心痛、脅痛等等。

這就是最後四句「喘咳血溢及血瀉，寒熱鼽嚏涕流頻，瘡瘍目赤嗌乾腫，厥心脅痛苦呻吟」的含義。

次言太陰司天的情況。

太陰濕土司天，乃丑未之歲。也就是就，凡屬年支上逢丑、逢未之年，均為太陰濕土司天。

一甲子六十年中丑未之歲計有：丁丑、丁未、癸丑、癸未、己丑、己未、乙丑、乙未、辛丑、辛未十年。

「濕下臨」，指太陽濕土司天之年，濕氣偏勝，氣候上以潮濕、雨水為特點。

「腎氣上從」，指腎上畏濕土之氣下臨，而受司天之影響，因雨濕偏勝而病腎陰。

這是前兩句「太陰司天濕下臨，腎氣上從病腎陰」之義。

由於太陰濕土司天，太陽寒水在泉，所以稱之為「寒於地」。

寒行於地，故病又可及於心和脾。

病於心是水寒克心火。

病於脾是腎水複脾土，如水泛土潰之義。

由於司天之氣和在泉之氣，一為濕，一為寒，寒溫內外交攻，自然人體感病。

這是「寒行於地心脾病，寒濕交攻內外淫」之含義。

以下列舉民眾感此而病的臨床症狀：身重、足跗腫、霍亂、痞滿、腹脹、四肢厥逆拘急、腳下痛，少腹痛，腰痛難於動轉等等。

這是「民病身重足跗腫，霍亂痞滿腹脹䐜，肢厥拘急腳下痛，少腹腰疼轉動屯」四句的含義。

再言少陽司天的情況。

少陽相火司天，乃是寅申之歲。也就是說，凡屬年支上逢寅、逢申之年，均是少陽相火司天。

一甲子六十年中寅申之歲計有：壬寅、壬申、戊寅、戊申、甲寅、甲申、庚寅、庚申、丙寅、丙申十年。

「炎下臨」，指少陽相火司天之年，全年氣候偏熱，炎火為氣候特點。

「肺氣上從」，指肺金畏火氣下臨，而上從火化，人體珠肺因受氣候炎熱的影響而生病變。

「火刑金」，指火勝刑金，病在肺。

這是前二句「少陽司天火下臨，肺氣上從火刑金」的含義。

「風行於地」，指的是少陽相火司天之年，它的在泉之氣則是厥陰風木。

「肝火勝」，指風行於地，木氣偏勝，所以病在肝。

「風火為災是乃因」，指的是因此而知道這一年的情況是風火為災而病的原因。

以下講風火為病的臨床症狀：

病在熱中，咳而失血、目赤、喉痹、耳聾眩瞑、瘡瘍、心痛、瞤動，瘈瘲，昏冒等等。

這是「民病熱中咳失血，目赤喉痹聾眩瞑，瘡瘍心痛瞤瘈冒」

的含義。

「瞤」指眼皮或肌肉收縮跳動。

「瘈疭」指痙攣症狀。

最後一句「暴死皆因臣犯君」指三之氣時，客之氣為少陽相火，如果相火加臨於君火，則是以臣犯君，所以會成為暴死的緣故。

再介紹陽明司天的情況。

陽明燥金司天，乃卯酉之年。即是說，凡屬年支上逢卯、逢酉的年份，均為陽明燥金司天。

一甲子六十年中，卯酉之歲共有丁卯、丁酉、癸卯、癸酉、己卯、己酉、乙卯、乙酉、辛卯、辛酉十年。

「燥下臨」，指陽明燥金司天陽明燥金司天之年，氣候偏涼、偏燥。

「肝氣上從」，指肝木畏燥金之氣的回臨，而上從燥化，病在肝筋。

這是「陽明司天燥下臨，肝氣上從同肝筋」二句的意思。

「熱行於地」，指陽明燥金司天之年，其在泉之氣為少陰君火。

「熱行於地心肺害」，指少陰君火在泉，即是熱行於地，病在肺心。

由於司天之氣的清燥和在泉之氣的風熱交侵於這一年，所以這一年的疾病特點與清燥風熱相關。

這是「清燥風熱互交侵」之義。

下面講感此而病的病症：病在寒熱而咳，胸胡膹滿，掉搖振動，筋痿無國，煩冤抑鬱不伸，兩脅心中熱痛，目痛眥紅，小便絳

色等等。

這是最後四句「民病寒熱咳膶鬱，掉振筋痿力難伸，煩冤脅痛心熱痛，目痛眥紅小便纁」的含義。

再言太陽司天的情況。

太陽寒水司天，為辰戌之歲。也就是說，凡屬年支上逢辰、逢戌的年份，均為太陽寒水司天。

一甲子六十年中計有：壬辰、壬戌、戊戌、戊辰，甲辰、甲戌、庚辰、庚戌、丙辰、丙戌十年。

「寒下臨」，指太陽寒水司天之年，氣候的特點異常寒冷。

「心氣上從」，指寒氣下臨，乃是火所畏懼的，所以心火之氣上從寒化，感水氣之邪而病在心脈。

這是「太陽司天寒下臨，心氣上從病脈心」二句的含義。

「濕行於地」是指太陽寒水司天之年，其在泉之氣為太陰濕土。

「濕行於地脾肉病」指由於太陰濕土在泉而氣候潮濕，在人體疾病上相應於脾肉之病。

「寒濕熱內去推尋」指的是這一年中的疾病應該從司天的寒氣和在泉的濕氣以及火氣的來復這三方面去推尋。

以下講感此病的臨床症狀：人體之病開始為寒中，後來反變為熱，如癰疽一切火鬱之病，皮痺痹而重著，肉苛不用不仁，足痿無力，濕瀉腹滿身腫等。肉苛指肌肉頑木沉重，不知痛癢寒熱之病。

以上即是最後四句「民病寒中終反熱，癰疽火鬱病纏身，皮痺肉苛足痿軟，濡瀉滿腫乃濕根」的含義。

最後講厥陰司天的情況。

厥陰風木司天，乃巳亥之年。也就是說，凡屬年支上逢巳、逢亥的年份，都是厥陰風木司天。

一甲子六十年中計有：丁亥、丁巳、癸亥、癸巳、己亥、己巳、乙亥、乙巳、辛亥、辛巳十年。

「風下臨」，指厥陰風木司天之年，風氣偏勝，氣候上以多風為特點。

「脾氣上從」，指風氣下明亮，乃是土所畏懼的，所以脾土從風化，病在脾。

「火行於地」，指厥陰風木司天之年，其在泉之氣為少陽相火。

「火行於地冬溫化」，指這年由於少陽相火主管下半年，所以冬天氣候不正常地溫和，使人體感而生溫病。

「風火寒溫為民病」指司天的風氣，在泉的火氣，來復的寒氣濕氣，成為人們得病的內在原因。

以下介紹感此為病的症狀：病在耳聾，眩暈，振掉，腹滿腸鳴，消化不良之瀉，體重食減，肌肉痿瘦等。

這是「耳鳴掉眩風化病，支滿腸鳴飧瀉頻，體重食減肌肉痿」三句的含義。

最後一句「溫厲為災火化淫」總括厥陰司天之年的災病情況。

厥陰風木司天、少陽相火在泉，下半年火氣偏勝，亦即「火化淫」之意，其災變都與不正常的溫度升高有關。

運氣當審常變歌

未達天道之常變，
反謂氣運不相應，
既識一定之常理，
再審不定變化情，
任爾百千雜合病，
要在天時地化中，
知其要者一言畢，
不得共旨散無窮。

原注

　　近世醫者，皆謂五運六氣與歲不應，置而不習，是未達天道之常變也。時之常者，如春溫、夏熱、秋涼、冬寒也。日之常者，早涼、午熱、暮溫、夜寒也。時之變者，春不溫、夏不熱、暑不蒸、秋不涼、冬不寒也。日之變者，早溫、午寒、暮涼、夜熱也。但學醫者，欲達常變之道，當先識一定主客之理，次審不定變化卒然之情，然後知百千雜合之氣為病，俱莫能逃走天時地化之理也。雖或有不應，亦當審察與天時何時、地化何化、人病何病相同，即同彼時、彼化、彼病而施治之，乃無差謬。此知其要者，一言而終也。為醫者可不於運氣中一加意耶？

詳解

至此，我們已經系統地學習了《黃帝內經》中運氣學說的基本的和主要的內容。學習了以上的知識，我們已經完全可以進行運氣的推算和預測了。

但是我們千萬不能犯機械的教條主義和片面的形而上學的毛病，否則我們即使學會了運氣的推算也會鬧出笑話來的。

所以《運氣要訣》中，專門在最後的一章歌訣中，諄諄告誡學子們，人定要會審知變，融會貫通，才能得運氣之要旨。

「未達天道之常變，反謂氣運不相應」，說的是一些人由於並沒有通曉天道的常與變的道理，卻認為五運六氣往往並不與實際情況相吻合，誤解運氣學說。

《黃帝內經》中雖然花了很大的篇幅去介紹運氣的複雜推算公式，但仍然同時又時刻不忘提醒學者要識天道，知常之變，不可一味機械推算。

《黃帝內經》中《六氣正紀大論》中說，天氣之運氣有順有逆，到來也有遲有快，地方極高之處，氣候自然涼一些，地勢較低之處，氣候又要熱一些，所以在運氣推算時，必須要將這些實際情況考慮進去。

《五常政大論》中也說，地域有高和低的分別，氣有溫和涼的區別，高的地方氣候較為寒冷，低的地方又較熱。

又如張景岳在《類經一運氣類》中說，應該知道天道有此理，但不能說理必如此。張景岳自言學運氣推算之後，以此推演，十中有七八正好相應準確，但並不能說還有二三是運氣推算的失誤，只能說人們還沒有窮天之道，隱微顯幽，得運氣真旨。

考慮到地有高下，有南北東西中的不同方位，而人本身的體質不同，如果以天才的敏銳將這些情況一一考慮進去，必然會使運氣預測百發百中。

例如同樣是水運太過為病，如果遇到一個身體屬性為太陽的人，則是強者有制，不一定非病不可。

又如同樣是火運太過為病，而如果遇到一個身體屬性為太陰的人，則是弱者遇扶，也不一定生病。

張景岳說：「故善察運氣者，必當順天以察運，因變以求氣。」

「既識一定之常理，再審不定變化情」這兩句，指知常識變之理，例如：

時之常，如春溫、夏熱、秋涼、冬寒。

日之常，早涼、午熱、暮溫、夜寒。

時之變，春不溫、夏不熱、暑不蒸、秋不涼、冬不寒。

日之變，早溫、午寒、暮涼、夜熱。

所以學運氣推算的人，要想通曉常變之道，應該先識一定主客之理，然後再審不定變化突然發生的情況。

「任爾百千雜合病，要在天時地化中。」指只要明白了以上的道理，任你的病情如何複雜，百千雜合錯綜難辨，實際上都不能逃過天時地化的道理。

雖然進行運氣推算時，也會遇到有推算結果與實際情況不相符合的地方，但應當審查與天時的何時、地化的何化、人病的何病相同，即用同彼時、彼化、彼病而施治，絕不會出差錯。

也就是說，如果考慮到了運氣推算時具體的地點、方位、何時、何人等等修正值的情況，以及發生時特殊事件的修正值，那麼最後的運氣推算結果必當準確無誤。

　　「知其要者一言畢，不得其旨散無窮。」指的是懂得以上的道理和運氣學說的要害所在，一言即可說清楚，不得其旨的人，必然摸不著頭腦，是一筆算不清的糊塗賬。

下卷

《黃帝內經》六十甲子運氣詳解

第一章 六十甲子運氣詳解（1）

前幾章我們熟悉了內經中有關運氣學說的基本概念和推算方法，下面我們將把上面的理論運用到實際中去，具體而詳盡地討論六十甲子中每一年的運氣的變化。

我們對六十甲子的討論依據了《黃帝內經》中的《六元正紀大論》一章，這一章的內容主要是論述六十年中五運六氣的變化規律。

《黃帝內經》認為，六氣就是指風、熱、火、濕、燥、寒這六者變化無窮之氣，而且此六氣的變化，是遵循六十年甲子的規律變化的，這六氣如此之變——就是紀的概念。正確又具體的將其內容錄之保存，便叫正紀，故題目為《六元正紀大論》。

為了便於讀者的理解和學習，以下我們將引用原文並加以詳細解釋的方式，分別對六十年中各年的情況進行分析。

這一章同時又具有便於讀者查詢的方式，比如讀者需要瞭解某一年運氣的情況，只需要根據那一年的干支進行查閱即可。

對於那些想進一步學習《黃帝內經》原文的讀者，以下對原文的注解，將是較好的基礎學習材料，對他們進一步的學習極有幫助。

根據六十甲子各年的特點，我們可以把這六十年分為六部分，每部分各十年。

這六個大類是：

太陽寒水司天之年；

陽明燥金司天之年；

少陽相火司天之年；

太陰濕土司天之年；

少陰君火司天之年；

厥陰風木司天之年。

讀者可以回顧《客氣司天在泉間氣歌》的講解，參考附錄中關於地支配三陰三陽六氣的有關內容。

下面分六節分別論述。

第一節　辰戌之紀

這一節詳解太陽寒水司天之年的情況。

辰戌太陽寒水，所以太陽寒水司天之年的年支上帶有「辰戌」。

六十甲子中，年支上逢有「辰」或「戌」的年份共有十年：壬辰、壬戌，戊戌、戊辰，甲辰、甲戌，庚辰、庚戌，丙辰、丙戌。

原文

帝曰：太陽之政奈何？

歧伯曰：辰戌之紀也。

太陽、太角、太陰。壬辰、壬戌。其運風，其化鳴紊啟拆，其變振拉摧拔，其病眩掉目瞑。

太角初正、少徵、太宮、少商、太羽終。

釋解

太陽之政，指太陽寒水司天之年。

辰戌之紀，指年支上逢有「辰」或「戌」的年份。

太角，指木運太過。

太陰，指太陰濕土在泉。見第四章《客氣及其推算》中第二節司馬天在泉的概念，太陽寒水司天，必是太陰濕土在泉。

壬辰、壬戌，此節是討論壬辰、壬戌兩年的運氣情況。

壬辰年和壬戌年，由於其年干都是「壬」，依照第三章中第二節無干化五運的方法，「丁壬化木」，所以這兩年屬於木運。而「壬」在天干順序上屬於單數為陽干，陽干為太過，所以在歲運上都屬於木運太過之年。

宮、商、角、徵、羽，這是中國古代音樂中用來記譜的五音。其中，宮為低音，商為次低音，角為中音，徵為次高音，羽為最高音。

古人用五音建運，五音相應於五運。

宮運相當於土運；

商運相當於金運；

角運相當於木運；

徵運相當於火運；

羽運相當於水運。

原文中，五音之前加以「太」代表太過，加以「少」代表不及。

壬辰、壬戌之年都是木運太過之年，所以也是太角之年。

由以上的分析可以知道，上面原文在讀法和理解方法上，應該先讀壬辰、壬戌，即先知道是什麼年份，然後再讀太角，就知道這兩年是歲木太過之年，然後再讀太陽、太陰，就知道這兩年是太陽寒水司天，太陰濕土在泉，就這幾條，便對壬辰、壬戌兩年的歲運和歲氣一目了然了。

　　本章的以下各年原文的讀法同此，所以對以上這些解釋應該好好掌握，這樣再讀以下的各年原文就易於理解了。

　　其運風，「運」即歲運，「風」即風氣偏勝，意即壬辰、壬戌年，屬於歲木太過之年，所以在這一年裡特別是在這一年春天裡，風氣偏勝，在氣候上便是氣溫偏高。

　　其化鳴紊啟拆，「化」指生化，「鳴紊」指風氣偏勝時所出現的飄動搖盪的自然景象，「啟拆」指自然界在春天裡所出現的萌芽生長現象。

　　這一句的的意思是指歲木太過之年，春天裡風氣偏勝，自然界一片活躍，萬物萌芽生長。

　　其變振拉摧拔，「變」是指災變，「振拉摧拔」指歲木太過之年，風氣偏勝，如果過甚，就會出現災變，狂風大作，摧物拔樹，形成災害，這是風氣過勝超過常法的情況。

　　其病眩掉目瞑，「眩」指頭暈，「掉」指抽搐，「目瞑」指視物不清。整句的意思是說歲木太過之年，風氣偏勝，人體容易發生肝病，其症狀可表現在上述「眩掉目瞑」等。

　　原文最後一行是指壬辰、壬戌年的主運和客運的運行次序和變化。

　　讀者請參看第三章第三節客運及其推算方法。

　　所謂客運，是指一年之中五個運季，即春、夏、長夏、秋、冬五個季節中的特殊氣候變化。客運的計算方法是在每年歲運的基礎上進行的，每年值年的歲運就是當年客運的初運，以下按五行相生的次序依次推移。

　　由於壬辰、壬戌年的歲運是歲木太過，所以這兩年的客運初運便是木運太過，亦即「太角」。二運便是火運，由於五音建運中有

個「太少相生」的規律，既如前述，太過之後便是不及，所以二運的火運便是火運不及，亦即原文所謂的「少徵」。三運火生土，不及之後又是太過，所以三運是土運太過，亦即「太宮」。四運便是金運不及了，即「少商」。五運即應為水運太過，即是「太羽」。

以上便是原文中最後一行「太角、少徵、太宮、少商、太羽」的含義。

所謂主運，即一年中五個運季的一般氣候變化。這五個運用季是固定的，年年不變的，順序是依據木（風）、火（熱）、土（濕）、金（燥）、水（寒）五行相生之序進行的，因此主運的推算很簡單，即木為初運，火這二運，土為三運，金為四運，水為終運。

因此原文中最後一行還可以表示主運的運行次序。原文最後一行「太角」的右下方的兩個小字「初正」，「初」字即表示主運中的初運，「正」字表示正角，以示與客運中的「太角」相區別。

最後一行「太羽」右下方的小字「終」字，表示主運中的終運，亦即是五運之水運。

主運在運行中沒有太少之分，因此原文中最後一行若用來表示主運，則應該讀作「角、徵、宮、商、羽」。

實際上每一年的主運都應如此讀。

原文中最後一行是把主客運兩個表省略為一個表，因此必須注意區分其中兩個不同的含義，注意不同的讀法。

本章中下面各年的原文，其編排類此，讀者可心舉一反三，很容易地瞭解後面各節的內容。但如果不理解本節的解釋，後面的文章讀起來就事倍功半了。

原文

太陽、太徵、太陰。戊辰、戊戌，同正徵，其運熱，其化暄暑鬱燠，其變炎烈沸騰，其病熱鬱。太徵、少宮、太商、少羽終，少角初。

釋解

此段原文的讀法與上節一樣。

本節是計解戊辰年和戊戌年這兩年。

戊辰、戊戌年，看干都是戊，戊癸化水，戊是陽干，所以戊辰和戊戌這兩年是歲火太過之年，亦即是「太徵」。

戊辰、戊戌年支是辰戌，辰戌太陽寒水司天。太陽司天，太陰在泉，因此這兩年是太陰濕土在泉。

「正徵」，即火運平氣之氣，這就是說，戊辰、戊戌年，從歲運上看雖然是火運太過之年，但是由於從歲氣看是太陽寒水司天，太過的火運，受到了司天之氣太陽寒水的克制，根據「歲太過而被抑」仍可構成平氣的原則，所以戊辰、戊戌年實際上構成了火運平氣之年。所以原文說戊辰、戊戌之年同「正徵」。

戊辰、戊戌年中歲火太過，在這兩年中，特別是在這兩年的夏天裡氣候偏熱，但由於這兩年同「正徵」，可以視為平氣之年，所以氣候也可以屬於正常。

「暄暑」，指炎熱。

「鬱燠」，指鬱蒸。

戊辰、戊戌年中，夏天裡氣候炎熱，暑熱鬱蒸，「其化暄暑鬱燠」。

「其變炎烈沸騰」，「變」指災變，「炎烈沸騰」指氣候酷熱，

此句意思為戊辰、戊戌兩年由於歲火太過，可以出現暴熱現象。

「其病熱鬱」，意指戊辰、戊戌年的客運和主運的運行次序和變化。

請讀者參考上一節原文的解釋。

戊辰、戊戌年的客運是：

初運火運太過，即為太徵；

二運土運不及，即為少宮；

三運金運太過，即為太商；

四運水運不及，即為少羽；

終運則是木運不及，即為少角。

主運仍然同其他年份一樣，初運是角，二運是徵，三運是宮，四運是商，終運是羽，按木、火、土、金、水順序而行。

這裡需要作特別的解釋，其一，按照五音建運，太少相生的規律，總是太生少，少生太，交替往來，但本節原文最後一段所列順序是太徵、少宮、太商、少羽、少角，最後兩步中少羽和少角連接在一起，這與太少相生的規律不符，為什麼？

這是因為戊辰、戊戌年的值年歲運是火運太過，太徵之年。太徵之前，按規定必是「少角」，如果是「太角」，那就會成「少徵」，與實際情況不符。因此戊辰、戊戌的兩年，客運的終運必須是少角才能符合規定。

這就是說，一年中的五運以初運為主。

其二，所列「少羽終，少角初」，是作者採取的一種省略的寫法。

「少羽終」，是指主運的終運，意即主運的終運是水（羽）。

「少角初」，是指主運的初運是木（角），主運仍然是木（角），

火（徵），土（宮），金（商），水（羽）依次而行。

以上兩占不同於前節原文，讀者在閱讀中須加以注意。

具體年份上的一些特殊情況應該特殊分析，不可機械搬套。

原文

太陽、太宮、太陰。甲辰歲會同天符，甲戌歲會同天符，其運陰埃，其化柔潤重澤，其變震驚飄驟，其病濕下重。

太宮、少商、太羽終、太角初、少徵。

釋解

此段原文讀法如前，論述甲辰和甲戌這兩年的情況。

甲己化土，甲干屬陽干，所以甲辰和甲戌這兩年是土運太過之年。

甲辰、甲戌年同是太陽寒水司天，太陰濕土在泉。

請讀者參閱前文第五章中第二節有關天符歲會的介紹。

甲辰、甲戌年在計算上雖然是歲土太過之年，但由於甲辰、甲戌年的年干是甲，甲己化土，屬於土運，年支是辰、是戌，按照五支配五行的方法，辰戌丑未的固有五行屬性屬土，大運與年支的固有五行屬性相同，所以甲辰、甲戌年又是歲會之年。

還有，甲辰、甲戌年大運是土運太過，其在泉之氣的五行屬性也是土，年干甲和年支辰、戌在陰陽屬性上都屬於陽，同時值年大運又與同年的在泉之氣的五行屬性相同，因此甲辰、甲戌年又可以是同天符之年。

「其運陰埃」，此名可以作為「其運陰雨」來理解，意思即是甲辰、甲戌年，屬於歲土太過，土化濕，所以雨濕偏勝。

「柔潤」指滋潤。

「重澤」指水多。

「其化柔潤重澤」，意即甲辰、甲戌年，由於土運太過，氣候偏勝，所以雨水較多，濕氣較大。

「震驚」指雷聲大作。

「飄驟」指狂風暴雨。

「變」指災變。

甲辰、甲戌年，土運太過，如果雨濕過盛，就可能因雷雨大作而成災變。

甲辰、甲戌年，歲土太過，氣候偏濕，人產易於生濕病，如症狀為液體瀦留現象，下肢酸重或浮腫。

最後一行原文，指甲辰、甲戌年的主運和客運的運行次序。讀法如前。

客運的運行次序如下：

初運太宮，即土運太過；

二運少商，即金運不及；

三運太羽，即水運太過；

四運太角，即木運不及；

五運即終運少徵，即火運不及。

主運的運行次序，依然如原文中略寫為初運為角，終運為羽。

此兩年的客運遵照「少太相生」的規律，並無例外。

【原文】

太陽、太商、太陰。庚辰，庚戌。其運涼，其化霧露蕭瑟，其變肅殺雕零，其病燥，背䐜胸滿。

太商,少羽終,少角初,太徵,少宮。

釋解

此節論述庚辰、庚戌之年。

乙庚化金,庚為陽干,因此庚辰、庚戌之年為歲金太過之年。亦即太商之年,太陽寒水司天,太陰濕土在泉。

「涼」即時氣候清涼。

「其運涼」是指庚辰、庚戌之年,金運太過,涼氣偏勝,所在這兩年,特別是在秋天,氣候偏涼。

「霧露蕭瑟」,是指秋氣清涼的自然景象。

「其化霧露蕭瑟」是對「其運涼」的具體描述,意即庚辰、庚戌之年,秋天裡氣候偏涼,西風蕭瑟,霧露早降。

「其變肅殺凋零」,指庚辰、庚戌之年,金運太過,氣候涼而過甚,就會過早出現樹葉雕零,肅清殺滅,一片荒涼的自然景象。

「變」,指災變。

「燥」,即乾燥。

「背脊」,指背部悶滿。

「胸滿」,指胸部滿悶。

庚辰、庚戌之年,由於金運太過,氣候偏涼偏燥,因而人體容易發生肺病而在臨床上出現乾咳無痰,口燥咽乾,胸背悶滿等燥病一類的症狀。

最後是庚辰、庚戌之年的客運是:

初運太商,即金運不及;

二運少羽,即水運不及;

三運少角,木運不及;

四運太徵，火運不及；

終運少宮，土運不及。

注意二運少羽、三運少角相連的例外。

主運解釋同前：

初運角，二運徵，三運宮，四運商，五運即終運羽。

原文

太陽、太羽、太陰。丙辰天符，丙戌天符，其運寒，其化凝慘漂冽，其變冰霜雪雹，其病大寒留於溪谷。

太羽終，太角初，少徵，太宮，少商。

釋解

此節述丙辰、丙戌年的情況。

丙辛化水，丙為陽干，因此丙辰、丙戌年為水運太過之年，即太羽之年，同樣是太陽寒水司天，太陰濕土在泉。

又因為丙辰、丙戌年的年支是辰，是戌，辰戌太陽寒水，歲運是水，司天之氣也是水，歲運與司天之氣的五行屬性相同，所以丙辰、丙戌年為天符之年。

請參閱第五章第二節關於天符、歲會等內容的具體解釋。

丙辰、丙戌年，水運太過，因此在這兩年中，特別是在這兩年的冬季裡，氣候十分的寒冷，天寒地冰，萬物閉藏，還可能在冬季冰雪成災。

「大寒」，氣血凝泣之病。

「溪谷」，指人體血氣流行之處。

丙辰、丙戌年，水運太過，加上司天之氣又是水，乃天花板符

之年，人體容易感寒而使氣凝泣不通發生各種疾病。

這兩年的客運是：初運太羽，二運太角，三運少徵，四運太宮，終運少商。

主運如常不變。

原文

凡此太陽司天之政，氣化運行先天，天氣肅，地氣靜，寒臨太虛，陽氣不令，水土合德，上應辰星鎮星，其穀玄黅，其政肅，其令徐。寒政大舉，澤無陽焰，則火發待時。少陽中治，時雨乃涯，止極雨散，還於太陰，雲朝北極，濕化乃布，澤流萬物，寒敷於上，雷動於下，寒濕之氣，持於氣交，民病寒濕發，肌肉萎，足萎不收，濡泄血溢，初之氣，地氣遷，氣乃大溫，草乃早榮，民乃病，溫病乃作，身熱頭痛嘔吐，肌腠瘡瘍，二之氣，大涼反至，民乃慘，草乃遇寒，火氣遂抑，民病氣鬱中滿，寒乃始，三之氣，天政布，寒氣行，雨乃降。民病寒，反熱中，癰疽注下，心熱瞀悶，不治者死，四之氣，風濕交爭，風化為雨，乃長乃化乃成。民病大熱少氣，肌肉萎足萎，注下赤白。五之氣，陽復化，草乃長乃化乃成，民乃舒，終之氣，地氣正，濕令行，陰凝太虛，埃昏郊野，民乃慘淒，寒風以至，反者孕乃死，故歲宜苦以燥之溫之，必折其鬱氣，先資其化源，抑其運氣，扶其不勝，無使暴過而生其疾，食歲穀以全其真，避虛邪以安其正。適氣同異，多少制之，同寒濕者燥熱化，異寒者燥濕化，故同者多之，異者少之，用寒遠寒，用涼遠涼，用溫遠溫，用熱遠熱，食宜同法，有假者反常，反是者病，所謂時也。

帝曰：善。

釋解

這一大段是對太陽寒水司天十年的總結。

「氣化運行先天」,「先天」在運氣學說中,一般作「太過」或「早至」解,後謂「太過者先天,不及者後天」。全句意為六十年中屬於太陽寒水司天的十年中都是歲運太過之年。

太陽寒水司天之年的自然氣候特點是,自然界一片清肅,大地上生長現象相對安靜而不活躍,氣候偏勝寒冷,陽氣相對不足。

「水土合德」,指太陽寒水司天,太陰濕土在泉,司天之氣和在泉之氣的共同作用下所出現的氣化和物化現象。

「上應辰星鎮星」,意即太陽寒水司天,太陰濕土在泉這年,這一年的特點是半半年偏寒,下半年偏濕,這種氣候變化被認為是與天體的水星和土星運氣密切相關。

「其穀玄黅」,意為太陽寒水司天,太陰濕土在泉之年,全年氣候以寒濕偏勝為特點,因此玄穀(黑色穀物)和黅穀(指黃色穀物)在生長上相對良好,所以玄穀黅穀也就是太陽寒水司天之年的「歲穀」。所謂「歲穀」,就是當年生長較好的穀物。

太陽寒水司天之年,上半年氣候偏勝,下半年氣候偏濕,自然界一片清肅,植物生長相對緩慢。

「寒政大舉,澤無陽焰」,指太陽寒水司天之年氣候寒冷,好像有水無火一樣。

「則火發待時」,意即太陽寒水司天之年,上半年氣候偏於寒冷,主氣的初之氣厥陰風木,二之一氣少陰君火,均為寒氣所郁,應溫不溫,應熱不熱,因而「寒政大舉,澤無陽焰」,但是運氣學說認為,有「郁」就有「發」,「郁極乃發」,這就是說,到了一定

的時候，被鬱的火氣就是發作出來，所以說「火發待時」。

　　一般說到了五之氣，亦即到了秋分以後至小雪，也就是約在農曆八月下旬至十月上旬這一段時間，可能會出現較熱的氣候以及相及的物候現象，即「陽復化」。

　　「少陽中治」，「少陽」指六氣中的少陽相火，請讀者回顧第四章第一節中有關六氣主時的內容，六氣六步主時中，初之氣為厥陰風木，二之氣為少陰君火，三之氣為少陽相火，這裡說的「少陽」即指三之氣。

　　「中治」，指客氣中的司天之氣，因為客至加臨時，司天之氣總是加在主氣的三之氣之上，亦即少陽相火的位置上。三之氣在六步中居第三步，位於六步之中，所以則作「中治」。

　　「時雨」指正常的降雨，此處指雨季，也就是指主氣四之氣太陰濕土所屬的節氣。

　　「涯」指邊際或盡頭處。

　　「少陽中治，時雨乃涯」意指太陽寒水司天之年，上半年天氣偏冷，主氣的初之氣厥陰風木，二之氣少陰君火為司天之氣所鬱，應溫不溫，應熱不熱，三之氣少陽相火，正好是司天之氣的位置，所以也仍然偏冷，應熱不熱。由於司天之氣主要管上半年，因此太陽寒水之氣要到三之氣以後才終止。到了四之氣太陰濕土主時之時，寒水之氣的作用才結束，這就是所謂的「時雨乃涯」。

　　「止極雨散，還於太陰」，意即太陽寒水司天之一年，司天之氣主管上半年，寒水之氣至主氣的三之氣為止。至四之氣以後，下半年則由在泉之氣主事，所謂「還於太陰」。

　　「雲朝北極」，指雨水很多。

　　「溫化乃布」，指氣候潮濕。

「澤流萬物」，指自然界萬物的生長變化都受到濕的作用和影響，這些是對太陰濕土在泉時自然界的氣候和物候變化特點的概括。

「寒敷於上」，指太陽寒水司天之年，上半年寒氣偏勝。

「雷運於下」，指太陽寒水司天之年，上半年雖然偏於寒冷，但到了下半年五之氣時，由於此時客氣的間氣是少陰君火，所以此時可以出現偏熱的氣候變化。

「寒濕之氣，持於氣交」，指太陽寒水司天之年，由於太陰濕土在泉，所以從總的來說氣候特點仍以寒濕為主。

「民病寒濕」，指太陽寒水司天之年，氣候變化以寒濕為主，因而人體疾病在性質上也以寒濕為主。

「肌肉萎」，指肌肉萎弱無力。

「足萎不收」，指肢體癱瘓不用。

「濡泄」，指大便溏瀉。

「血溢」，指出血。

以上這些症狀，從醫學角度看多與脾腎有關，性質上多與寒濕有關。

下面則說述太陽寒水之年六步主時中每一步具體氣候變化情況，為了便於理解，茲將太陽寒水之年的司天在泉四間隔氣圖示如下：

在泉左間氣	司天右間氣	司天	司天左間氣	在泉右間氣	在泉
初之氣	二之氣	三之氣	四之氣	五之氣	六之氣
少陽	陽明	太陽	厥陰	少陰	太陰

圖一、太陽寒水司天之年客氣六步主時表

　　「初之氣」，指太陽寒氣司天之年，其客氣加臨之間氣的初氣為少陽相火。

　　「地氣遷」，指太陽寒水司天之年初之氣為少陽相火是由上一的上在泉之氣遷轉而來，太陽寒水司天之年的上一年是陽明燥金司天，少陰君火在泉。太陽寒水司天之年，上一年在泉之氣的少陰君火遷於本年的五之氣上，所以少陽相火才能由上一年的二之氣上遷轉到本年的初之氣上。

　　「氣乃大溫」，指初之氣為少陽，少陽主火，所以在初之氣所屬的這一段時間，亦即在本年大寒以後至驚蟄節以前，大約在農曆十二月下旬至二月上旬這一段時間，氣候較溫。

　　「草乃早榮」，氣候大溫，植物萌芽生長較平常早一些。

　　「民乃病，溫病乃作」，指由於氣候反常，疫癘流行，容易發生溫病。

　　「身熱頭痛嘔吐，肌腠瘡瘍」，是指溫病的臨床症狀，意指太陽寒水司天之年，從全年來說，雖然疾病以寒濕類為主，但在初之氣的這一段時間中，由於初之氣是少陽，所以也可以出現身熱、頭痛、嘔吐、瘡瘍等熱病症狀。

　　以上是初之氣的情況。

　　「二之氣」，指太陽寒水司天之年，其客氣加臨之間氣為陽明燥金。

　　「大涼反至」，指由於陽明主涼，主燥，所以在二之氣所屬的這一段時間中，氣候偏涼。

　　「民乃慘，草乃遇寒，火氣遂抑」，指這一段時間正值春夏之交，應溫不溫，應熱不熱，草木生長緩慢。

　　「民病氣鬱中滿」，指人體因氣候影響，肝氣疏泄不及而發生

氣鬱中滿症狀。

「寒乃始」，指太陽寒水司天之年，上半年氣候偏於寒涼，但由於初之氣為少陽相火，所以實際並不冷，因此真正的偏寒現象還是從二之氣才開始。

以上是二之氣的情況。

「三之氣」，指太陽寒水司天之年，其客氣三之氣為太陽寒水。

「天政布」，「天政」指司天之氣，意即太陽寒水司天之年，其客氣六步的三之氣，正是司天之氣的本位所在。

「寒氣行」，指由於太陽主寒，加上這一步是司天之氣所在，所以在三之氣所屬的這一段時間，亦即該年小滿以後至大暑以前，大約在農曆四月下旬到六月上旬這一段時間中，氣候特別寒冷。

「雨乃降」，指天比較冷，雨水也比較多。

「民病寒」，指疾病的性質以寒病為主。

「反熱中，癰疽注下，心熱瞀悶」，指太陽寒水司天之年，上半年氣候偏寒，尤其是三之氣這一段時間特別寒冷，所以這一段時間中人們容易感寒，但是由於這一段時間中正是春夏季節，氣候應濕應熱，人體陽氣也相應偏盛，因此在感寒之後，就容易出現寒鬱於表，熱結於裡的表寒裡熱症，因而在臨床上出現上述熱中、癰疽、注下、瞀悶等裡熱症狀。

以上是三之氣的情況。

「四之氣」，指太陽寒水司天之年，其客氣加臨之間氣四之氣為厥陰風木。

「風濕交爭」，指由於厥陰主風，主溫，所以在四之氣所屬的這一段時間，亦即在該年大暑以後至秋分以前，大約在農曆六月下旬至八月上旬這一段時間中，氣候偏濕，風氣偏勝。四之氣從主氣

來說，又屬太陰濕土，雨水較多，加上太陽寒水司天之年，太陰濕土在泉，濕氣偏勝，因此原文謂之「風濕交爭」。

「風化為雨」，意為「濕」在「風」的作用下，由於風可以勝濕，所以濕就不致偏勝而成為正常的降雨現象。

「乃長乃化乃成」，指在正常的降雨情況下，自然界的植物就能夠正常地生長和成熟。

「民病大熱」，在這種情況下人體容易生熱病。

在四之氣這一段時間中，由於客氣為風，為溫，氣為濕，為熱，因此容易出現濕熱交爭的現象而在臨床上表現為發熱、少氣、肌肉痿、赤白痢疾等濕熱內蘊的症狀。

以上是四之氣的情況。

「五之氣」，指太陽寒水司天之年，其客氣加臨之間氣五之氣為少陰君火。

「陽復化」，指因少陰主君火，主熱，所以在五之氣所屬的這一段時間，亦即在該年秋分以後至小雪以前，大約在農曆八月下旬至十月上旬這一段時間中氣候偏熱。

「草乃長乃化乃成」，指此時植物的成長又是趨於活躍。

「民乃舒」，指人體內鬱積的陽氣由於氣候轉熱得到發洩而不致怫鬱在裡，因而人體感到舒適。

以上為五之氣的情況。

「終之氣」，指太陽寒水司天之年，其客氣終之氣為太陰濕土。

「地氣正」，指這也是在職泉之氣的位置所在。

「濕令行」，指太陰濕土在泉，這一年的下半年濕氣偏勝，尤其是在終之氣所屬的這一段時間，亦即在該年小雪以後至大寒以前，大約在農曆十月下旬至十二月上旬這一段時間中，濕氣尤其偏

勝。

「陰凝太虛」，指天空烏雲密佈。

「埃昏郊野」，指在郊野霧雨迷濛。

「民乃慘淒」，指在陰晦綿雨之中，人們的淒涼感覺。

「寒風以至」，指寒冷的北風吹來。

太陽寒水司天之年，下半年偏濕，在冬令這一段時間中，除了偏濕以外，同時也很冷。

「反者孕乃死」，指太陽寒水司天之年，氣候上以寒濕為特點，凡是能適應這種氣候特點的生物就能生長能孕能育，反之不能適應這種氣候特點的生物就不能孕不能育不能生長或生長孕育不好，即使孕了也要死亡。

以上為終之氣的情況。

下面談太陽寒水司天之年的一般治療原則。

這一年的藥物及食物之所宜，應為苦寒藥物，以清熱化燥，或用溫熱的燥濕藥。

在治療時必須首先處理致鬱之氣，亦即偏勝之氣。但另一方面也要支持被鬱之氣，即所謂「必折其鬱氣，先資其化源」。

「抑其運氣，扶其不勝」，意為要抑制太過之歲運，扶持其不勝之氣。

「無使暴過而生其疾」，意為不要使偏勝失調，否則會生疾病，要調和全身，使無偏勝。

「食歲穀以全其真」，意為在這太陽寒水司天之年，人們在養生方面應該多食玄穀，今穀類物，因為這類穀物是歲穀，生長很好，對人養生有利。

「避虛邪以安其正」，意為太陽寒水司天之年，氣候變化以寒

濕為主，但亦應根據各個季節中的一些反常變化，注意起居調攝，才能保持人體健康。

「適氣同異，多少制之」，意為太陽司天的十年中，除了要根據歲氣方面的特點來採取治療措施以外，還要注意歲氣與歲運之間的關係。「適」，有酌量的意思。

「同寒濕者燥熱化」，即治療用藥上應以溫熱燥濕為主，以熱勝寒，以燥勝濕。

「異寒者燥濕化」，接上句，不屬於寒濕的年份如屬濕熱的太角、大徵等年，須以寒勝熱，以燥勝濕。

「故同者多之，異者少之」，指歲運與歲氣完全相同的，濕熱燥濕藥就用得多，不相同的，相對來說用藥少些。

「用寒遠寒，用涼遠涼，用溫遠溫，用熱遠熱，食宜同法」，意指用藥和飲食都是要循遵以下法則：寒症不能食用具有寒涼作用的食物或冷食，熱症不能食用具有濕熱作用的食物或熱食，用藥也如此。

「有假者反常」，是指在確具適應症的情況下，治療用藥也並不一定受季節氣候的約束，即任何季節中都可以假借寒涼藥物來治療熱症，假借溫熱藥物來治療寒症。

「反是者病」，指違反了以上的原則就會出差錯。

「所謂時也」，上述的治療原則不能隨便違反，因為疾病性質與季節氣候密切相關，不能因變廢常。

「帝曰：善」，「帝」，即黃帝。黃帝聽了歧伯的解說而稱善。

醫學又稱為「歧黃之術」，其來歷正是因為歧伯和黃帝的問答而來的。

第二節　卯酉之紀

本節是論述陽明燥金司天之年。

陽明燥金司天之年同樣有十年。

卯酉陽明燥金，所以年支上凡逢卯或凡逢酉的年份，為陽明燥金司天之年。

甲子一週六十年中，年支上帶有卯酉的年份如下：

丁卯、丁酉；

癸卯、癸酉；

己卯、己酉；

乙卯、乙酉；

辛卯、辛酉。

以下分別詳述。

原文

陽明之政奈何？歧伯曰：卯酉之紀也。

陽明、少角、少陰。清熱勝復同，同正商。丁卯歲會，丁酉，其運風清熱。

少角初正，太徵，少宮，太商，少羽終。

釋解

陽明三政，指陽明燥金司天之年。陽明燥金司天之年的年支上帶卯或酉。

本節述丁卯、丁酉二年的情況。

丁卯、丁酉二年是木運不及之年，司天炎氣為陽明燥金，在泉之氣是少陰君火。

木運不及之年，春天裡應溫不溫，氣候偏涼，由於自然調節的

原因，到了夏天氣候又偏於炎熱，用五行的概念來說，也就是木運不及之年，金來乘木。陽明燥金司天之年，乘克更甚。由於勝復（即偏勝恢復）的原因，火又克金。這就是原文中「清熱勝復同」之義。

「正商」，即金運平氣之年。丁卯、丁酉二年是木運不及之年，金來乘木，如果再遇上陽明燥金司天，則克上加克，這一年的春天就會象金運平氣之年的秋天一樣，應溫不溫，應長不長，自然界一片清肅，嚴重反常，所以原文說「同正商」。

「歲會」即歲會之年，凡是歲運與年支的固有五行屬性相同的年份，就屬於歲會之年。丁卯年年干為丁，丁壬化木，屬木運，其年支是卯，寅卯屬木，歲運與年支五行屬性相同，所以丁卯年屬於歲會之年，故原文中說「丁卯歲會」。

丁酉年因為年支酉在五行屬性是屬金，因此不是歲會之年。

「其運風清熱」，意即木運不及之年，春天裡應溫不溫，氣候偏涼，好像到了秋天一樣，到了夏天由於自然調節原因，反而比一般時間要偏熱。

最後說明丁卯、丁酉二年的客運初運是少角，二運是太徵三運是少宮，四運是太商，終運是少羽。

主運如常不變。

讀者於此處不甚明瞭，應該回顧本章第一節開始時對五音建運的解釋。

原文

陽明、少徵、少陰。寒雨勝復同，同正商。癸卯同歲會，癸酉同歲會，其運熱寒雨。

少微，太宮，少商，太羽終，太角初。

釋解

此節為癸卯、癸酉之年的情況。

癸卯、癸酉為火運不及之年，即少徵之年。這二年為陽明燥金司天，少陰君火在泉。

火運不及之年，在夏天裡應熱不熱，氣候偏冷，由於自然調節的原因，到了冬天反而相對不冷，不下雪反而下雨，氣候較平常的冬天相對偏熱，用五行的概念來說，也就是火運不及之年，水來乘火，所以夏天裡偏冷。由於勝復的原因，土又來克水，所以冬天裡雨濕流行，這就是所謂「寒雨勝復同」。

「同正商」，即火運不及之年，火不克克金，如果再遇上這一年的司天之氣是陽明燥金，那就完全由司天之氣用事，因此這一年的夏天應熱不熱，應長不長，一片蕭殺之象，好像秋天一樣，屬於嚴重反常。

「同歲會」，即同歲會之年，凡是歲運與同年的在泉之氣在五行屬性上相同，而且歲運又屬於不及的就叫「同歲會」。

癸卯、癸酉之年，年干是癸，戊癸化水，癸又屬陰干，因此屬於火運不及之年。

癸卯、癸酉之，年支是卯或酉，卯酉陽明燥金司天，少陰君火在泉。歲運是火，在職泉之氣是火，而且歲運又是不及之年，所以癸卯、癸酉兩年都是屬於同歲會之年。

「其運熱寒雨」，「熱」是指癸卯、癸酉之年為火運不及之年。「寒」指水來乘之。「雨」指水乘太過，土氣來復。

換言之，癸卯、癸酉之年，夏天偏冷，而冬天又偏熱。

最後說明癸卯、癸酉之年的客運順序：

初運少征，火運不及；

二運太宮，土運不及；

三運少商，金運不及；

四運太羽，水運不及；

終運太角，木運不及。

主運初為木運，終為水運，順序如常。

原文

陽明、少宮、少陰。風涼復勝同。己卯己酉，其運雨風涼。
少宮，太商，少羽終，少角初，太徵。

釋解

此段講解己卯、己酉兩年。

己卯、己酉兩年是土運不及之年，司天之氣是陽明燥金，在泉之氣是少陰君火。

「風涼勝復同」，意即土運不及之年，在長夏季節裡，應濕不濕，風氣偏勝，氣候偏熱，由於自然調節作用的原因，到了秋天反而相對寒冷。用五行的概念來說，也就是土運不及之年，木來乘土，所以長夏應濕不濕，雨水很少，出現旱象。由於勝復原因，金來克木，所以秋天裡又比一般清涼。

「其運雨風涼」，「雨」指土運，「風」指土運不及風木乘之，「涼」指金，意為木乘土太過，金氣來復。

換言之，己卯、己酉兩年中長夏雨少偏旱，秋天偏涼。

最後是己卯、己酉兩年的客運順序。

初運少宮，土運不及；

二運太商，金運不及；

三運少羽，水運不及；

四運少解，木運不及；

終運太徵，火運不及。

主運如常不變，初為木運，終為水運。

原文

陽明、少商、少陰。熱寒勝復同，同正商。乙卯天符，乙酉歲會，太乙天符。其運涼熱寒。

少商，太羽終，太角初，少徵，太宮。

釋解

本段討論乙卯、乙酉兩年情況。

乙卯、乙酉兩年是金運不及之年，司天之氣是陽明燥金，在泉之氣是少陰君火。

「熱寒勝復同」，意指金運不及之年，秋天裡應涼不涼，氣候偏熱。由於自然調節的原因，到了冬天又會出現比一般冬天寒冷的氣候變化，用五行的概念來說，也就是金運不及之年，火來克金，所以秋天應涼不涼，氣候偏熱，但是由於勝復原因，火克金太甚時，水又可以來克火，以求全年氣候相對協調，所以冬天又會特別寒冷。

「同正商」，意即金運不及之年，如果遇上陽明燥金司天，那麼這一年不及的金運，由於得到司天的金氣相助，就可以因而構成金運平氣之年。在這一年的秋天裡氣候可以完全正常。

　　乙卯、乙酉兩年，以歲運來說，是金運不及之年，但從歲氣來說，是卯酉陽明燥金司天，「運不及而得助」，所以乙卯、乙酉兩年，實際上是平氣之年。

　　應該指出，在陽明燥金司天的十年中，少角之年「同正商」，少徵之年「同正商」，少商之年「同正商」，但是這三年中只有少商之年「同正商」是平氣之年，其他均屬反常。這是因為少商之年金運不及，金運不及之年，遇上陽明燥金司天，所以可以構成平氣。

　　這就是說金運不及之年，秋天裡應涼不涼，氣候偏熱，但是如果可以構成平氣的話，則這一年的秋天就同正常的秋天一樣，其他兩年則不然，少角之年，少徵之年，一個反應在春，應溫不溫，一個反應在夏，應熱不熱，如果再遇上了陽明燥金司天，那就只能涼上加涼，春行秋令或夏行秋令，屬於自然氣候的嚴重反常。

　　因此雖然三年都是「同正商」，但一屬平氣，一屬反常，完全不同，讀者應加以區別。

　　歲運與司天之氣五行屬性相同，即是天符之年。乙卯年的年干是乙，乙庚化金；乙卯年的年支是卯，卯酉陽明燥金司天。歲運是金司天之氣也是金，歲運與歲氣相同，因此乙卯年屬於「天符」。

　　歲運與年支的五行屬性相同，即屬歲會之年。乙酉年年干是乙，乙庚化金，年支是酉，申酉屬金。歲運是金，年支的五行屬性也是金，歲運與年支的五行屬性相合，因此，乙酉年屬於歲會之年。但還有一點，乙酉年的司天之氣也是金，所以乙酉年也是天符之年。即是天符又是歲會的年份，名曰「太乙天符」，因此乙酉年也是太乙天符之年。

　　「其運涼熱寒」，意為金運不及，火來乘之，火乘金太過，水氣來復，因此乙酉乙卯年，秋天偏熱，冬天偏冷。

最後說明乙卯、乙酉兩年客運：

初運少商，二運太羽，三運太角，四運少徵，終運太宮。

主運如常。

原文

陽明、少羽、少陰。雨風勝復同，辛卯少宮同。辛卯，辛酉其運寒雨風。

少羽終，少角初，太徵，少宮，太商。

釋解

此段述及辛卯、辛酉二年的情況。

辛卯、辛酉二年，是水運不及之年，司天之氣是陽明燥金，在泉之氣是少陰君火。

「雨風勝復同」，意為水運不及之年，冬天應冷，雨濕流行，不下雪而下雨，氣候偏濕，由於自然調節的原因，到了第二年春天，風氣偏勝，雨水相對減少。用五行概念來說，也就是水運不及之年，土來克水，所以冬天雨水偏少，氣候偏濕，但是由於勝復原因，土克水太甚時，木又來克土，以求氣候協調及相對平衡，所以春天雨水又相對減少。

「辛卯少宮同」，意為辛卯年在氣候及物候變化上與土運不及相似，凡水運不及之年，由於土來乘之的原因，所以雨濕流行，所以似土運主歲之年而又不能完全等同之。

「其運寒雨風」，意指水運不及之年，土來乘之。土乘水太過，則木氣來復。

換言之，辛卯、辛酉二年，冬天多雨，次年春天多風。

　　辛卯、辛酉二年客運順序為：初運少羽，二運少角，三運太徵，四運太宮，五運即終運是太商。

　　主運如常不變。

原文

　　凡此陽明司天之政，氣運化行後天，天氣急，地氣明，陽專其令，炎暑大行，物燥以堅，淳風乃治，風燥橫行，流於氣交，多陽少陰，雲趨雨府，濕化乃敷。燥極而澤，其穀白丹，間穀命太者，其耗白甲品羽，金火合德，上應太白熒惑。其政切，其令暴，蟄蟲乃見，流水不冰，民病咳嗌塞，寒熱發，暴振慄，癃閟，清先而勁，毛蟲乃死，熱後而暴，介蟲乃殃，其發躁勝復之作，擾而大亂，清熱之氣，持於氣交。初之氣，地氣遷，陰治凝，氣始肅，水乃冰，寒雨化。其病中熱脹，面目浮腫，善眠，鼽衄嚏欠嘔，小便黃赤，甚則淋。二之氣，陽乃布，民乃舒，物乃生榮。屬大至，民善暴死。三之氣，天政布，涼乃行，燥熱交合，燥極而澤，民病寒熱。四之氣，寒雨降，病暴僕，振栗譫妄，少氣嗌乾引飲，及為心痛癰腫瘡瘍瘧寒之疾，骨痿血便。五之氣，春令反行，草乃生榮，民氣和。終之氣，陽氣布，候反溫，蟄蟲來見，流水不冰，民乃康平，其病溫。故食歲穀以安其氣，食間穀以去其邪，歲宜以鹹以苦為辛，汗之清之散之，安其運氣，無使受邪，折其鬱氣，資其化源。以寒熱輕重少多其制，同熱者多天化，同清者多地化，用涼遠涼，用熱遠熱，用寒遠寒，用溫遠溫，食宜同法。有假者反之，此其道也。反是者，亂天地之經，擾陰陽之紀也。

　　帝曰：善。

釋解

此大段為陽明司天之年的總結。

「氣運化行後天」，「後天」指後天時而至，亦即至而不至。

陽明燥金司天的十年中，由於其年干都是陰干，均屬歲運不及之年，所以各年的氣候與季節不完全相應，氣候不與相應的季節同時而來，至而不至。

「天氣急，地氣明」，指陽明燥金司天之氣屬金，主涼，主燥，主熱，主長，所謂「天氣急」。少陰在泉之氣屬火，主熱，主長，故甲曰「地氣明」。亦即凡陽明燥金司天陽明燥金司天之年，其氣候特點是上半年氣候偏涼，下半年氣候偏熱。

「陽專其令，炎暑大行」，意即陽明燥金司天之年，上半年氣候偏涼，但夏天又比一般偏熱，這是自然氣候變化中自穩調節的結果。

「物燥以堅，淳風乃治」，意為陽明燥金司天之年，上半年氣候偏涼偏燥，因而只有外殼堅硬的穀物或果類生長良好，這就是原文的「物燥以堅」。「淳風」，指風氣正常，其他的植物則由於上半年氣候偏涼，生長較差，只有到了客氣間氣的五之氣，亦即厥陰木主時之時，氣候偏溫，風氣偏勝時，才能較好地生長，這就是原文的「淳風乃治」。

「多陽少陰」，指陽明燥金司天之年，初之氣為太陰，二之氣為少陽，三之氣為陽明，所以上半年陰少陽多。

「雲趨雨府，濕化乃敷」，指到了四之氣太陰濕土主氣之時，自然氣候轉向偏濕。

「燥極而澤」，承上句，指陽明燥金司天之年，上半年偏涼，偏燥，到了下半年主氣四之氣太陰濕土主氣時，自然氣候就會由燥

轉為濕。「澤」者，水也，濕也。

「其穀白丹」，意即陽明燥金司天之年，少陰君火在泉，上半年偏涼，有利於白穀的生成，下半年偏熱，有利於丹穀的生長，因此這一年以白穀和丹穀生長較好，品質較佳，而成為陽明燥金司天之年的歲穀。

「間穀命太者」，「間穀」為感間氣而化生的穀物，此句意思指間穀是太過之年的間氣所化生的穀物，「命太」即太過之年。

「其耗白甲品羽」，意為屬於金類的白色生物及介蟲一類動物，由於陽明燥金司天，少陰君火在泉，火勝克金的原因，多遭損害，生而不長，長而不育。相反羽蟲與少陰在泉之氣則同屬火類，所以羽蟲胎孕生長良好。「品」，有胎孕生長正常之意。

「金火合德」，指陽明燥金司天，少陰君火在泉之年，司天與在泉之氣相互影響和共同作用。「合德」，指共同作用。

「上應太白熒惑」，「太白」指金星，「熒惑」指火星。此句意為陽明燥金司天，少陰君火在泉之年，氣候變化與天體上的金星和火星的活動變化有關。陽明燥金司天之年，金星、火星在天空上比平常年份大而明亮。

「其政切」，指陽明燥金司天之年上半年氣候偏涼的自然景象。

「其令暴」，指金氣偏勝時，火氣來復，氣候暴熱時的自然景象，也指少陰君火在泉，下半年氣候偏熱的現象。

「蟄蟲乃見，流水不冰」，指陽明燥金司天之年，少陰君火在泉，這一年冬天應冷不冷，所以蟄蟲不藏，流水不冰。「蟄蟲」，指冬天裡蟄伏的昆蟲或小動物。

「民病咳嗌塞」，指陽明燥金司天之年，金氣用事，上半年氣候偏涼，人體肺臟容易感邪發病，在臨床上表現為上述咳嗽、嗌寒

等肺病症狀。

「寒熱發」，即發熱惡寒。

「暴振慄」，即突然出現寒戰現象。

「癃閟」，指小便不利，閉塞不通，其病機之一是肺失調。

「清先而勁，毛蟲乃死」，意即陽明燥金司天之年，上半年偏涼，如果過於清涼，那麼適宜於溫暖氣候生長的毛蟲就會因為不能適應而死亡，從五行概念來說，清涼屬金，毛蟲屬木。「清先而勁，毛蟲乃死」，亦即金勝乘木之意。

「熱後而暴，介蟲乃殃」，指陽明燥金司天之年，少陰在泉，下半年氣候偏熱，如果過於炎熱，那麼適宜於清涼氣候生長的介蟲，就會因為不能適應這種炎熱氣候而死亡。從五行概念上來說，炎熱屬火，介蟲屬金。「熱後而暴，介蟲乃殃」，亦即火勝乘金之意。

「其發躁」，指氣候變化很快很急。

「勝復之作」，指清氣偏勝，熱氣來復。

「擾而大亂」，指氣候嚴重反常。

「清熱之氣」，指陽明燥金司天之氣與少陰君火在泉之氣。

「持於氣交」，此處指上半年及下半年之間，全句意即陽明燥金司天之年，上半年與下半年之間，特別是在三氣四氣之間這一段時間中，時涼時熱，氣候極不穩定。

以下詳述陽明燥金司天之年六步主時每一步氣候及物候變化的具體情況。

為理解方便，茲將陽明燥金司天之年的司天在泉四間氣圖未如下：

左	右	司天	左	右	在泉
初之氣	二之氣	三之氣	四之氣	五之氣	終之氣
太陰	少陽	陽明	太陽	厥陰	少陰

圖二、陽明燥金司天之年客氣六步主時圖

「初之氣」，指陽明燥金司天之年，其客氣加臨的初之氣為太陰濕土。

「地氣迁」，指陽明燥金司天之年初之氣太陰濕土是由上一年在泉之氣遷轉而來的。陽明燥金司天之年的上年是少陰相火司天，厥陰風木在泉。陽明燥金司天之年，上一年在泉之氣的厥陰風木，遷于本年的五之氣上，所乙太陰濕土才能由上年的二之氣上遷轉到本年的初之氣上。

「陰治凝，氣始肅，水乃冰，寒雨化」，指陽明燥金司天之年，初之氣為太陰，太陰主濕，濕為陰邪，所以在初之氣所屬的這一段時間中，亦即在本年大寒以後至驚蟄之前，大約在農曆十二月下旬至二月上旬這一段時間內，天氣陰暗潮濕、寒冷，雨水較多。

初之氣為太陰濕土，氣候偏濕，人體可心外感濕邪致病。濕邪在表，則熱郁於裡而在臨床上表現為「中熱」、「衄衊」（指出鼻血）、「小便黃赤」、「淋」、「脹」等裡熱症。濕邪在裡，則可以出現「面目浮腫」、「欠」（打哈欠）、「嘔」等裡濕症。

以上是初之氣的情況。

「二之氣」，指陽明燥金司天之年，其客氣加臨時的二之氣為少陽相火。

「陽乃布，民乃舒，物乃生榮」，指在二之氣所屬的這一段時間中，亦即在該年春分以後至小滿以前，大約在農曆二月下旬至四

月上旬這一段時間中氣候偏熱。人們從前一段陰雨綿綿、濕氣偏勝的氣候中轉入溫熱的氣候中感到很舒服，植物也因為氣候轉熱而生長旺盛。

「厲大至，民善暴死」，陽明燥金司天之年，客氣的二之氣為少陽相火，氣候炎熱，嚴重反常，因而容易產生厲氣，從而造成瘟疫，導致暴死。

以上是二之氣的情況。

「三之氣，天政布，涼乃行」，是指陽明燥金司天之年，其客氣的三之氣為陽明燥金，按照客主加臨的規定，客氣加臨在主氣三之氣上的即為司天之氣，所以陽明燥金為該年的司天之氣。

「天」即司天之氣，「天政布」即司天之氣的作用不只是象其他間氣一樣僅管所屬的一段時間，而是主管全年，特別是主管上半年地年。「涼乃行」是指上半年氣候偏涼，特別是在三之氣所屬的這一段時間中，亦即在該年小滿至大暑以前，大約在農曆的四月下旬至六月上旬這一段時間中尤為清涼，氣候嚴重反常。

「燥熱交合」，是指陽明燥金司天之年，三之氣客氣為司天之氣陽明燥金，主氣為少陽相火，客氣的燥與主氣的熱相交合。

「燥極而澤」，指陽明燥金之氣到了三之氣終結時便交轉客氣四之氣太陽寒水，同時，主氣的四之氣為太陰濕土，因此，這一段時間氣候濕潤雨水較多。

「民病寒熱」，指陽明燥金司天之年，上半年氣候偏涼，下半年偏熱偏濕，因此夏秋之間容易流行疾病。

以上是三之氣的情況。

「四之氣」，指陽明燥金司天之年，其客氣加臨的四之氣為太陽寒水。

　　「寒雨降」，由於四之氣是太陽寒水，太陽主寒，而從主氣上說是太陰濕土，太陰主濕，所以在四之氣所屬的這段時間中，亦即在該年大暑至秋分以前，大約在農曆六月下旬至八月上旬這一段時間中，氣候偏冷，濕氣偏勝，雨水較多。

　　四之氣偏寒偏濕，寒可傷腎，因而在臨床上可以出現骨痿這一類疾病。寒也可傷心，因而也可以出現暈厥、澹妄、癰腫瘡瘍、心痛等疾病。濕可以傷脾，因而可以出現瘧疾、少氣、嗌乾、便血一類疾病。

　　以上為四之氣的情況。

　　「五之氣」，指陽明燥金司天之年，其客氣加臨的五之氣為厥陰風木。

　　「春令反行」，指在五之氣所屬的這一段時間中，亦即在該年的秋分以後至小雪以前，大約在農曆八月下旬至十月上旬這一段時間內，氣溫偏濕，風氣偏勝，好像春天一般。此時已是秋未冬初，氣候應涼不涼，風氣偏勝，秋行春令，所以稱「春令反行」。

　　「草乃生榮」，指這一段時間由於氣候偏濕，植物照樣生長。

　　「民氣和」，指人體由於前一段時間氣候相對寒涼，現在氣候轉溫，感到相對舒暢。

　　以上是五之氣的情況。

　　「終之氣」，是指陽明燥金司天之年，其客氣加臨的終之氣為少陰君火。

　　「陽氣布，候反溫」，指在終之氣所屬的這一段時間，亦即在該年小雪以後至大寒以前，大約在農曆十月下旬至十二月上旬這一段時間，氣候偏熱。由於終之氣為在泉之氣加臨的部位，在泉之氣主管該年下半年，該年為少陰君火在泉，因此下半年氣溫較一般

年份偏熱,所以原文謂「陽氣布」。由於終之氣正值冬令,應寒不寒,反而在這一段時間中氣候偏熱,屬於反常,所以原文謂「候反溫」。

「蟄蟲來見,流水不冰」,這是對該年氣候偏熱而出現的自然景象的描述,意即由於該年冬天應冷不冷,因而蟄蟲不藏,水不結冰。

「民乃康平,其病溫」,意指由於上半年氣候偏冷,現在相對轉溫,相對舒暢,但由於冬天應寒不寒,應藏不藏,屬於嚴重的反常,所以人們也易得溫病。

「故食歲穀以安其氣」,指陽明燥金司天之年,人們在養生方面應多食白穀、丹穀類穀物,因為這是感受當年司天在泉之氣所生長收成的穀物品質較好,有利於人體的健康。

「食間穀以去其邪」,此句意思為陽明燥金司天之年,一般情況下食用歲穀,即白穀、丹穀為好。但如在感邪致病的情況下,則根據感邪的性質不同,有針對地選用不同屬性的穀物,抉其不勝之氣以利去邪。「間穀」即感左右間氣所生長的穀物,例如:感寒邪致病,則宜食今穀,感熱邪致病,則宜食玄穀,感風邪天才病,則宜食白穀,感濕邪致病,則宜食蒼穀,感涼邪致病,則宜食丹穀等等。

陽明燥金司天之年,上半年氣候偏涼,人體容易感寒致病,所以在治療選取藥上宜用辛味藥物,因為辛味藥物多具有發汗、散寒的作用。下半年氣候偏熱,人體容易感熱致病,所以在治療選擇上宜用鹹味藥物或苦味藥物,因為鹹味或苦味藥物多具有清熱作用。

既然已經知道了陽明燥金司天之年的特點,因此在生活起居上,情志調養方面,應注意與該年氣候的特點相適應。

治療要對人體在病因作用下所出現的偏勝之氣加以處理，也要補益具被鬱之氣，亦既扶持其正氣，即原文所謂的「折其鬱氣，資其化源」。

「以寒熱輕重少多其制，同熱者多天化，同清者多地化」，是指臨床治療上用藥遠方之事宜。症假候與氣候同屬熱者，多用感受司天之氣所化生的藥物，此處指寒涼藥物。症候與氣候同屬寒者，多用感在泉之氣所化生的藥物，此處指溫熱藥物。

第三節 寅申之紀

本節論述了少陽相火司天之年的情況。

少陽相火司天之年也有十年。

寅申少陽相火，所以在一甲子六十年中凡年支上逢有寅或申的年份，為少陽相火之年。

一甲子六十年中，年支上帶有寅或申的年份有如下十年：

壬寅，壬申；

戊寅，戊申；

甲寅，甲申；

庚寅，庚申；

丙寅，丙申。

以下分別討論各年運氣的情況。

原文

少陽之政奈何？歧伯曰：寅申之紀也。

少陽、少角、厥陰。壬寅同天符，壬申同天符，其運風鼓，其

化鳴紊啟拆，其變振拉摧拔，其病掉眩支脅驚駭。

太角初正，少徵，太宮，少商，太羽終。

釋解

本段討論壬寅、壬申兩年的情況。

丁壬化木，壬為陽干，因此壬寅、壬申兩年是屬木運太過之年，這兩年的司天之氣是少陽相火司天，在泉之氣在厥陰風木在泉。

壬寅、壬申兩年的歲運是太運太過，在泉之氣是厥陰風木，歲運與在泉之氣的五行屬性一致，根據「太過而加同天符」的規律，所以壬寅、壬申兩年又是同天符之年。

「其運風鼓」，意思是壬寅、壬申兩年歲木太過，少陽相火司天，運氣相互作用，風縱火勢，火借風威，因此這一年的春天氣候上風比較多，也比較熱。

「其化……」、「其變……」、「其病……」等，與本章第一節所述的太角之年即木運太過之年基本相同，讀者可以參閱對照理解，此處就不詳論了。

壬寅、壬申兩年的客運，初運是太角，二運是少徵，三運是太宮，四運是少商，終運是太羽。

主運如常不變，初運為木，終運為水，按木火土金水之序運行不變。

原文

少陽、太徵、厥陰。戊寅天符，戊申天符，其運暑，其化暄囂鬱燠，其變炎烈沸騰，其病上熱，鬱血，溢血，血泄，心痛。

太徵、少宮、太商、少羽終、少角初。

釋解

本段講解戊寅、戊申兩年。

「少陽」指少陽相火司天。

「太徵」指火運太過之年。

「厥陰」指厥陰風木在泉。

戊寅、戊申兩年的年干是戊，戊癸化火，因此這兩年的歲運是火運。

戊寅、戊申兩年的年支是寅或申，寅申少陽相火司天。歲運是火，司天之氣也是火，歲運與司天之氣的五行屬性相同，根據天符的概念，所以戊寅、戊申兩年是天符之年。

「其運暑」是指戊寅、戊申兩年歲火太過，所以這兩年中特別是這兩年的夏天氣候炎熱。

「上熱」是指熱盛於上。

「鬱血」是指血郁於下。

「溢血」指血上溢。

「血泄」指血下泄。

「心痛」即胸腹痛。

戊寅、戊申兩年，歲火太過，火熱偏盛，人體與之相應容易感受火邪而在臨床上發生上述各種出血和心痛症狀。

戊寅、戊申兩年的客運的初運是太徵，二運是少宮，三運是太商，四運是少羽，終運是少角。主運依木火土金水的次序，如常不變。

原文

少陽、太宮、厥陰。甲寅、甲申，其運陰雨，其化柔重澤，其變震驚飄驟，其病體重，胕腫，痞飲。

太宮、少商、太羽終，太角初，少徵。

釋解

本節講解甲寅、甲申兩年的運氣情況。

「少陽」指少陽相火司天。

「太宮」指土運太過之年。

「厥陰」指厥陰風木在泉。

甲寅、甲申兩年，年干為甲，甲乙化土，甲為陽干，故這兩年的歲運為土運太過。

「其運陰雨，其化柔重澤，其變震驚飄驟」是對土運太過之年的氣候和物候特點的描述。指雨濕偏勝，氣候偏濕，雨水較多，如果雨濕過盛，就可能因雷雨大作而成災變，讀者可以參考本章第一節中太宮之年的講解。

「體重」即身體沉重。

「胕腫」即足腫。

「痞飲」即水飲內停。

甲寅、甲申兩年，歲土太過，濕氣偏勝，人體容易因濕勝而在臨床上發生上述病徵。在前述「太陽之政」甲辰、甲戌年中，謂之「其病濕下重」，與此同義。

甲寅、甲申兩年的客運，初運是太宮，二運是少商，三運是太羽，四運是太角，終運是少徵。

主運初運木，終運水，如常不變。

原文

少陽、太商、厥陰。庚寅、庚申,同正商。

其運涼,其化霧露清切,其變肅殺凋零,其病肩背胸中。

太商、少羽終、少解初、太徵、少宮。

釋解

本段討論庚寅、庚申兩年的情況。

庚寅、庚申兩年,年干是庚,己庚化金,庚為陽干,因此庚寅、庚申兩年屬於歲金太過之年。其司天之氣為少陽相火,在泉之氣為厥陰風木。

「正商」即金運平氣之年。

「同正商」意即庚寅、庚申兩年,雖屬金運太過,但是由於這兩年的年支是寅是申,寅申少陽相火司天,歲運太過的金運,會受到司天之氣的抑制,根據太過而被抑可以構成平氣的規律,所以庚寅、庚申兩年還可以構成金運平氣之年。

「其運涼,其化霧露清切,其變肅殺凋零,其病肩背胸中」,在前述「太陽之政」庚辰、庚戌年中,與此節描述基本一樣。「其化霧露清切」彼為「其化霧露蕭瑟」,「其病有背胸中」彼為「其病燥背瞀胸滿」,其大致相同,讀者可參看前注。

庚寅、庚申兩年的客運初運為太高,二運為少羽,三運為少角,四運為太徵,終運為少宮。

「少角初」表示主運的初運是木。

「少羽終」表示主運的終運是水。

主運順序如常不變。

原文

少陽、太羽、厥陰。丙寅、丙申，其運寒肅，其化凝慘凜冽，其變冰雪霜雹，其病浮腫。

太羽終、太角初、少徵、太宮、少商。

釋解

本段述及丙寅、丙申兩年之歲。

「少陽」指少陽相火司天。

「太羽」指水運太過之年。

「厥陰」指厥陰風木在泉。

丙寅、丙申兩年，年干為丙，丙丙化水，丙又為陽干，故這兩年是歲水太過之年，其司天之氣是少陽相火，在泉之氣是厥陰風木。

「其運寒肅，其化凝慘凜冽，其變冰雪霜雹，其病浮腫」，這一段話是對水運太過之年的氣候和物候為現象的描述，其內容與前述「太陰之政」丙辰、丙戌年中的描述基本一致。

「其運寒肅」彼處是「其運寒」。

「其病浮腫」處處是「其病大寒留於谿谷」。此處是從症狀角度講，彼處是從病機角度講，含義大致相同。

丙寅、丙申兩年客運的初運是太羽，即水運太過。

二運是少角，即木運不及。

三運是少徵，即火運不及。

四運是太宮，即土運太過。

終運是少商，即金運不及。

主運初為木，終為水，如常不變。

原文

凡此少陽司天之政，氣化運行先天，天氣正，地氣擾，風乃暴舉，木偃沙飛，炎火乃流，陰行陽化，雨乃時應，木火同德，上應熒惑歲星。其穀丹蒼，其政嚴，其令擾。故風熱參布，雲物沸騰，太陰橫流，寒乃時主，涼雨並起。民病寒中，外發瘡病，內為泄滿。故聖人遇之，和而不爭，往復之作，民病寒熱瘧泄，聾瞑嘔吐，上怫腫色變。初之氣，地氣遷，風勝乃搖，寒乃去，候乃大溫，草木早榮。寒來不殺，溫病乃起，其病氣怫鬱之上，血溢目赤，咳逆頭痛，血崩脅滿，膚腠中瘡。二之氣，火反鬱，白埃四起，雲趨雨府，風不勝濕，雨乃零，民乃康。其病熱鬱於上，咳逆嘔吐，瘡發於中，胸嗌不利，頭痛身熱，昏憒膿瘡。三之氣，天政布，炎暑至，少陽臨上，雨乃涯。民病熱中，聾瞑，血溢，膿瘡咳嘔，鼽衄，渴，嚏，欠，喉痹，目不暇接赤，善暴死。四之氣，涼乃至，炎暑間化，白露降，民氣和平，其病滿身重。五之氣，陽乃去，寒乃來，雨乃降，氣門乃閉，剛木早雕，民避寒邪，君子周密。終之氣，地氣正，風乃至，萬物反生，霿霧以行。其病關閉不禁，心痛，陽氣不藏而咳。抑其運氣，贊所不生，必折其鬱氣，先取化源，暴過不生，苛疾不起。故歲宜咸辛宜酸，滲之，泄之，漬之，發之，觀氣寒溫以調其過，同風者多寒化，異風熱者少寒化。用熱遠熱，用溫遠溫，用寒遠寒，用涼遠涼，食宜同法，此其道也。有假者反之，反是者病之階也。

帝曰：善。

釋解

本大段是少陽相火司天之年的總結。

「氣化運行先天」，指一甲子六十年中屬於少陽相火司天的十年都是歲運太過之年，歲運太過，氣候先天時而至。

「天氣正」，少陽相火司天之年，司天之氣所在的位置為三之氣，這也正是主氣少陽相火的位置。這一年三之氣上，主氣、客氣都是少陽相火用事。

「地氣擾」，指少陽相火司天之年，厥陰風木在泉，風主動，所以這一年氣候變化，甚至是下半年變化較大，相對來說，不很穩定。

「風乃暴舉」指大風暴作。

「木偃沙飛」，指大風暴作時飛沙走石，拔樹摧屋的自然景象。

「炎火乃流」，此處指炎熱季節延長。

「陰行陽化」，指秋冬季節也和春夏一樣，比較炎熱。

「雨乃時應」，指下雨及時。

少陽相火司天之年，由於少陽主火，所以上半年氣候偏熱。少陽相火司天，則厥陰風木在泉，厥陰主風，主溫，溫熱同類，所以下半年也比較暖和，應冷不冷。這也就是說少陽相火司天之年，全年氣溫均比較高，由於少陽相火司天之年，氣候炎熱，熱必生濕，所以這一年雨水相對比較多。

「木火同德」，意即少陽相火司天之年，厥陰風木在職泉，火主熱，風主溫，共同作用。

「上應熒惑歲星」，指少陽相火司天之年，上半年氣候偏熱與火星的運行有關；厥陰風木在泉，下半年氣候偏溫，風氣偏勝，與木星的運行有關。

「其穀丹蒼」，指這一年的氣候適宜於丹穀和蒼穀的生長，因而丹穀和蒼穀也是少陽相火司天之年的歲穀。

「其政嚴」，意為火的作用劇烈，這裡是指炎熱。

「其令擾」，指木的作用擾動而不穩定。少陽相火司天，全年氣候偏熱，變化大而不穩定。

「風熱參布」，指少陽相火司天之年，厥陰風木在泉，由於「上下通和」、「火木同德」，所以全年氣候以溫熱為主。

「雲物沸騰」，指氣候炎熱，風氣偏勝，自然環境一片擾動現象。

「太陰橫流」，指少陽相火司天之年，全年氣候偏熱，因熱生濕雨水較多。

「寒乃時主」，指火氣偏勝時，由於勝復的原因，寒氣來復，因而這一年又可以出現突然寒冷的氣候變化。

「涼雨並起」指由於上述原因，寒冷和雨濕之邪，常常可以同時出現。

少陽相火司天，厥陰風木在泉之年，氣候偏熱而不穩定，有冷有熱，變化很大。

少陽相火司天，厥陰風木在泉，全年氣候偏於溫熱，在炎熱氣候中容易發生外熱內寒症。由於外熱，所以「外發瘡病」；由於內寒，所以「內為泄滿」。

少陽司天，厥陰在泉之年由於司天在泉之氣的影響以及勝復鬱發的原因，這一年氣候變化很大，寒熱往復，盛衰錯綜，在這種氣候條件下，人體疾病常常也是寒熱往復，虛實並見，因此在治療上也就只能採取調和的方法，在處理上照顧到寒，也要照顧到熱，即要照顧到實，也要照顧到虛，既要照顧到表，也要照顧到裡。這就

是原文「故聖人遇之，和而不爭」的涵義。

「往復之作」，意即少陽相火司天之年，有寒有熱，寒熱往復，氣候變化很大，時冷時熱，極不穩定。

「民病寒熱瘧泄，聾瞑嘔吐，上怫腫色變」，指少陽相火司天之年，由於寒熱往復，因而在疾病上也容易發生寒熱往來或寒熱並見的疾病，例如瘧疾，泄瀉，耳聾，眼花，嘔吐，顏面浮腫等。

以上所述的是少陽相火司天之年在氣候及物候變化上的大體情況，下面所述的是少陽相火司天之年六步主時每一步的具體氣候及物候變化情況。

為便於理解，茲將少陽相火之年的司天在泉四間氣圖示如下：

左	右	司天	左	右	在泉
初之一氣	二之氣	三之氣	四之氣	五之氣	六之氣
少陰	太陰	少陽	陽明	太陽	厥陰

圖三、少陽相火司天之年客氣六步主時圖

「初之氣」，指少陽相火司天之年，其客氣加臨之間氣初氣為少陰君火。

「地氣遷」，指少陽相火司天之年初之氣的少陰君火，是由上一年在泉之氣運轉而來的。少陽相火司天之的上一年是太陰濕土司天，太陽寒水在泉。少陽相火司天之年，上一年在泉之氣的太陽寒水遷於本年的五之氣上，所以少陰君火才能由上一年的二之氣遷轉到本年的初之氣之上。

「風勝乃搖」，指風氣偏勝時的草動樹搖的自然景象。其意即少陽相火司天之年，初之氣為少陰君火，司天之氣是火，初之氣也是火，火上加火，氣候十分炎熱，熱盛時可以同時出現風氣偏勝的

氣候變化。同時，主氣的初氣為厥陰風木主時，風氣偏勝，因此出現了「風勝乃搖」的自然景象。

「寒乃去，候乃大溫」，指初之氣所屬的這一段時間，亦即在本年大寒以後至春分以前大約在農曆十二月下旬至二月上旬這一段時間氣候炎熱。一般說來，這一段時間天氣還應比較冷，餘寒猶烈，但是由於初之氣是火，司天之氣也是火，所以這一年這一段時間中就不太冷，所以原文說「寒乃去」。不但不冷，反而偏於炎熱，所以原文說「候乃大溫」。

「草木早榮」，指由於春回來早，所以草木提前生長。

「寒來不殺」，指由於少陽相火司天之年，初之氣是少陰君火主事，氣候大溫，縱然由於時令季節關係，偶有一時寒冷或寒潮來襲，也不能阻止草木的生長。

少陽相火司天之年，厥陰風木在泉，全年氣候偏熱，初之氣又屬少陰君火主事，火熱更甚，因此在初之氣所屬的這一段時間中，人體發病以溫病為主。溫病的臨床表現有氣怫鬱之上，血溢目赤，咳逆頭痛，血崩脅滿，膚腠中瘡等等。

以上是初之氣的情況。

「二之氣」，指少陽相火司天之年，其客氣加臨之間氣二之氣為太陰濕土。

「火反鬱」，指火熱之氣受到了客氣太陰濕土之氣的鬱遏，意即在二之氣所屬的這一段時間中，亦即在春分以後至小滿以前，大約在農曆二月下旬至四月上旬這一段時間中，正值春夏之交，從主氣來說正是少陰君火主時，一般說來，氣候應該溫暖，但是少陽相火司天之年，客氣二之氣為太陰濕土，春雨綿綿，春寒猶烈，應溫不溫，所以原文謂「火反鬱」。

「白埃四起」，形容濕土之氣如白色煙霧從地面升起變化為雲。

「雲趨雨府」，指天空多雲，變化為雨。

「風不勝濕」，指從主氣主運來說，春令多風，但由於少陽相火司天之年，客氣二之氣為太陰濕土，氣候反常，雖說屬風偏勝不應多雨的季節，也仍然雨濕流行。

「雨乃零」，意即降雨，此處「零」同「臨」。

以上幾句從總的來看都是對太陰濕土主時節自然景象的描述，意即在二之氣所屬的這一段時間內雨水屬多。

「民乃康」，指由於少陽相火司天之年，初之氣少陰君火主氣時，「候乃大溫」「溫病乃起」，到了二之氣太陰濕土主氣時，氣候相對轉涼，人們感覺舒暢一些。

由於二之氣主氣為少陰君火，客氣為太陰濕土，火被濕遏，熱郁於裡，所以在臨床上可以發生「熱鬱於上」、「瘡發於中」的裡熱症狀。由於溫來肌表，濕邪內蘊，所以在臨床上也可以發生「咳逆嘔吐，胸嗌不利，頭痛身熱」等表濕或裡濕症狀。由於溫熱交爭，濕蒙清竅，所以在臨床上也可以發生「昏憒膿瘡」等症狀。

以上是二之氣的情況。

「三之氣」，指少陽相火司天之年，其客氣的三之氣為少陽相火。

「天政布」，指少陽相火司天。

「炎暑至」，指由於少陽主火，加上這一步主氣也是少陽相火，主氣客氣都是火熱，所以在三之氣所屬的這一段時間中，亦即小滿以後至大暑以前，大約在農曆四月下旬至六月上旬這一段時間中，氣候特別炎熱。

「少陽臨上，雨乃涯」，指少陽相火司天之年，在三之氣所屬

的這一段時間中，氣候特別炎熱，在此以前二之氣中所出現的雨濕偏勝現象，到了三之氣時便自然結束。

少陽相火司天之年，在三之氣所屬這一段時間中，天氣酷熱，人們容易外感熱邪而發生原文中所述的各種病症。

「四之氣」，指少陽相火司天之年，具客氣加臨之間氣四之氣為陽明燥金。

「涼乃至」，指由於陽明主涼主燥，所以在四之氣功所屬的這段時間中，亦即在大暑以後至秋分以前，大約在農曆六月下旬至八月上旬這一段時間中，氣候偏涼。

「炎暑間化」，意在四之氣這一段時間，正值炎夏季節，加上少陽相火司天之年，厥陰風木在泉，所以氣候應偏熱，但四之氣主氣是太陰濕土，客氣是陽明燥金，太陰主濕，雨水偏多，陽明主涼，偏於清冷，在這種錯綜複雜的變化中，因此炎熱並不持續表現，亦即時冷時熱。

「白露降」，指清冷的自然景象。

「民氣和平」，指經過三之氣天氣大熱之後，天氣轉為清涼，金風送爽，在這種自然氣候的自調狀態下，人體狀況感到相對良好。

「其病滿身重」，指少陽相火司天之年，四之氣時，主的敢為太陰濕土，濕氣偏勝。客氣為陽明燥金，清所偏勝。司天在泉之氣為火為風，在這種錯綜複雜的氣候變化中，不論其系屬濕熱熱病，風濕或寒濕致病，都可在臨床上表現為上述腹滿身重的症狀。

以上是四之氣的情況。

「五之氣」，指少陽相火司天之年，其客氣加臨之間氣五之氣為太陽寒水。

「陽乃去」，指熱之氣已去。

「寒乃來」，指陰寒之氣到來。

「雨乃降」，指由於天氣轉涼所以雨水多。

這也就是說由於太陽主寒，所以在五之氣所屬的這一段時間，亦即在秋分以後至小雪以前，大約在農曆八月下旬至十月上旬這一段時間中，氣候偏寒。

「氣門乃閉，剛木早凋」，指少陽相火司天之年，五之氣為太陽寒水，氣候偏寒，因此自然界從物化現象上來說，樹木早凋，從人體生理現象上來說，汗出減少或無汗，陽氣內藏。

「民避寒邪，君子周密」，意為這一段時間由於主氣為陽明燥金，客氣為太陽寒水，氣候比一般年份要冷，秋行冬令，因此在養生方面，居處要注意防寒，要保持溫暖。

以上為五之氣。

「終之氣」，指少陽相火司天，其客氣終之氣為厥陰風木。

「地氣正」，指正是在泉之氣的位置所在。

「風乃至」，指厥陰風木在泉。

這一年的下半年氣候偏溫，風氣偏勝，尤其在終之氣所屬的這一段時間中，亦即在小雪以後至大寒以前，大約在農曆十月下旬至十二月上旬這段時間中，氣候偏濕，應冷不冷。

「萬物反生」，指由於氣候偏濕，冬行春令，所有草木提早萌芽出生。

「霿霧以行」指風令偏勝時飛沙走石，天氣昏暗的自然景象。

終之氣所屬的這段時間，由於厥陰風木用事，風氣偏勝，人體易發生肝病，氣滯血瘀，而在臨床上出現心腹痛等症狀，也可以在肝氣偏勝的情況下反侮肺金而出現咳嗽等症狀。

以上是為終之氣的情況。

以下是針對上述特點應採取的對策。

以下文字部分與前面太陽之政的總結部分有重合，讀者可以參閱理解，此處就不細解了，只將一些難解之處列出。

「暴過不生，苛疾不起」，指按所述原則對疾病進行早期治療，做到防患於未燃，則人體就不至患急病（暴過）或重病（苛疾）。

「故歲宜鹹辛宜酸，滲之，泄之，潰之，發之」，意指少陽相火司天之年，厥陰風木在泉，全年氣候偏於溫熱，人體亦易外感溫熱之邪致病，因此在治療選藥上多選用鹹寒或酸收的藥物以清裡斂陰，用通利二便的藥物以清裡泄熱，用辛散藥物或用熱水漬形發汗使熱從外解。

「觀氣寒溫以調其過，同風者多寒化，異風熱者少寒化」，指少陽相火司天之年氣候以風熱為主的特點。人體疾病亦以風熱症為主，但如果不是感司天在泉之氣致病而是感間氣之邪致病，則仍須具體情況具體處理，必須「觀氣之寒溫以調其過」。

「反是者，病之階也」指如果違反了上述原則，那就必然走上錯誤的道路。

第四節　丑未之紀

本節討論太陰濕土司天之年的情況。

太陰濕土司天之年共有十年。

丑未太陰濕土，所以在一甲子六十年中，凡年支上逢有丑或未的年份，為太陰濕土司天之年。

一甲子六十年中年支上帶有丑或未的年份分列如下：

丁丑、丁未；

癸丑、癸未；

己丑、己未；

乙丑、乙未；

辛丑、辛未。

以下分別討論各年的情況。

原文

太陰之政奈何？歧伯曰：丑未之紀也。

太陰、少角、太陽。清熱勝復同，同正宮。丁丑、丁未，其運風清熱。

少角初正、太徵、少宮、太商、少羽終。

釋解

本段討論丁丑、丁未兩年的情況。

丁丑、丁未兩年是木運不及之年，春天裡應溫不溫，氣候偏涼，夏天裡氣候又比一般年份炎熱，這是木運不及之年氣候變化上的特點。在前述陽明司天之政節中，「清熱勝復同」條已作講解，讀者請予參閱。

「正宮」即土運不及之年。

「同正宮」意即木運不及之年，如果遇到太陰濕土司天，由於風氣不及的原因，所以這一年的春天濕氣偏勝，春行長夏之令，雨水偏多，用五行的概念來說就是木可以克土，風可以勝濕，如果木運不及，風氣不足，由於「具不及則已所勝輕而侮之」的原因，土就可以反侮風木，因而這一年春行長夏之令，濕邪偏勝，雨水增

多。

「其運風清熱」指丁丑、丁未兩年從歲運上看屬於木運不及之年，這一年氣候特點是風氣不及，涼乃大和地，春天裡應溫不溫，氣候偏涼，但是由於勝復的原因，清氣偏勝則火氣來復，所以夏天裡又比較炎熱。

下面排出丁丑、丁未兩年的客運和主運。

客運如下：

初運少角，木運不及；

二運太徵，火運太過；

三運少宮，土運不及；

四運太商，金運太過；

終運少羽，水運不及。

主運初運為木，二運為火，三運為土，四運為金，終運為水。主運是每年固定如此的，從不改變。

原文

太陰、少徵、太陽。寒雨勝復同。癸丑、癸未，其運熱寒雨。少徵、太宮、少商、太羽終、太角。

釋解

此段述癸丑、癸未年。

「太陰」指太陰濕土司天。

「少徵」指火運不及之年。

「太陽」指太陽寒水在泉。

癸丑、癸未年為火運不及之年，太陰濕土司天，太陽寒水在

泉。

「寒雨勝復同」意為火運不及之年，在夏天裡應熱不熱，冬天裡應冷不冷。

讀者請參閱前節中陽明之一政節中的「寒雨勝復同」的解釋，便能瞭解此段話的意思了。

「其運熱寒雨」指癸丑、癸未年歲運是火運不及之年，夏天裡應熱不熱，氣溫偏寒，但是由於勝復的原因，到了長夏氣候又轉為偏濕偏熱了。

最後是癸丑、癸未年的客運：

初運少徵，火運不及；

二運太宮，土運太過；

三運少商，金運不及；

四運太羽，水運太過；

終運太角，木運太過。

主運初運為木，二運為火，三運為土，四運為金，終運為水。主運是每年固定如此的，從不改變。

原文

太陰、少宮、太陽。風清勝復同，同正宮。己丑太乙天符，己未太乙天符。其運雨風清。

少宮、太商、少羽終、少角初、太徵。

釋解

此段講解己丑、己未兩年。

己丑、己未兩年為土運不及之年，司天之氣為太陰濕土，在泉

之氣為太陽寒水。

「風清勝復同」指土運不及之年，長夏應濕不濕，降雨量少，風氣偏勝秋天氣候偏涼，這是土運不及之年的氣候特點。「風清勝復同」在陽明之政一節中作「風涼勝復同」，其義與此同，讀者可參閱。

「同正宮」，「正宮」即土運平氣之年，意即己丑、己未兩年，雖然從年干來看是屬於土運不及之年，但是由於這兩年的年支是丑、未，丑未太陰濕土司天。根據運不及而得助即可以構成平氣的規律，己丑、己未兩年是土運不及之年，可以得到司天之氣的幫助，構成平氣，所以己丑、己未兩年也是土運平氣之年，因此原文中說「同正宮」。

根據規定，歲運與司天之氣五行屬性相同者謂之「天符」。歲運與年支的固有五行屬性相同者謂之「歲會」。即是天符，又是歲會者，謂之「太乙天符」。

己丑、己未兩年年干為己，甲己化土，所以這兩年是土運。己丑、己未的年支為丑、未，丑未太陰濕土司天。歲運是土，司天之氣也是土，歲運與司天之氣的五行屬性相同，所以己丑、己未兩年是歲會之年。

由於己丑、己未兩年既是天符之年，又是歲會之年，所以己丑、己未兩年也是太乙天符之年。

由於己丑、己未兩年既是平氣之年，又是天符之年，也是歲會之年，也是太乙天符之年，因此己丑、己未兩年在氣候變化上極不穩定，在這種不穩定的複雜變化中，計算一般比變化劇烈者為準。

運氣同化中，太乙天符之年變化最為劇烈，所以原文謂「己丑太乙天符，己未太乙天符」而未言其他。這就是說，己丑、己未兩

年，氣候變化劇烈，在疾病上表現也比較急重。

「其運雨風清」意即己丑、己未兩年，土運不及，風木乘之，由於己丑、己未兩年的氣候特點，長夏季節雨水不多，風氣偏勝秋天又相對清涼。「其運雨風清」在陽明之政節中己卯己酉年作「其運雨風涼」，其義完全相同。

最後是己丑、己未兩年客運的次序：

初運少宮，土運不及；

二運太商，金運太過；

三運少羽，水運不及；

四運少角，木運不及；

終運太徵，火運太過。

主運如常。

原文

太陰、少商、太陽。熱寒勝復同。乙丑、乙未，其運涼熱寒。少商、太羽終、太角初、少徵、太宮。

釋解

本節述及乙丑、乙未兩年。

「太陰」指太陰濕土司天。

「少商」指金運不及之年。

「太陽」指太陽寒水在泉。

乙丑、乙未兩年為金運不及之年。司天之氣為太陰濕土，在泉之氣為太陽寒水。

「熱寒勝復同」指乙丑、乙未兩年為金運不及之年，金運不及

之年的氣候特點是秋天裡應涼不涼，氣候偏熱，但是冬天又比較寒冷。詳見陽明之政一節中「熱寒勝復同」這一句的講解，這裡就不詳論了。

「其運涼熱寒」，意即乙丑、乙未兩年金運不及，火來乘之，由於勝復的原因，火氣偏旺時，水氣必然來復，因此乙丑、乙未兩年的氣候特點是秋天裡應涼不涼，氣候偏熱，但是冬天裡又比一般年份寒冷。

最後說明乙丑、乙未年的客運如下：

初運少商，金運不及；

二運太羽，水運太過；

三運太角，木運太過；

四運少徵，火運不及；

終運太宮，土運太過。

主運如常不變。

原文

太陰、少羽、太陽。雨風勝復同，同正宮。辛丑同歲會，辛未同歲會，其運寒雨風。

少羽終、少角初、太徵、少宮、太商。

釋解

此段講辛丑、辛未年。

「太陰」指太陰濕土司天。

「少羽」指水運不及之年。

「太陽」指太陽寒水在泉。

辛丑、辛未年是水運不及之年，太陽濕土司天，太陽寒水在泉。

「雨風勝復同」指水運不及之年的氣候特點，意即辛丑、辛未年是水運不及之年。冬天應冷不冷，氣候偏濕，第二年春一在風多雨少，詳見陽明之政節「雨風勝復同」句的講解。

「正宮」即土運平氣之年。

「同正宮」指辛丑、辛未年在氣候上與土馱平氣之年相同，因為辛丑、辛未年從歲運上來說是水運來乘之，所以這一年濕氣偏勝，特別是這一年的冬天，應冷不冷，濕勝雨多，好像土運平氣之年的長夏季節那樣。

根據規定，歲運與在泉之氣的五行屬性相同，而且歲運屬於不及者，謂之「同歲會」。

辛丑、辛未年的年干是辛，丙辛化水，屬於土運。辛為陰干，屬於不及。辛丑、辛未年的年支是丑是未，丑未太陰濕土司天，太陽寒水在泉，歲運是水運不及，在泉之氣也是水，所以辛丑、辛未年是同歲會之年。

需要注意的是，辛丑、辛未年的氣候特點既是「同正宮」，即與土運平氣之年相似，又是「同歲會」，即與水運平氣之年相似，在實際上應以實際的氣候變化為準，但在預測時則這兩種情況都應考慮，即辛丑、辛未年這兩年，其氣候即可以出現「同正宮」的氣候變化，即冬季不寒而濕勝多雨如同土運平氣之年的長夏季節那樣，也可以出現一切正常無偏的「同歲會」的氣候變化。

「其運寒雨風」指辛丑、辛未年為水運不及之年，土來乘之，由於勝復的原因，土氣偏勝時風氣又必然來復。

最後是辛丑、辛未年的客運情況：

初運少羽，水運不及；

二運少角，木運不及；

三運太徵，火運太過；

四運少宮，土運不及；

終運太商，金運太過。

主運如常。

原文

凡此太陰司天之政，氣化運行後天，陰之其政，陽氣退辟，大風時起，天氣下降，地氣上騰，原野昏霜，白埃四起，雲奔南極，寒雨數至，物成於差夏，民病寒濕，腹滿身 憤胕腫，痞逆寒厥拘急。濕寒合德，黃黑埃昏，流行氣交，上應鎮星辰星，其政肅，其令寂，其穀黅玄，故陰凝於上，寒積於下，寒水勝火，則為冰雹，陽光不治，殺氣乃行，故有餘宜高不及宜下，有餘宜晚，不及宜早，土之利，氣之化也。民氣亦從之，間穀命其太也。初之氣，地氣遷，寒乃去，春氣正，風乃來，生布萬物以榮，民氣條舒，風濕相薄，雨乃後。民病血溢，筋絡拘強，關節不利，身重筋痿。二之氣大火正，物承化，民乃和，其病溫屬大行，遠近鹹若，濕蒸相薄，雨乃時降。三之氣，天政布，濕氣降，地氣騰，雨乃時降，寒乃隨之。感於寒濕，則民病身重胕腫，胸腹滿。四之氣，畏火臨，溽蒸化，地氣騰，天氣否隔，寒風曉暮，蒸熱相薄，草木凝煙，濕化不流，則白露陰布，以成秋令，民病腠理熱，血暴溢，瘧，心腹滿熱，臚脹，甚則胕腫。五之氣，慘令已行，寒露下，霜乃早降，草木黃落，寒氣及體，君子周密，民病皮腠。終之氣，寒大舉，濕大化，霜乃積，陰乃凝，水堅冰，陽光不治。感於寒，則病人關節禁固，腰脽痛，寒濕推於氣交而為疾也，必折其鬱氣，而取化源，

益其多氣，無使邪勝。食歲穀以全其真，食間穀以保其精，故歲宜苦燥之，濕之，甚者發之，泄之。不發不泄，則濕氣外溢，肉潰皮拆而水血交流。必贊其陽火，令禦甚寒，從氣異同，少多其判也。同寒者以熱化，同濕者以燥化，異者少之，同者多之，用涼遠涼，用寒遠寒，用溫遠溫，用熱遠熱，食宜同法，假者反之。此其道也，反是者病也。

帝曰：善。

釋解

此大段為太陰濕土司天之年的總結。

「氣化運行後天」，是指太陰濕土司天的十年中，各年氣候與季節不完全相應，至而未至，均為不及之年。

「陰之其政」，指太陰濕土司天之年，太陽寒水在泉，全年氣候變化以寒濕為主，寒和濕在陰陽屬性上均屬於陰。

「陽氣退辟」，指寒濕用事，陽氣不足，氣候偏寒。「辟」同「避」。

「大風時起」，意即太陰濕土司天之年，由於客氣的初之氣與主氣完全一樣，都是厥陰風木，所以在初之氣所屬的一段時間中，亦即春初之時，風氣偏勝。

「天氣下降」，指太陰濕土司天之氣不僅主上管上半年，而且也影響了下半年，「天氣」即司天之氣。

「地氣上騰」，意為在泉之氣不僅主管下半年，而且也對上半年產生作用和影響。

「原野昏霜」指天氣昏暗。

「白埃四起」指濕土之氣如煙霧迷濛。

「雲奔南極」，「南」在方位上代表南方，在季節上代表夏季，在氣候上代表熱。「雲奔南極」意即夏季裡經常烏雲密佈。

「寒雨數至」，即天氣偏寒，常常下雨。

太陰濕土司天，太陽寒水在泉之年，天氣陰暗，氣溫偏低，經常下雨，尤其是南方雨水較多。

「物成於差夏」，意為太陰濕土司天之年，植物成長主要在夏秋之交。「物成」指植物成長。「差夏」指「長夏之時秋之交也」。

「民病寒濕」，指太陰濕土司天，太陽寒水在泉之年，氣候變化以寒濕為主，因此人體也由於易感寒濕之邪而發生寒濕之症。

「腹滿」即腹部脹滿。

「身䐜憤」即腫脹。

「胕腫」即是腫。

「痞逆」即上腹阻寒悶滿，嘔吐噁心。

「寒厥」即由於感受寒濕之邪而出現的四肢逆冷。

「拘急」即肢體拘急，屈伸不利。

以上這些症狀多屬寒濕之症，因此多發生在太陰濕土司天之年。

「濕寒合德」，是指太陰濕土司天之氣與太陽寒水在泉之氣互相影響和共同作用。「濕」指太陰濕土司天之氣，「寒」指太陽寒水在泉之氣。

「黃黑埃昏」，指在太陰濕土司天、太陽寒水在泉的相互作用下，天氣陰暗，寒冷潮濕。「黃」指太陰濕土司天之氣，「黑」指太陽寒水之氣。「埃昏」指天氣陰暗，寒冷潮濕。

「流行氣交」，指寒濕之氣流行。

「上應鎮星辰星」，意即太陰濕土司天，太陽寒水在泉之年，

之所以全年氣候偏寒偏濕，此與天體上土星和水星的運行變化有關。「鎮星」即土星，「辰星」即水星。

「其政肅」指太陰濕土司天、太陽寒水在泉之年在氣候變化上以寒冷為特點，在物候變化上以生長較差為特點。

「其令寂」，指太陰濕土司天、太陽寒水在泉之年在氣候變化上以寒涼為特點，所以植物生長相對緩慢，不夠活躍。

「其穀黅玄」，意即太陰濕土司天，太陽寒水在職泉之年，氣候偏於寒濕，適合於黅穀和玄穀生長，因而黅穀、玄穀成了太陰濕土司天之年的歲穀。

「陰凝於上」指太陰濕土司天，濕為陰邪，太陰主濕，所以陰凝於上。

「寒積於下」指太陽寒水在泉，太陽主寒，所以說寒積於下。

「寒水勝火，則為冰雹」，指氣候寒冷，結水成冰。

「陽光不治，殺氣乃行」，指在氣候寒冷的情況下，植物生長不好或不生長。

「故有餘宜高不及宜下，有餘宜晚，不及宜早」，意為在種植穀物時要根據歲氣的有餘或不及來確定種植的高下和種植時間的早晚。歲氣有餘時，地熱較高的土地上也可以種植穀物，因為地勢較高的地方氣候較冷，平常年份穀物生長不好，但是歲氣有餘時，由於歲氣偏勝，所以儘管地高寒冷也可以生長得較好。歲氣不及時，高地就不宜種植穀物，因為高地氣寒，穀物不宜生長，所以就應在地勢較低的土地上種植，因為低的地方，氣候偏濕偏熱，穀物容易生長得較好。由於如此，所以原文謂「有餘宜高，不及宜下」。歲氣有餘時，氣候變化比季節來得早些，未至而至，生機旺盛，儘管種植時間來得晚些，也一樣生長得很好，不會因為晚種而影響收

成。歲氣不及時，氣候變化比季節來得晚些，至而不至，所以在種植穀物時就要早一點才好，因為歲氣不及，生機低下，只有早種一點，讓穀物有較長的生長時間，才不致於因歲氣不及而影響收成。由於如此，所以原文說「有餘宜晚，不及宜早」。

「土之利」，意即在種植穀物時要充分注意土地的特點，使其能充分發揮作用而對穀物的生長有利。

「氣之化」，意為穀物的生長變化，實際上是在氣候影響下所產生的。

「民氣亦從之」，意為人體的健康也與地勢高下，氣候濕涼密切相關，因而在治療上就要因時因地制宜。

「間穀命其太也」指間穀是太過之年的間氣所化生之穀。「命太」即太過之年。

以上所述的是太陰濕土司天之年在氣候及物候變化上的大致情況。

以下所述的是太陰濕土司天之年六步主時每一步的具體氣候及物候變化情況。

為便於理解，下面將太陰濕土司天之年的司天在泉四間氣圖示如下：

左	右	司天	左	右	在泉
初之氣	二之氣	三之氣	四之氣	五之氣	終之氣
厥陰	少陰	太陰	少陽	陽明	太陽

圖四、太陰濕土司天之年客氣六步主時圖

「初之氣」，指太陰濕土司天之年，其客氣加臨之間氣初之氣為厥陰風木。

　　「地氣遷」指太陰濕土司天之年初之氣厥陰風木是由上一年的在泉之氣遷轉而來的。太陰濕土司天之年的上一年是少陰君火司天，陽明燥金在泉。太陰濕土司天之年，上一年在泉之氣的陽明燥金遷轉到本年的五之氣上，所以厥陰風木才能由上一年的二之氣遷轉到本年的初之氣上。

　　「寒乃去」，指嚴冬已去，大地春回的自然景象。

　　在初之氣所屬的這一段時間，氣候由寒轉暖，風和日麗，大地回春。這一段時間在大寒以後至春分以前，大約在農曆十二月下旬至二月上旬。

　　「春氣正」，是指太陰濕土司天之年，由於初之氣主氣和客氣都是厥陰風木，所以這一年春天基本正常。「正」者，正常也。

　　「風乃來」指春天裡東風徐徐吹來，鳴條律暢，一派正常的春季景象。

　　「生布」指春天裡植物普遍萌芽生長，生意盎然。「生」指萌芽生長，春分生。「布」指普遍、遍佈。

　　「萬物以榮」，指自然界植物生長良好，欣欣向榮。

　　「民氣條舒」，指在春天氣候正常的情況下，人體也相應健康。

　　「風濕相薄，雨乃後」，意即太陰濕土司天之年，一般說來上半年氣候偏濕，降雨量應該偏多，但是由於初之氣主氣、客氣均是厥陰風木，風氣偏勝。風可以勝濕，所以在初之氣這一段時間中，雨水不但不多，反而相對減少。「薄」同搏，有作用的意思。「後」指延後，此處指不足。

　　太陰濕土司天之年，初之氣風氣偏勝，因此人體與之相應，容易出現肝氣，風氣偏勝現象，而在臨床上發生出和因和運動障礙等症狀，如原文所謂「民病血溢，筋絡拘強，關節不利，身重筋痿」

等。「筋張拘強」即筋絡拘急強直。

以上是初之氣的情況。

「二之氣」指太陰濕土司天之年，其客氣加臨之間氣二之氣為少陰君火。

「大火正」，指由於太陰濕土司天之年二之氣的主氣、客氣均為少陰君火，所以在二之氣所屬的這一段時間中，亦即在春分以後至小滿以前，大約在農曆二月下旬至四月上旬這一段間中，氣候偏熱。

「物承化，民乃和」，意為太陰濕土司天之年，二之氣氣候偏熱，生物，尤其是植物由於氣候溫熱，生長良好，欣欣向榮。人體健康亦相對良好。「物」指生物。「承」指繼承或承載之義。「化」指化生。

「其病溫厲大行，遠近咸若」，意為太陰濕土司天之年，上半年氣候偏濕，應該雨水偏多。但是初之氣是厥陰風木，風氣偏勝，風可以勝濕，所以降雨量相對減少。二之氣少陰君火，火可以生土，所以降雨量完全正常。

「濕」指太陰濕土之氣。

「蒸」指以火煎水化氣蒸物。

「濕蒸相薄」就是指太陰濕土司天之氣與二之氣少陰君火的相互作用而言。

以上是二之氣的情況。

「三之氣」，指太陰濕土司天之年，其客氣的三之氣為太陰濕土。

「天政布」，指司天之氣為太陰濕土。

在三之氣所屬的這一段時間中，亦即在小滿至大暑以前，大約

在農曆的四月下旬至六月上旬這一段時間中，由於太陰濕土司天的原因，所以氣候偏濕，降雨偏多。

「濕氣降，地氣騰」，指司天在泉之氣的相互作用和影響。

「雨乃時降」，之義與前面二之氣所述之「雨乃時降」同義，意為太陰濕土司天之氣與主的敢少陽相火相互作用，「濕蒸相薄」，所以說是「雨乃時降」。

「寒乃隨之」，是指在泉之氣的作用和影響而言。由於太陰司天，太陽在泉，太陽主寒，所以儘管主氣的三之氣是少陽相火，但是由於司天在泉之氣的作用和影響，所以在太陰司天的年份中，三之氣所屬的這一段時間中，不但氣候偏濕，而且有寒有熱，寒熱互見。

「感於寒濕，則民病身重胕腫，胸腹滿」，意為太陰濕土司天、太陽在泉之年，全年氣候以寒濕偏勝為特點。因此人體亦易感受寒濕之邪而在臨床上出現全身酸重，下肢浮腫，胸腹脹滿等寒濕病症。

以上是三之氣的情況。

「四之氣」，指太陰濕土司天之年，其客氣加等量齊觀之間氣四之氣為少陽相火。

「畏火臨」，意即由於四之氣為少陽相火用事，氣候炎熱可畏。

「溽蒸化」，指四之氣這一段時間中，由於客氣少陽相火和主氣太陰濕土的相互作用，熱而且濕，濕熱交蒸。

「地氣騰」，指太陽寒水之氣上騰。

「天氣否隔」，「否」同「痞」，有陰塞不能之義，意即由於太陽寒水之氣上騰的原因，所以司天之氣在下半年的作用就受到影響。

「寒風曉暮」指早晚氣候寒涼。

「蒸熱相薄」，即濕熱交蒸。

太陰濕土司天之年，四之氣所屬的這一段時間中，亦即在大暑以後至秋分以前，大約在農曆六月下旬至八月上旬這一段時間中，由於主氣是太陰濕土，客氣是少陽相火，在泉之氣是太陽寒水，所以這一段時間中，早晚寒涼，白日炎熱，雨水偏多，寒濕熱同時存在。

「草木凝煙」，指草木處於煙霧迷蒙之中。

「濕化不流，則白露陰布」，意為煙霧是屬於濕氣聚積而成，而濕氣聚積則不是由於濕不流動的結果。這就是說由於濕聚所以才形成「凝煙」，才產生霧露，所以才「寒風曉暮」、「以成秋令」，氣候早晚轉涼。

太陰濕土司天，太陽寒水在泉之年中，少陽相火加臨於四之氣，在四之氣所屬的這一段時間中，可以因感熱邪而出現原文中所說的「腠理熱，血暴溢」等熱症症狀，也可以感熱邪及濕邪而出現「瘧」、「心腹滿熱」等症狀，還可以感寒邪及濕邪而出現「臚脹」（指腹壁水腫）、「胕腫」等寒濕症狀。「胕」義同膚，「胕腫」即全身肌膚浮腫。

以上是四之氣的情況。

「五之氣」，指太陰濕土司天之年，其客氣加臨之間氣五之氣為陽明燥金。

「慘令已行」，指之氣所屬的這一段時間中，亦即在秋分以後至小雪以前，大約在農曆八月下旬至十月上旬這一段時間中，主氣客氣都是陽明燥金用事，陽明主涼，所以一段時間都偏涼。

「寒露下」，指天氣寒涼，出現露水。

「霜乃早降」，指霜降較一般年份為早。

「草木黃落」，指草木凋謝，黃葉飄零。

以上是對太陰司天五之氣這一段時間中自然景象的描述。

「寒氣及體」，指人體感到寒涼。

「君子周密」，指善養生者要注意保暖防寒。

太陰濕土司天之年，五之氣這一段時間中，氣候偏涼，眾應該注意保暖，以防因涼致病。

「民病皮腠」意即太陰濕土司天之年，五之氣，陽明燥金用事，氣候偏涼，因此人體亦容易感寒涼之邪而發生發熱、惡寒、咳喘、鼻堵、流涕或皮膚斑疹等肺病症狀。「皮腠」即皮膚，腠理。

以上是五之氣的情況。

「終之氣」，指太陰濕土司天之年，其客氣終之氣為太陽寒水。

「寒大舉」指太陰濕土司天之年，終之氣所屬的這一段時間中，亦即在小雪以後至大寒以前，大約在農曆十月下旬至十二月上旬這一段時間中，由於其主氣客氣都是太陽寒水主事，太陽主寒，所以這一段時間中，氣候特別寒冷。

「濕大化」，「濕」指太陰濕土司天之氣，前已述及，天氣可以下降，影響下半年的氣候，因而下半年雨水也可偏多。「大化」指雨濕之氣在終之氣太陽寒水的作用下，雨水化為冰雪。質言之，亦即這一段時間氣候特別寒冷，異於常年。

「霜乃積」，指霜聚積為冰。

「陰乃凝」，指彤雲密佈。

「水堅冰，陽光不治」，指氣候嚴寒，雪地冰天。

「感於寒」，指感受寒邪，太陽主寒，與人體之腎密切相關。

「關節禁固」指關節屈伸不利，活動受限。

「腰脽痛」，即腰椎痛。

在終之氣這一段時間中，氣候嚴寒，人體感寒則可以在臨床上出現關節屈伸不利，活動受阻，腰痛等腎病症狀。

「寒濕推於氣交而為疾也」，意為太陰濕土司天、太陽寒水在泉之年，氣候以寒濕為主。「寒」指太陽寒水。「濕」指太陰濕土。「氣交」指天氣地氣之間。

「必折其鬱氣，而取化源」與前述「折其鬱氣，先取化源」之義相同。太陰濕土司天、太陽寒水在泉之年，冬令寒冷，因此在冬令未到之先的九月，先補心火，扶陽氣，以治療於未病之先。

「益其多氣，無使邪勝」意為丑未太陰濕土司天的十年，從歲運上來說，都是歲運不及之年。根據「運不及而得助」即可構成平氣的規律，補益歲氣，即可使不及的歲運得到幫助而構成平氣。

「食歲穀以全其真」，反映在太陰濕土司天的十年，歲穀是黅穀、玄穀，生長數量較多，品質較好，因此眾應該多食黅穀、玄穀以維持人們正常生命活動的需要。「歲穀」指感受各個年份司天在泉之氣所生長的穀物。

「食間穀以保其精」，決為根據感邪的性質，在治療上選用相應的食物或藥物進行針對性的處理。「間穀」指感受左右間氣所生長的穀物，讀者可參閱前文。

太陰濕土司天、太陽寒水在泉之年，全年氣候特點以寒濕為主，在寒濕的作用下，人體疾病亦以寒濕為主，或者表現為表寒裡濕症，在治療上就應發之、泄之，亦即運用發汗、利小便的方法來作治療。或表現為寒溫交搏症，就應溫之、燥之，即運用溫寒、燥濕的方法來治療。或表現為表寒裡熱症，就應發之及以苦清之、下之。或表現為濕熱交蒸者，就應發之、泄之、苦之、濕之同用。以

上即是原文所謂「故歲宜苦燥之，濕之，甚者發之，泄之」的含義。

「不發不泄，則濕氣外溢，肉潰皮拆而水血交流」，意為如果對於濕病不採取發汗、利小便的方法，則濕邪得不到出路而會自動尋找出路向外溢流，人體便會肌潰爛，皮膚損壞、裂開、水血交流。

「必贊其陽火，令禦甚寒」，指在治療上應以扶陽，溫中為主要治療方法。

「從氣異同，少多其判也」，指在太陰司天的十年中，由於各年歲運還各有不同的特點，因此在具體處理疾病時，還必須結合歲運的特點綜合加以分析，完全或不完全按寒濕來治療，從少從多還要根據具體情況具體處理。

「同寒者以熱化」，即指歲運與歲氣在性質上基本機同，均屬於寒者，在治療上即可彩溫熱散寒的方法作治療。

「同濕者以燥化」，指歲運與歲氣不完全相同，所以應特別對待，只能從燥化。

「異者少之，同者多之」，指歲氣與歲運相同的年份，或歲氣與歲運不同的氣份，用藥的方式和多少要看具體的年份，具體的用法。

第五節　子午之紀

本節討論少陰君火司天之年的情況。

少陰君火司天共有十年。

子午少陰君火，所以在一甲子六十年中，凡年支上逢有子或午的年份，為少陰君火之年。

一甲子六十年中年支上帶有子或午的年份分列如下：

壬子，壬午；

戊子，戊午；

甲子，甲午；

庚子，庚午；

丙子，丙午。

以下分別討論這十年各自的情況。

原文

少少陰之政奈何？歧伯曰：子午之紀也。

少陰、太角、陽明。壬子、壬午，其運風鼓，其化鳴紊啟折，其變振拉摧拔，其病支滿。

太角初正、少徵、太宮、少商、太羽終。

釋解

本段討論壬子、壬午兩年的情況。

壬子、壬午兩年是木運太過之年，少陰君火司天，陽明燥金。

「其運風鼓，其化鳴紊，其變振拉摧拔，其病支滿。」全句是指木運太過之年，風氣偏勝時的自然氣候和物候變化以及人體疾病的臨床表現，與前之所述太角之年完全相同，可參看。

下面排出壬子、壬午兩年的客運和主運。

客運如下：

初運太角，木運太過；

二運少徵，火運不及；

三運太宮，土運太過；

四運少商，金運不及；

終運太羽，水運太過。

主運初運為木，二運為火，三運為土，四運為金，終運為水。主運是每年固定如此的，從不改變。

原文

少陰、太徵、陽明。戊子天符，戊午太乙天符，其運炎暑，其化暄曜，其變炎烈沸騰，其病上熱血溢。

太徵、少宮、太商、少羽終、少角初。

釋解

本段討論戊子、戊午兩年的情況。

戊子、戊午兩年為火運太過之年，少陰君火司天，陽明燥金在泉。

「少陰」，指少陰君火司天。

「太徵」，指火運太過之年。

「陽明」，指陽明燥金在泉。

「戊子天符」，即戊子年為天符之年。因為戊子年的年干是戊，戊癸化火，其年支是子，子午少陰君火司天。歲運與司天之氣的五行屬性相同即為「天符」之年，故戊子年為天符之年。

「戊午太乙天符」，即戊午年為太乙天符之年。因為戊子年歲運和司天之氣的五行屬性均屬於火，應為天符之年，戊午年的年支是午，午在五行因有屬性上也屬於火。歲運與年支的五行屬性相同應為歲會之年，即是天符，又是歲會，即屬太乙天符之年，所以戊午年為太乙天符之年。

「其運炎暑，其化暄曜，其變炎烈沸騰，其病上熱血溢」，是

指火運太過之年，火氣偏勝時的自然氣候和物候變化以及人體的疾病表現。此與前述之太徵之年完全一樣，讀者參閱。

下面是戊子、戊午兩年的主運及客運情況。

客運如下：

初運太徵，火運太過；

二運少宮，土運不及；

三運太商，金運太過；

四運少羽，水運不及；

終運少角，木運不及。

主運初運是木，終運是水，如常不變。

原文

少陰、太宮、陽明。甲子、甲午，其運陰雨，其化柔潤時雨，其變震驚飄驟，其病中滿身重。

太宮，少商，太羽終，太角初，少徵。

釋解

本段討論甲子、甲午兩年。

「少陰，太宮，陽明」，意思是甲子、甲午兩年為土運太過之年，少陰君火司天，陽明燥金在泉。

「其運陰雨，其化柔潤時雨，其變震驚飄驟，其病中滿身重」，這裡是指土運太過之年，濕氣偏勝時的自然氣候及物候變化以及人體的一些疾病表現，此與前述太宮之年基本相同，請讀者參閱。

下面是甲子、甲午兩年的客運和主運。

客運如下：

初運太宮，土運太過；

二運少商，金運不及；

三運太羽，水運太過；

四運太角，木運太過；

終運少徵，火運不及。

主運初運為木運，終運是水運。

原文

少陰、太商、陽明。庚子同天符，庚午同天符，同正商。其運涼勁，其化霧露蕭瑟，其變肅殺凋零，其病下清。

太商，少羽終，少角初，太徵，少宮。

釋解

本段討論庚子、庚午兩年的情況。

「少陰，太商，陽明」，意思是庚子、庚午兩年為金運太過之年，少陰君火司天，陽明燥金在泉。

「庚子同天符，庚午同天符」，此依前述可得知，歲運屬於太過，其五行屬性又與同年在泉之氣相同的年份，為同天符之年。由此可知，庚子、庚午兩年，年干是庚，乙庚化金，庚為陽干，所以庚子、庚午兩年為金運太過之年；庚子、庚午兩年的年支是子、午，子午少陰君火，陽明燥金在泉，也就是說，這兩年的在泉之氣與歲運在五行屬性上是相同的，所以說此兩年為同天符之年。

「同正商」，「正商」即金運平氣之年，此兩年木為金運太過之年，但由於這兩年是少陰君火司天，火克金，因此太過的金運受

到司天的火氣的克制。根據「運太過而被抑」，可以構成平氣的規律，此兩年可以是平氣之年，所以原文說「同正商」。

「其運涼勁，其化霧露蕭瑟，其變肅殺凋零，其病下清」，此地處是說金運太過之年，涼氣偏勝時的自然氣候及物候變化以及人體的疾病表現。其所述與前面所說太商之年基本相同，讀者可參閱之。

下面是庚子、庚午兩年的客運和主運的情況。

客運如下：

初運太商，金運太過；

二運少羽，水運不及；

三運少角，木運不及；

四運太徵，火運太過；

終運少宮，土運不及。

主運初運是木運，終運是水運。

原文

少陰、太羽、陽明。丙子歲會，丙午，其運寒，其化凝慘凜冽，其變冰雪霜雹，其病寒下。

太羽終，太角初，少徵，太宮，少商。

釋解

本段討論丙子、丙午兩年的情況。

「少陰，太羽，陽明」，意思是丙子、丙午兩年為水運太過之年，少陰君火司天，陽明燥金在泉。

「丙子歲會」，如前所述，歲運與司天之氣的五彩繽紛行屬性

相同的年份為歲會之年。丙子的年干是丙，丙辛化水，故丙子年的歲運為水運。年支是子，「子」的五行屬性是水，所以丙子年的歲運與年支的五行屬性相同，即都屬水運，故丙子年為歲會之年。

「其運寒，其化凝慘凜冽，其變冰雪霜雹，其病寒下」，這裡是指水運太過之年，寒氣偏勝時的自然氣候及物候變化和人體的疾病表現，此與前述太羽之年基本相同，讀者可參閱前之年述。

下面是丙子、丙午兩年的客運和主運的情況。

客運如下：

初運太羽，水運太過；

二運太角，木運太過；

三運少徵，火運不及；

四運太宮，土運太過；

終運少商，金運不及。

主運初運是木運，終運是水運，如常不變。

原文

凡此少陰司天之政，氣化運行先天，地氣肅，天氣明，寒交暑，熱加燥，雲馳雨府，濕化乃行，時雨乃降，金火合德，上應熒惑太白。其政明，其令切，其穀丹白，水火寒熱，持於氣交而為病。始也熱病生於上，清病生於下，寒熱凌犯而爭於中，民病咳喘，血溢，血泄，鼽嚏，目赤眥瘍，寒厥入胃，心痛，腰痛，腹大，嗌乾，腫上。初之氣，地氣遷，燥將去，寒乃始，蟄複藏，水乃冰，霜復降，風乃至，陽氣鬱，民反周密，關節禁固，腰脽痛，炎暑將起，中外瘡瘍。二之氣，陽氣布，風乃行，春氣以正，萬物應榮，寒氣時至，民乃和，其病淋，目瞑，目赤，氣鬱於上而

熱。三之氣，天政布，大火行，庶類番鮮，寒氣時至，民痛氣厥，心痛，寒熱更作，咳喘目赤。四之氣，溽暑至，大雨時行，寒熱互至，民病寒熱，嗌乾，黃癉，鼽衄，飲發。五之氣，畏火臨，暑反至，陽乃化，萬物乃生乃長榮，民乃康，其病溫。終之氣，燥令行，餘火內格，腫於上，咳喘，甚則血溢，寒氣數舉，則霧霧翳，病生皮腠，內舍於脅，下連少腹而作寒中，地將易也。必抑其運氣，資其歲勝，折其鬱發，先取化源。無使暴過而生其病也。食歲穀以全其真，食間穀以避虛邪。歲宜鹹以軟之，而調其上，甚則以苦發之，以酸收之而安其下，甚則以苦泄之。適氣同異而多少之。同天氣者以寒清化，同地氣者以溫熱化，用熱遠熱，用涼遠涼，用溫遠溫，用寒遠寒，食宜同法。有假則反，此其道也。反是者病作矣。

帝曰：善。

釋解

本段為少陰君火司天之年的總結。

「少陰司天之政」，指少陰君火司天之年。

「氣化運行先天」，即氣候比季節來得早，未至而至，亦即太過之年。

以上兩句是說，少陰君火司天的十年，都是歲運太過之年。

「地氣」，指在泉之氣。

「肅」，指清肅。

「地氣肅」，意即少陰君火司天之年，陽明燥金在泉，金性清肅，下半年氣候偏涼。

「天氣」，指司天之氣。

「明」，指明亮。

「天氣明」意即少陰君火司天之年，君火司天，火性明亮，上半年氣候偏熱。

「寒交暑」，此承上句，亦即少陰君火司天、陽明燥金在泉之年，上半年偏熱，下半年偏涼，寒熱相交的自然景象而言的。這也是少陰君火司天、陽明燥金在泉之年的必然結果。

「熱加燥」，指少陰司天之年，君火司天，燥金在泉，君火在上，燥金在下，兩者相互作用，是為「熱加燥」。

「雲馳雨府，濕化乃行，時雨乃降」，這句的意思是少陰君火司天、陽明燥金在泉之年四之氣上主氣，客氣都是太陰濕土主事，因此雨水偏多，而且四之氣這段時間正值天氣與地氣相交時間，也就是氣交之間，因此這一年的氣候特點在寒暑相交，燥熱相臨之間還會出現雨濕偏勝的情況。此與後文「四之氣，溽暑至，大雨時行」同義。互參。

「金火合德」，指少陰君火司天之氣與陽明燥金在泉之氣的相互影響和共同作用。

「上應熒惑太白」，是指少陰君火司天之所以出現前文所說的「寒交暑」、「熱加燥」等氣候變化，與天體上的火星以及金星運行變化密切相關。

「其政明」，「明」指光明，此處引申為偏熱，意即少陰君火司天，上半年氣候偏熱。

「其令切」，「切」指淒切；此和上是指少陰君火司天、陽明燥金在泉之年，下半年氣候偏涼。

「其穀丹白」，「丹」，即丹穀。「白」，即白穀。丹穀的生長環境要求偏熱，白穀的生長環境要求偏涼。可少陰君火司天、陽明燥

金在泉之年，上半年氣候偏熱，適宜於丹穀子的生長，下半年氣候偏涼，適宜於白穀的生長，因此，少陰司天之年，穀物生長以丹穀及白穀最好，收成也較多，所以丹穀、白穀也是少陰司天之一年的歲穀。

「水火寒熱」，「水」和「寒」同性，「火」和「熱」同性，此地處是指少陰君火司天與陽明燥金在泉之氣而言，即少陰之氣屬火、屬熱，陽明之氣屬水、屬寒。

「氣交」，即天氣與地氣相交。

「水火寒熱，持於氣交而為病」，全句意為少陰君火司天、陽明燥金在泉之年，由於天氣地氣的相互影響和共同作用，所以這一年氣候上寒熱錯雜，疾病上也虛實互見。

「熱病生於上」，意即少陽君火司天之年，上半年氣候偏熱，因此人體亦易感熱邪而發生熱病。

「清清生於下」，意即少陰君火司天之年，陽明燥金在泉，下半年氣候偏涼，因此人體易感寒邪而發生寒病。

「寒熱凌犯而爭於中」，意即由於天氣與地氣的相互影響和作用，或者由於主氣與客氣的相互影響和作用而出現寒熱侵犯人體的情況。

例如，少陰君火司天、陽明燥金在泉之年，初之氣主氣為厥陰風木，客氣為太陽寒水，厥陰主濕，太陽主寒，這就可以出現寒熱凌犯的情況，五之氣主氣為陽明燥金，客氣為少陽相火，陽明主涼，少陽主火，這也可以出現寒熱凌犯的情況。因此，這一年上半年雖然是以熱病為主，但由於寒熱凌犯的原因，也會有寒有熱。下半年雖說是以寒病為主，但由於寒熱凌犯的原因，也會有寒有熱。

「民病咳喘，血溢，血泄，鼽嚏，目赤眥瘍」，全句少陰君火

司天之年，人體可以因感受熱邪而在臨床方面出現一些症狀。「咳喘」即咳嗽、氣喘；「血溢」即血出一地上或肌表，如嘔血、衄血、肌衄等；「血泄」即血出於下，如便血、尿血、崩漏等；「鼽嚏」即噴嚏、鼻堵塞、流涕等；「目赤」即眼泛紅；「眥瘍」即眼角潰爛。上述這些症狀，一般說來，皆屬熱症。

「寒厥入胃」，意即人體由於受到外寒或人體出現正氣虛衰，陽氣不足的內在原因，損害了人體脾胃的功能而在臨床上出現以下所述的一系列症狀。「寒」指外感寒邪，亦指人體在致病因素作用之下所出現的陽氣不足的現象。「厥」，指人體氣血運行逆亂，亦指手足逆冷。

「心痛」，指胸痛及上腹痛。

「腰痛」，指腰部疼痛。

「腹大」，即腹部膨脹，亦即一般所稱之「鼓脹病」。

「嗌乾」，指咽乾。

「腫上」，即顏面浮腫。

上述這些症狀，一般說來，多屬寒症。也就是說，少陰君火司天，陽明燥金在泉之年，人體由於感受寒邪或由於人體在致病因素作用下，而出現陽氣不足時，特別是在脾腎陽虛時，可以在臨床上出現上述症狀。

「初之氣」，指少陰君火司天之年，其客氣加臨之間氣初之氣為太陽寒水。

「地氣遷」，指少陰君火司天之年初之氣的太陽寒水是由上一年的在泉之氣運轉而來的。

少陰君火司天之年的上一年是厥陰風木司天，少陽相火在泉。少陰君火司天之年，上一年在泉之氣的少陽相火遷於本年的五之氣

上，所以太陽寒水才能由上一年的二之氣上運轉到本年的初之氣上。

茲將少陰君火司天之年的司天在泉間氣圖示如下：

左	右	司天	左	右	在泉
初之氣	二之氣	三之氣	四之氣	五之氣	終之氣
太陽	厥陰	少陰	太陰	少陽	陽明

圖五、少陰君火司天之年客氣六步主時圖

「燥將去」，就初之氣來看，是由去年的陽明主步遷轉至今年的太陽主步。陽明主燥，太陽主寒。燥去寒來，故曰「燥將去」。

「寒乃始，蟄復藏，水乃冰，霜復降」，這幾句是對少陰君火司天之年初之氣這一段時間氣候及物候變化中自然景象的描述。意思是說寒冷這時才開始，小生物這時才藏伏，河水結冰，天降霜雪。「寒乃始」，指氣候寒冷開始了。「蟄復藏」指氣候寒冷，小生物都避匿而藏。「水乃冰」指河水結冰了。「霜復降」，指天降霜雪。

「風乃至」，這是指少陰君火司天之年主氣的變化以及客主加臨的情況下所出現的情況而言。初之氣所屬的這一段時間內，任何年份都是厥陰風木主事，東風吹來，氣候開始溫暖。

「陽氣鬱」，指在少陰君火司天之年，初之氣所屬的這一段時間中客氣是太陽寒水，這就是說由於受到了客氣的影響，春應暖而反寒，溫暖之氣為寒涼之氣所遏郁，應溫不溫。

「民反周密」，意即少陰君火司天之年，初之氣這一段時間中氣候偏冷，春行冬令，所以人們要採取措施保暖防寒。「周密」，即注意保暖防寒。「反」，是針對上一年的冬天氣候不冷而言，意即氣候反常，春天裡反而是注意保暖。

「關節禁固，腰脽痛」，即指少陰君火司天之年，初之氣太陽寒水用事，氣候偏寒，人體易感寒而在臨床上發生關節不能活動或運動障礙，腰痛等症狀。

「炎暑將起，中外瘡瘍」，指少陰君火司天之年初之氣主氣為厥陰風木，厥陰主溫，由於客氣為太陽寒水，溫被寒郁，可以形成表寒裡熱或由寒化熱而在臨床上發生熱症。

「二之氣，陽氣布」，指少陰君火司天之年，其客氣加臨之間氣二之氣為厥陰風木。二之氣由於厥陰風木用事，厥陰主風，主生，主溫，同時，二之氣的主氣是少陰君火，少陰主熱，主、客氣皆屬溫熱，所以在春分以後至小滿以前，春陽之氣，滿布人間，氣候偏濕。

「風乃行，春氣以正，萬物應榮」，指東風勁吹，春意盎然，一片生機，萬物主要是指植物普遍生長，欣欣向榮。

「寒氣時至」，是指由於這一段時間中氣候偏熱，因此寒氣來復而出現的自然現象，這也就是說這一段時間中，氣候炎熱，但有時也可以出現寒潮或暴冷的氣候變化。

「民乃和」，指在少陰君火司天之年，二間氣這一段時間中，儘管氣候炎熱，但由於「寒氣時至」的原因，炎熱的氣候能夠得到一定的調節，所以對人體來說也就相對和平。

「其病淋，目瞑，目赤」，是指二間氣這一段時間中，氣候偏熱，風氣偏勝，人體容易外感風熱而在臨床上表現出小便不暢，疼痛淋澀，眼花，眼紅等風熱症狀。

「氣郁於上而熱」，是指在少陰君火司天之年，二之氣所屬的這一段時間中，由於司天之氣、客氣、主氣均屬溫熱，所以人體容易感受熱邪氣郁於上而熱。

「三之氣，天政布，大火行，庶類番鮮」，意即在三之氣所屬的這一段時間中，亦即在小滿至大暑以前，大約在農曆的四月下旬至六月上旬這一段時間中，氣候炎熱，各類植物生長很好，欣欣向榮。

「寒氣時至」，即指在三之氣所屬的這一段時間內，氣候過熱，由於勝復原因，因而「寒氣時至」，以維持氣候變化中的相對穩定和協調。

「民痛氣厥，心痛，寒熱更作，咳喘目赤」，是指少陰君火司天之年，三之氣這一段時間中，由於主、客氣均屬火，所以氣候極熱，因而在人體也易感熱邪，在臨床上發生功能紊亂，胸痛，胃脘痛，惡寒發熱交替發作，咳嗽氣喘眼目泛赤各種熱症表現。

「四之氣，溽暑至，大雨時行」，是指四之氣所屬的這一段時間中，由於主、客氣皆是太陰濕土用事，所以在這一段時間中，雨水偏多，氣候偏濕，偏熱。

「寒熱互至」，由於司天在的洋之氣的相互影響，所以寒熱互至，時冷時熱。

「民病寒熱，嗌乾，黃癉，鼽衄，飲發」，是指四之氣所屬的這一段時間中，主氣客氣都是太陰濕土用事，由於這一段時間寒熱互至，時冷時熱，濕氣偏勝，因此可以外感寒濕或濕熱而在臨床上表現了瘧疾，咽乾，黃疸，鼻出血，水飲發作等上述症狀。

「五之氣，畏火臨，暑反至」，意思是在五之氣這一段時間內，主氣是陽明燥金用事，氣候一般都很清涼，但由於少陰君火司天之年少陽相火加臨於五之氣上，因此這一段氣候反而炎熱，秋行夏令，所以原文說「暑反至」。

「陽乃化，萬物乃生乃長榮」，意即少陰君火司天之年，五之

氣由於少陽相火加臨，氣候炎熱，所以萬物生長茂盛。

「民乃康」，指五之氣這一段時間中，氣候偏熱，因此人體陽氣亦相對偏勝。「康」，非人和健康解，應作陽氣偏熱解。

「其病溫」，承上而言，即五之氣這一段時間內，氣候炎熱，秋行夏令，因此人體易感熱邪而生溫病。

「終之氣，燥令行」，意即少陰君火司天之年，在終之氣所屬的這一段時間內，氣候偏涼，偏燥。

「餘火內格」，意即少陰君火司天之年，終之氣所屬的這一段時間內，一般說來，氣候偏涼，不過也偶然出現熱象的時候，這種現象就是「餘火內格」的表現。「餘火」，指五之氣所屬的這一段時間內，氣候炎熱，到了終之氣時，雖氣候清涼，但火氣仍有殘餘存在。「內格」，指終之氣氣候雖偏涼偏燥，但由於五之氣的火氣尚未全退，所以寒熱之間產生互相抗拒，亦即彼此之間互相作用和影響。

「腫於上，咳喘，甚則血溢」，意即終之氣氣候偏涼偏燥，由於此時五之氣的火氣殘留，火為寒鬱，上沖而為咳嗽、氣喘、鼻衄、肌衄、咳血、吐血等症。

「寒氣數舉，則霿霧翳，病生皮腠」，意即少陰君火司天之年，陽明燥金在泉，終之氣所屬的這一段時間中，氣候偏涼偏燥，天氣陰暗，人體易感寒涼而使肌表邪發生疾病。「霿霧翳」指天氣晦暗，煙霧迷蒙。「病生皮腠」指人體肌表容易受邪而生疾病。

「內舍於脅，下連少腹而作寒中」，承上所言，少陰君火司天之年，終之氣候偏涼，人體可由感受寒邪而生表寒症。此句是說在這種氣候條件下，人體還可以由於感受寒邪而生裡寒症。

「地將易也」，即在泉之氣將變易，陽明向太陽變易，燥氣向寒的敢變易。

　　「必抑其運氣，資其歲勝」，指少陰君火司天之年，陽明燥金在泉，上半年偏熱，因此在治療上應抑制此偏涼之氣。火克金，火氣偏勝，金氣則受損，放在治療上要先支援金之所屬器官。涼偏勝，木氣將受損，故在治療上要先扶持木之所屬器官，即挾持本年歲令所勝之氣。

　　「折其鬱發，先取化源」，意即少陰君火司天之年，，上半年火氣偏勝，火勝可以使金氣被郁，因鬱而發，形成偏勝，金勝又可克木。下半年金氣偏勝，食勝可使木氣被郁，因鬱而發，形成偏勝。木勝又可以克土，抑制其偏勝之氣，挾此偏勝之氣之所勝之氣。

　　「食歲穀以全其真，食間穀以避虛邪」，意即少陰君火司天之年，在飲食上應多食丹穀和白穀以維持人體正常生命活動的需要。在對疾病的飲食治療及調理上，則應據所感邪氣勝質選用相應的食物或藥品物進行針對性的處理。

　　「歲宜鹹以軟之，而調其上，甚則以苦發之」，意即少陰君火司天之年，上半年氣候偏熱，因此人體易感熱邪而生熱病，這也就是上文所謂有「始也熱病生於上」，因而在治療上應該用鹹寒清熱藥物來作治療。這就是所謂有「風宜鹹以軟之，而調其上」。如果內熱太甚，則應該用苦寒泄下的藥物來作治療，使其過甚之熱邪能有出路。這也是原文所謂的「甚則以苦發之」。

　　「以酸收之而安其下，甚則以苦泄之」，意即少陰君火司天之年，陽明燥金在泉，下半年氣候偏涼，因此人體亦易感涼邪而使熱郁於裡發生前述「餘火內格」、「熱沖於上」的疾病。因而在治療上應該用味酸性收的藥物或食物來作治療。如果內熱太甚，則應以苦寒泄下法來作處理，使熱邪有出路，這就是原文所謂的「甚則以苦泄之」。

「同天氣者以寒清化」，意即少陰君火司天的十年之中，其歲運與少陰之氣同屬一類者，亦即同屬溫熱者，在治療上均可以具有寒涼作用的藥物或食物來治療。

「同地氣者以溫熱化」，意即少陰司天，陽明在泉的十年中，其歲運與在泉的陽明之氣同屬一類者，在治療上均可以用具有溫熱作用的藥物或食物來治療。

第六節　巳亥之紀

本節討論厥陰風木司天的年份的運氣情況。

厥陰風木司天之年共有十年。

巳亥厥陰風木，所以一甲子六十年中，凡年支上逢有巳或亥的年份，都是厥陰風木司天之年。

一甲子六十年中年支上帶有巳或亥的年份分列如下：

丁巳，丁亥；

己巳，己亥；

癸巳，癸亥；

乙巳，乙亥；

辛巳，辛亥。

以下分述這十年的運氣。

原文

厥陰之政奈何？岐伯曰：巳亥之紀也。

厥陰、少角、少陽。清熱勝復同，同正角。丁巳天符，丁亥天符，其運風清熱。

少角初正，太徵，少宮，太商，少羽終。

釋解

本段討論丁巳、丁亥兩年的情況。

丁巳、丁亥兩年為木運不及之年，厥陰風木司天，少陰相火在泉。

「清熱勝復同」，指春天不溫，夏天偏熱的氣候反常變化，詳見前解。

「同正角」，意即木運不及之年，如果遇上司天之氣屬木，由於「運不及而得助」的原因，可以構成平氣。丁巳、丁亥兩年，年干為丁，丁壬化木，丁為陰干，所以屬於木運不及之年。丁巳、丁亥兩年，年支是巳、亥，巳亥厥陰風木司天，屬風木司天之年，木運不及而得司天風木之氣的相助，所以這兩年為平氣之年。「正角」，即木運平氣之年。

「丁巳天符，丁亥天符」，此兩年歲運為木，司天之氣也是木，歲運與司天之氣相同者為天符之年，所以這兩年為天符之年。

「其運風清熱」，指丁巳、丁亥兩年氣候特點為春天裡應溫不溫，夏日裡比較炎熱，詳見前解。

下面是丁巳、丁亥兩年的客運及主運的情況。

客運如下：

初運少角，木運不及；

二運太徵，火運太過；

三運少宮，土運不及；

四運太商，金運太過；

終運少羽，水運不及。

主運初運為木運，終運為水運。

原文

厥陰、少徵、少陽。寒雨勝復同，癸巳同歲會，癸亥同歲會，其運熱寒雨。

少徵，太宮，少商，太羽終，太角初。

釋解

本段討論癸巳、癸亥兩年的情況。

癸巳、癸亥兩年為火運不及之年，厥陰風木司天，少陰相火在泉。

「寒雨勝復同」，指火運不及之年的氣候特點是夏日應熱不熱，冬天裡應冷不冷，詳見前解。

「癸巳同歲會，癸亥同歲會」，依前所述，歲運不及之年，其歲運與該年在泉之年的五行屬性相同者為同歲會之年。癸巳、癸亥兩年的年干是癸，戊癸化火，癸為陰干，所以此兩年為火運不及之年。兩年年支是巳、亥，巳亥厥陰風木司天，少陽相火在泉，歲運為火，運不及，在泉之氣是火，故此兩年是同歲會之年。

「其運熱寒雨」，指癸巳、癸亥兩年夏日應熱不熱，夏季偏濕偏熱，詳見前解。

下面是癸巳、癸亥兩年的客運及主運情況。

客運如下：

初運少徵，火運不及；

二運太宮，土運太過；

三運少商，金運不及；

四運太羽，水運太過；

終運太角，木運太過。

主運初運為木運，終運為水運。

原文

厥陰、少宮、少陽。風清勝復同，同正角。己巳，己亥，其運風雨清。

少宮，太商，少羽終，少角初，太徵。

釋解

本段討論己巳、己亥兩年的情況。

己巳、己亥兩年為土運不及之年，厥陰風木司天，少陰相火在泉。

「風清勝復同」，指己巳、己亥兩年的氣候特點是長夏應濕不濕，降雨量少，風氣偏勝。秋天裡氣候偏涼。這裡土運不及之年的氣候特點，詳見前解。

「同正角」，意即己巳、己亥兩年為土運不及之年，風乃大行，加上又逢厥陰風木司天，因此這兩年的長夏氣候同木運平氣之一年的春季相似，風氣偏勝，應濕不濕，降雨量少。

「其運風雨清」，指己巳、己亥兩年為土運不及，風木乘之，因此其氣候特點為長夏季節雨水不多，風氣偏勝；秋天又相對清涼，詳見前解。

下面是己巳、己亥兩年的客運及主運的情況。

客運如下：

初運少宮，土運不及；

二運太商，金運太過；

三運少羽，水運不及；

四運少角，木運不及；

終運太徵，火運太過。

主運初運為木運，終運為水運。

原文

厥陰、少商、少陽。熱寒勝復同，同正角，乙巳，乙亥，其運涼熱寒。

少商，太羽終，太角初，少徵，太宮。

釋解

本段討論乙巳、乙亥兩年的情況。

乙巳、乙亥兩年為金運不及之年，厥陰風木司天，少陰相火在泉。

「熱寒勝復同」，指金運不及之年的氣候特點是秋天裡應涼不涼，氣候偏熱，而冬天裡又較一般年份偏冷，詳見前解。

「同正角」，意即乙巳、乙亥兩年為金運不及之年，但這兩年為風木司天，運不及，則氣反侮運，因此運從氣化，亦即這一年的歲運以氣為主，所以金運不及之年在氣候上與木運平氣之年相似，亦即一落千丈年的秋天應涼不涼，氣候偏溫，秋行春令，和正常的春天氣候一樣。

「其運涼熱寒」，指乙巳、乙亥兩年為金運不及，火來乘之，水又來復的自然現象。亦即這兩年的特點是秋天裡應涼不涼，氣候偏熱，冬天裡又比一般年份寒冷，詳見前解。

下面是乙巳、乙亥兩年的客運及主運的情況。

客運如下：

初運少商，金運不及；

二運太羽，水運太過；

三運太角，木運太過；

四運少徵，火運不及；

終運太宮，土運太過。

主運初運為木運，終運為水運。

原文

厥陰、少羽、少陽。雨風勝復同。辛巳，辛亥，其運寒雨風。少羽終，少角初，太徵，少宮，太商。

釋解

本段討論辛巳、辛亥兩年的情況。

辛巳、辛亥兩年為水運不及之年，厥陰風木司天，少陰相火在泉。

「雨風勝復同」，指辛巳、辛亥兩年水運不及，冬天裡應冷不冷，氣候偏濕，第二年春天風多雨少的氣候特點，詳見前解。

「其運寒雨風」，指辛巳、辛亥兩年為水運不及，土來乘之，土氣偏勝時，木氣又必然來復，故這兩年的氣候特點是冬天不冷，雨水較多，第二年春天裡風氣偏勝，雨水減少。詳見前解。

下面是辛巳、辛亥兩年的客運及主運的情況。

客運如下：

初運少羽，水運不及；

二運少角，木運不及；

三運太徵，火運太過；

四運少宮，土運不及；

終運太商，金運太過。

主運如常，初運為木運，終運為水運。

原文

凡此厥陰風木司天之政，氣化運行後天，諸同正歲，氣化運行同天，天氣擾，地氣正，風生高遠，炎熱從之，雲趨雨府，濕化乃行，風火同德，上應歲星熒惑。其政撓，其令速，其穀蒼丹，間穀言太者，其耗文角品羽。風燥火熱，勝復更作，蟄蟲未見，流水不冰，熱病行於下，風病行於上，風燥勝復行於中。初之氣，寒如肅，殺氣方至，民病寒於右之下。二之氣，寒不去，華雪水冰，殺氣施化，霜乃降，名草上焦，寒雨數至，陽復化，民病熱於中。三之氣，天政布，風乃時舉，民病泣出耳鳴掉眩。四之氣，溽暑濕熱相搏，爭於左之上，發病黃癉而為胕腫。五之氣，燥濕更勝，沉陰乃布，寒氣及體，風雨乃行。終之氣，畏火司令，陽乃大化，蟄蟲初見，流水不冰，地氣大發，草乃生，人乃舒，其病溫屬。必折其鬱氣，資其化源，贊其運氣，無使邪勝。歲宜以辛調上，以鹹調下，畏火之氣，無妄犯之。用溫遠溫，用熱遠熱，用涼遠涼，用寒遠寒，食宜同法。有假反常，此之道也，反是者病。

帝曰：善。

釋解

本段為厥陰風木司天之年的總結。

「厥陰風木司天之政」，即厥陰風木司天之年。

「氣化運行後天」指氣候與季節不相應，後天時而至，亦即至而不至。

在厥陰風木司天的十年中，由於其年干都是陰干，均屬於歲運不及之年，所以各年的氣候變化與季節不能完全相應，較正常的年份為晚，至而不至。

「諸同正歲，氣化運行同天」，指各個平氣之年，各個正常的年份其氣候變化與季節完全相應。

「天氣擾，地氣正」，指厥陰風木司天之年，少陽在泉，厥陰主風，所以上半年風氣偏勝，氣候偏溫。少陽主火，下半年陽氣就偏勝一些，氣候偏熱。

「風生高遠，炎熱從之」，承上所言，此句意即厥陰風木司天，風氣偏勝，司天之氣對全年均有一定影響。少陽在泉，火氣偏勝，由於司天之氣主要管上半年，在泉之氣主要管下半年，所以在氣候變化上先是出現風氣偏勝，然後才出現火氣偏勝的氣候現象。

「雲趨雨府」，即烏雲密佈。

「濕化乃行」，即雨濕流行。

「雲趨雨府，濕化乃行」，這實際上是自然氣候變化中的一種自調現象。厥陰風木司天之年，少陽相火在泉，全年氣候變化以風熱偏勝為特點。上半年風氣偏勝，風可以勝濕，所以上半年雨水減少，應濕不濕。下半年火氣偏勝，冬天應寒不寒，水氣不及，水不及則土來乘之，所以有「雲趨雨府，濕化乃行」的現象。

「風火同德」，指厥陰風木司天之年，少陽相火在泉，這一年氣候特點上半年風氣偏勝，下半年火氣偏勝。在風氣和火氣的相互作用和影響下，全年氣候以風熱為特點。

「上應歲星熒惑」，「歲星」，即木星；「熒惑」即火星。全句意即這一年的氣候變化與天體上的木星、火星活動有密切關係。

「其政撓，其令速」，意即厥陰風木司天之年，少陽相火在泉，風主動，火性連。「撓」，音義皆同擾。

「其穀蒼丹」，意即厥陰風木司天之年，少陽相火在泉，上半年風氣偏勝，氣候偏濕，有利於青色穀物的生長；下半年火氣偏勝，氣候偏熱，有利於紅色穀物的生長。因此，這一年蒼穀和丹穀生長較好而成為該年歲穀。「蒼」指青色穀物，「丹」指紅色穀物。

「間穀言太者」，意即厥陰司天的十年均屬歲運不及之年，因此這十年從飲食及治療上說，只能考慮歲穀，亦即「其穀蒼丹」的問題，至於間穀，由於「間穀命太」的原因，厥陰司天的十年無太過之年，因此，不存在「間穀命太」的問題。關於這個問題，在陽明之政的講解中，也已經詳細述及，讀者請參看有關講解。

「其耗文角品羽」，意即厥陰風木司天之年，少陽相火在泉，上半年風氣偏勝，氣候偏溫，下半年火氣偏勝，氣候偏熱。屬於木類的毛蟲，由於其胎孕生長以氣候溫和的氣候條件為好，而少陽在泉，氣候過熱，所以毛蟲不育。與其相反，屬於火類的羽蟲，由於其胎孕生長以炎熱氣候為好，所以少陽在泉，羽蟲育。「耗」，指耗損。「文角」，指毛蟲。「品」，指有標準之義，此處作胎孕生長正常良好解。「羽」，即羽蟲。

「風燥火熱，勝復更作」，意即木氣偏勝時，金來克木，金氣偏勝時，火又克金。「風」指風氣偏勝。「燥」指燥氣涼氣來復。「火熱」指燥，涼之氣偏勝，火熱之氣又對燥涼之氣來復。

「熱病行於下，風病行於上，風燥勝復行於中」，意即厥陰風木司天之年，少陽相火在泉，上半年風氣偏勝，氣候偏濕，所以在

人體疾病上半年也以風病較多，下半年火氣偏勝，氣候炎熱，所以
人體病症下半年也以熱病較多。上半年風氣偏勝，由於勝復原因，
燥氣來復，因此在上半年和下半年之間，有時也會出現暴涼的氣候
變化，表現在人體病症方面。在肝氣偏勝的同時，有時也可以出現
肺氣偏勝的病理變化。

「初之氣，寒如肅，殺氣方至」，意即厥陰風木司天之年，初
之氣為陽明燥金主事，陽明主涼，所以初之氣這一段時間中，氣候
偏涼，春行秋令，自然界一片清涼肅殺，毫無生意。

茲將厥陰風木司天之年的司天在泉四間氣圖示如下：

左	右	司天	左	右	在泉
初之氣	二之氣	三之氣	四之氣	五之氣	終之氣
陽明	太陽	厥陰	少陰	太陰	少陽

圖六、厥陰風木司天之年客氣六步主時圖

「民病寒於右之下」，意即厥陰風木司天之年，初之氣所屬這
段時間中，由於氣候偏涼，所以體易感寒邪而生寒症。「病寒」，即
患寒病。「右」，指司天右間。

「二之氣」，指厥陰風木司天之年，其寒氣加臨的二之氣為太
陽寒水。

「寒不去」，指在二間氣這段時間內，雖然從主氣來說是少陰
君火主事，氣候應該逐漸轉熱，但由於寒氣是太陽寒水，因此氣候
仍然偏寒。

「華雪水冰」，此句意思為厥陰風木之年，二之氣，太陽寒水
用事，春行冬令，氣候仍然十分寒冷。「華」，音義均可用「花」，
「華雪」即雪花。「水冰」，水結成冰。

「殺氣施化」，意即厥陰風木司天之年，二之氣太陽寒水主事，氣候寒冷，寒凝肅殺之氣影響了自然界正常的生理現象，生物應生不生，應長不長，春行冬令，氣候嚴重反常。「殺氣」，指肅殺之氣，「施」，實施，施加，給予之義。

「霜乃降，名草上焦」，意即厥陰風木司天之年，上之氣是太陽用事，氣寒冷，植物不生不長，反而松焦似秋冬。「霜乃降」指氣候寒涼，天降冷霜。「名草上焦」，指植物松萎，應生不生。

「寒雨數至」，指寒冷之氣不斷來襲。

「陽複化」，指由於勝復以及主氣的影響，水氣偏勝所氣候寒涼時，火被水乘，土來復之，因此在經常出現寒潮的同時，氣候也同時出現炎熱的變化，這變是說，二之氣，主氣是少陰君火，本來氣候應該逐漸轉熱，但由於客氣是太陽寒水，所以氣候反偏於寒涼，由於勝復原因及主氣的影響，所以這一段時間內有時會出現熱象。

「民病熱於中」，意即厥陰風木司天之年，二之氣這段時間中，主氣是少陰君火，氣候應熱，客氣是太陽寒水，氣候應寒，人體亦應之。因此，容易出現表寒裡熱或熱鬱於裡的裡熱病症。

「三之氣」，指厥陰風木司天之年，其客氣的三之氣為厥陰風木。

「天政布」，即司天之氣布於四方。

「風乃時舉」，即由於厥陰主風，所以這一年風氣偏勝，其中又以上半年，特別是三之氣所屬的這段時間內，風氣尤為偏勝，氣候也轉為溫熱。

「民病泣出耳鳴掉眩」，指厥陰風木司天之年，風氣偏勝，特別是在三之氣所屬的這一段時間中，風氣尤其。因此，人體也易感

風邪，或由於氣候原因肝氣偏勝而在臨床上發生流淚，耳作轟鳴，蟬鳴，肢體抽搐，眩暈等症狀。

以上這些病症，從定位來說都可以定位在肝，從定性上說都可定性為風。

「四之氣」，指厥陰風木司天之年，其客氣加臨的四之氣為少陰君火。

「四之氣，溽暑濕熱相搏，爭於左之上」，意思是厥陰風木司天之年，四之氣，主氣是太陰濕土，氣候偏濕，客氣是少陰君火，氣候偏熱，所以這一年的四之氣這一段時間中，氣候偏濕偏熱，暑濕交爭。

「發病黃癉而為胕腫」，即厥陰風木司天之年，四之氣，濕熱交爭，人體易感濕熱之邪或在氣候影響下，出現濕熱變化而在臨床上發生黃疸，膚腫等濕熱病症。「黃癉」即黃疸。「胕腫」即膚腫。

「五之氣」，指厥陰風木司天之年，其客氣加臨的五之氣為太陰濕土。

「燥濕更勝」，指氣候涼而乾燥與熱而潮濕交替偏勝。意為在五之氣所屬的這段時間內，由於主氣是陽明燥金，在正常情況下氣候應該轉涼轉燥，但是客氣是太陰濕土，氣候又偏熱，偏濕，在客氣與主氣的相互作用和影響下，這一段時間出現涼燥與濕熱交替出現的現象，氣候變化反常。

「沉陰乃布，寒氣及體，風雨乃行」，此為承上所言，是對客氣偏勝時的自然景象的描述，意即天空低沉，烏雲密佈，氣候轉涼，雨水偏多。

「終之氣」，指厥陰風木司天之年，其客氣加臨的終之氣為少陽相火。

「畏火司令」，指少陽相火化泉。

「陽乃大化」，指由於少陽主火，所以厥陰風木司天之年的下半年，尤其在終之氣所屬的這一段時間內，陽氣偏盛，氣候偏熱。

「蟄蟲初見，流水不冰」，這是對氣候偏熱，多行復令的描述。意即冬天裡氣候偏熱，應冷不冷，因而小動物應藏不藏，河水應冰不冰。

「地氣大發，草乃生」，其指厥陰風木司天之年，由於少陽相火在泉，冬季裡應寒不寒，應藏不藏，冬行春令，杆物如同在春天一樣萌芽生長，這屬於氣候、物候嚴重的反常。

「人乃舒」，意即由於少陽在泉，多行春令，人體亦與之相應而出現陽氣偏勝的現象，屬於反常。

「其病溫厲」，承上而言，意即由於厥陰風木司天之年，少陽相火在泉，氣候偏熱，冬行春令，應藏不藏，所以在當年終之氣所屬的這段時間內以及第二年春天均皆易生溫病。

「必折其鬱氣，資其化源，贊其運氣，無使邪勝」，此指厥陰風木司天之年，在治療上一方面要處理其偏勝之氣，另一方面又要對全身正氣及其可能受害的器官進行先期支持。

「歲宜以辛調上，以鹹調下」，意即厥陰風木司天之年，上半年風氣偏勝，風與人體的肝有密切關係，所以應適當選用味辛性溫的藥或食物來對人體的肝進行調理。少陽相火在泉，下半年氣候偏熱，火與人體的心密切相關，所以應適用味鹹性寒的藥物或食物來對人體的心進行調理。

「畏火之氣，無妄犯之」，意即在泉少陽相火之氣，不能亂用清火的治療的方法。

第二章 六十甲子運氣詳解（2）

上一章的《六十甲子運氣》詳解，實際上已經把一甲子六十年中每年的運氣情況加以講解了，但上章的編排卻不是按照六十甲子干支序列順序的。上章是以三陰三陽司天為綱，以運、化、病、變為目，對各年份運氣情況加以解釋的。

為了便於讀者的學習和查閱，本章根據原文，按照一甲子六十年干支序列的順序，再清單講解一甲子六十年的運氣情況。

古人認為從甲子到癸巳，三十歲為一紀，復從甲午而至癸亥，六十歲為一周，故此有如下的排列。

原文

五運氣行主歲之紀，其有常數乎？歧伯曰：臣請次之。

甲子，甲午歲。

上少陰火，中太宮土運，下陽明金，熱化二，雨化五，燥化四，所謂正化日也。其化上鹹寒，中苦熱，不酸熱，所謂藥食宜也。

釋解

本段講解甲子、甲午年。

「上少陰火，中太宮土運，下陽明金」，全句意為甲子、甲午

之年是土運太過之年，少陰君火司天，陽明燥金在泉。

「熱化二」，此兩年為少陰君火司天，少陰主熱，故上半年之氣候偏熱，萬物感熱氣而化生。「二」為火之生數。

「雨化五」即甲子、甲午兩年為土運太過之年，土主濕，故長夏季節這一段時間裡，濕氣偏盛，雨水偏多，萬物感雨濕之氣而化生。「五」為土之生數。

「燥化四」，指甲子、甲午兩年為陽明燥金在泉。陽明主涼，主燥，故下半年氣候偏涼，偏燥，萬物感涼氣、燥氣而化生。「四」為金之生數。

「正化日」，所謂「正化」，即各個有關年份氣候上的正常變化，在這兩年中出現熱化、雨化、燥化的氣候、物候現象，是這兩年歲運、歲氣變化之常。

「其化」，即指根據這兩年氣候變化特點。

「上鹹寒」，指上半年由於少陰司天，氣候偏熱，所以在疾病治療上及飲食調理中以味鹹性寒的藥物或食物為適宜。

「中苦熱」，指歲運由於是屬於土運太過之年，長夏季節，濕熱交蒸，雨濕流行，所以在疾病治療及飲食調理上，以味苦性熱的藥物或食物為適宜。

「下酸熱」，指下半年由於陽明在泉，氣候偏涼，偏燥，所以在疾病治療及飲食調理上以味酸性熱的藥物或食物為適宜。

原文

乙丑、乙未歲。

上太陰土，中少商金運，下太陽水。熱化寒化勝復同，所謂邪氣化日也。災七宮，濕化五，清化四，寒化六，所謂正化日也。其化上苦熱，中酸和，下甘熱，所謂藥食宜也。

釋解

本段講解乙丑、乙未兩年。

「上太陰土」，指太陰濕土司天。

「中少商金運」，指金運不及之年。

「下太陽水」，指太陽寒水在泉。

「熱化寒化勝復同」，「熱化」指金運不及之年，秋天裡應涼不涼，比較炎熱，用五的行的概念來說就是金運不及，火來乘之。「寒化」，指金運不及之年，火來乘金，但是火氣過於偏勝時，由於氣候自然調節的原因，寒氣又要來復，這一年的冬天又會出現氣候偏冷的現象。

「所謂邪氣化日也」，意即前述之「熱化寒化勝復同」現象，是一種比較反常的氣候變化。

「災七宮」，意即乙丑、乙未兩年，自然災害主要發生在西方。「災」即災害。「七宮」根據《靈樞—九宮八風》篇中九宮圖，位居西方。

「濕化」，指乙丑、乙未兩年這太陰司天，太陰主濕，故上半年氣候偏濕，這一段時間萬物感濕氣而化生。「五」，是土之生數。

「清化」，指乙丑、乙未兩年金運不及，金主清涼，主燥。金

運不及，意味著這兩年秋季應涼不涼，應燥不燥。秋季生物的正常生長受到影響。「四」，是金之生數。

「寒化」，指乙丑、乙未兩年為太陽在泉，太陽主寒，故這兩年下半年氣候偏寒，萬物因過於寒冷而停止生長。「六」，這水的成數。

「上苦熱」，指上半年由於太陰司天，氣候偏濕，所以在疾病的治療及飲食的調理上，以味苦性溫的藥物或食物為適宜。

「中酸和」，指由於是金運不及之年，應涼不涼，應收不收，所以在疾病的治療及飲食的調理上，以酸味而性平和的藥物或食物為適宜。

「下甘熱」，指下半年為太陽在泉，氣候偏寒，所以在疾病的治療及飲食的調理上，以味甘性濕的藥物或食物為適宜。

以上就是這兩年藥物及飲食之所宜。

原文

丙寅、丙申歲。

上少陽相火，中太羽水運，下厥陰木，火化二，寒化六，風化三，所謂正化日也。其化上鹹寒，中咸溫，下辛溫，所謂藥食宜也。

釋解

本段講解丙寅、丙申兩年。

「上少陽相火，中太羽水運，下厥陰木」，意即丙寅、丙申兩

年為水運太過之年，少陽相火司天，厥陰風木在泉。

「火化」，因丙寅、丙申兩年為少陽相火司天，少陽主火，因此上半年氣候炎熱，萬物感此炎熱之氣而化生。「二」，為火之生數。

「寒化」，指丙寅、丙申兩年為水運太過之年，水主寒，故這兩年的冬天氣候嚴寒，萬物因氣候過於寒冷停止生長。「六」，為水之成數。

（注，此處氣候變化用成數而不用生數，是由於主氣是太陽寒水，本來就偏於寒冷，現在再加上歲運為水運太過，所以寒上加寒，因此這裡也用水的成數而不用水的生數以示極寒。）

「風化」，指丙寅、丙申兩年為厥陰風木在泉，厥陰主風，故這兩年之下半年風氣偏勝，氣候偏濕，萬物感風氣而化生。「三」，為木的成數。

「上鹹寒」，指上半年由於少陽相火司天，氣候偏熱，所以在疾病的治療及飲食的調理上，以味鹹性寒的藥物或食物為適宜。

「中咸溫」，指由於歲運是水運太過之年，氣候偏寒，寒能傷腎，所以在疾病的治療及飲食的調理上，以味咸性溫的藥物或食物為適宜。

「下辛溫」，指下半年由於厥陰風木在泉，風氣偏勝，氣候偏溫，所以在疾病的治療及飲食的調理上，以味辛性溫的藥物或食物為適宜。

丁卯、丁酉歲。

上陽明金，中少角木運，下少陰火，清化勝復同，所謂邪氣化日也。災三宮，燥化九，風化三，熱化七，所謂正化日也。其化上苦小溫，中辛和，下鹹寒，所謂藥食宜也。

本段講解丁卯、丁酉兩年。

「上陽明金，中少角木運，下少陰火」，意思是丁卯、丁酉兩年這木運不及之年，陽明燥金司天，少陰君火在泉。

「清化」，指木運不及之年，春天裡應溫不溫，氣候偏涼。

「熱化」，指木運不及之年，金來乘木，但是金氣過於偏勝時，由於氣候自然的原因，火氣又要來復，這一年的夏天又會出現偏熱的現象。

「災三宮」意即丁卯、丁酉兩年的主要自然災害發生在東方。

「燥化」，指丁卯、丁酉兩年為陽明燥金司天，陽明主涼，主燥，故上半年氣候偏涼，偏燥，萬物感此涼燥之氣而化生。「九」為金之成數。

「風化」，指丁卯、丁酉兩年為木運不及之年，木主風主溫。木運不及意味著這兩年的春季應溫不溫，氣候偏涼，春季生物的萌發生長受到影響。「三」，為木之生數。

「熱化」，指丁卯、丁酉兩年為少陰君火司天，少陰主熱，萬物因感此火熱之氣而生長。「七」，為火之成數。

「上苦小溫」，指上半年由於陽明燥金司天，氣候偏涼，故在

疾病的治療及飲食的調理上，以味苦性溫的藥物或食物為適宜。

「中辛和」，指由於是木運不及之年，氣候應溫不溫，肝氣不及，故在疾病的治療及飲食的調理上，以味辛性較溫和的藥物或食物為適宜。

「下鹹寒」，指由於下半年少陰君火在泉，氣候偏熱，故在疾病的治療及飲食的調理上，以味鹹性寒的藥物或食物為適宜。

原文

戊辰，戊戌歲。

上太陽水，中太徵火運，下太陰土，寒化六，熱化七，濕化五，所謂正化日也，其化上苦溫，中甘和，下甘溫，所謂藥食宜也。

釋解

本段講解戊辰、戊戌兩年。

「上太陽水，中太徵火運，下太陰土」，意思是戊辰、戊戌兩年為火運太過之年，太陽寒水司天，太陰濕土在泉。

「寒化」，指戊辰、戊戌兩年為太陽寒水司天，太陽主寒，故上半年氣候寒冷，萬物因氣候寒冷而在化生上受到影響。「六」，為水之成數。

「熱化」，指戊辰、戊戌兩年為火運太過之年，火主熱，因此這兩年的夏天氣候炎熱，萬物感炎熱之氣而生長。「七」為火之成數。

「濕化」，指戊辰、戊戌兩年為太陰濕土在泉，太陰主濕，因此這兩年的下半年，濕氣偏盛，雨水偏多，萬物感此雨濕之氣而化。「五」，為土之生數。

「上苦溫」，指上半年由於太陽寒水司天，氣候偏寒，所以在疾病的治療及飲食的調理上，以味苦性溫的藥物或食物為適宜。

「中甘和」，指由於歲運是火運太過之年，氣候偏熱，所以在疾病的治療及飲食的調理上，以味甘而性比較平和的藥物或食物為適宜。

此處為什麼要用「甘和」而不用重劑呢？這是因為太陽司天，水氣偏勝，「火化減半」，氣候並非大熱的緣故。

「下甘溫」，指下半年由於太陰濕土在泉，濕氣偏勝，所以在疾病的治療及飲食的調理上，以味甘性溫的藥物或食物為適宜。

原文

己巳、己亥歲。

上陰厥陰風木，中少宮土運，下少陽相火，風化清化勝復同，所謂邪氣化日也。災五宮，風化三，濕化五，火化七，所謂正化日也。其化上辛涼，中甘和，下鹹寒，所謂藥食宜也。

釋解

本段講解己巳、己亥兩年的情況。

「上陰厥陰風木，中少宮土運，下少陽相火」，意思是己巳、己亥兩年為土運不及之年，厥陰風木司天，少陽相火在泉。

「風化清化勝復同」，意思是己巳、己亥兩年為土運不及之年，土運不及木來求之，因此這兩年的長夏季節風氣偏勝，雨水減少。但是由於勝復的原因，風氣偏勝時，清金之氣又必然來復，因此到了秋季，氣候又較一般年份清涼。

「災五宮」，按照《靈樞》九宮圖，「五宮」即中宮，表中央，意即己巳、己亥兩年己巳、己亥兩年的自然災害主要發生在中央地區。

「風化」，指己巳、己亥兩年為厥陰風木司天，厥陰主風，主溫，因此上半年風氣偏勝，氣候偏溫，萬物因氣候溫暖，風氣偏勝而生長。「三」，為木之生數。

「濕化」，指己巳、己亥兩年為土運不及之年，土運不及，風乃大行，故這兩年的長夏季節雨水不多，應濕不濕，出現旱象。萬物因雨水不足而在化生上受到影響。「五」，為土之生數。

「火化」，指己巳、己亥兩年為少陽相火在泉，少陽主火，主熱，因此下半年火氣偏勝，氣候偏熱，萬物因氣候偏熱而生長。「七」，火之成數。

「上辛涼」，指上半年由於厥陰風木司天，氣候偏濕，風氣偏勝，故在疾病的治療及飲食的調理上，以味辛性涼的藥物或食物為適宜。

「中甘和」，指由於歲運是土運不及之年，故在疾病的治療及飲食的調理上，以味甘性和的藥物或食物為適宜。

「下鹹寒」，指由於下半年少陽相火在泉，火氣偏盛，故在疾病的治療及飲食的調理上，以味鹹性寒的藥物或食物為適宜。

原文

庚午、庚子歲。

上少陰火，中太商金運，下陽明金，熱化七，清化九，燥化九，所謂正化日也。其化上鹹寒，中辛溫，下酸溫，所謂藥食宜也。

釋解

本段講解庚午、庚子兩年的情況。

「上少陰火，中太商金運，下陽明金」，意思是庚午、庚子兩年為金運太過之年，少陰君火司天，陽明燥金在泉。

「熱化」，指庚午、庚子兩年為少陰君火司天，少陰主熱，故這兩年上半年氣候偏熱，萬物感此火熱之氣而生長。「七」，為火之成數。

「清化」，指庚午、庚子兩年為金運太過之年，金主涼，主燥，因此這兩年的秋天來的較早，氣候特別清涼而乾燥，萬物感此涼燥之氣而影響正常生長和收成。「九」，為金之成數。此處之所以用成數而不用生數，是因為這兩年為金運太過的緣故。

「燥化」，指庚午、庚子兩年這陽明燥金在泉，因此這兩年的下半年氣候偏涼，偏燥，萬物生長收成因此而受到影響。「九」，為金之成數，此處用成數，其原因與前「清化九」相同。

「上鹹寒」，指上半年由於是少陰君火司天，氣候偏熱，所以在疾病的治療及飲食的調理上，以味鹹性寒的藥物或食物為適宜。

「中辛溫」，指由於歲運是金運太過之年，氣候偏涼，所以在疾病的治療及飲食的調理上，以味辛性溫的藥物或食物為適宜。

「下酸溫」，指下半年陽明燥金在泉，氣候偏涼，所以在疾病的治療及飲食的調理上，以味酸性溫的藥物或食物為適宜。

辛未、辛丑歲。

上太陰土，中少羽水運，下太陽水，雨化風化勝復同，所謂邪氣化日也。災一宮。雨化五，寒化一，所謂正化日也。其化上苦熱，中苦和，下苦熱，所謂藥食宜也。

本段講解辛未、辛丑兩年的情況。

「上太陰土，中少羽水運，下太陽水」，意思是辛未、辛丑兩年為水運不及之年，太陰濕土司天，太陽寒水在泉。

「雨化風化勝復同」，指辛未、辛丑兩年為水運不及之年，水運不及，土來乘之，因此這一年的客運初運及冬季可以出現濕氣偏勝的現象，但是由於勝復的原因，濕氣偏勝的時候，風氣又必然來復，因此，有時又可以出現風氣偏勝的氣候變化。

「災一宮」，按《靈樞》九宮圖，「一宮」代表北方，「災一宮」意即辛未、辛丑兩年自然災害主要發生在北方地區。

「雨化」，指辛未、辛丑兩年為太陰濕土司天，太陰主濕，因此這兩年的上半年濕氣偏勝，萬物感此雨濕之氣而化生。「五」，為土之生數。

「寒化」，指辛未、辛丑兩年為水運不及之年，水主寒，因此

這兩年冬令來遲，應寒不寒，萬物也因此而應藏不藏，在化生上受到影響。「一」，為水之生數。

「上苦熱」，指上半年為太陰濕土司天，氣候偏於濕，故在疾病的治療及飲食的調理上，以味苦性熱的藥物或食物為適宜。

「中苦和」，指由於歲運是水運不及之年，濕大行，應寒不寒，氣候偏熱，濕熱交蒸，故在疾病的治療及飲食的調理上，以味苦性平和的藥物或食物為適宜。

「下苦熱」，指由於太陽寒水在泉，氣候本應寒冷，但由於濕大行，所以在疾病的治療及飲食的調理上，以味苦性熱的藥物或食物為適宜。

原文

壬申、壬寅歲。

上少陽相火，中太角木運，下厥陰木，火化二，風化八，所謂正化日也。其化上鹹寒，中酸和，下辛涼，所謂藥食宜也。

釋解

本段講解壬申、壬寅兩年的情況。

「少陽相火，中太角木運，下厥陰木」，意思是壬申、壬寅兩年壬申、壬寅兩年壬申、壬寅兩年為木運太過之年，少陽相火司天，厥陰風木在泉。

「火化」，指壬申、壬寅兩年為少陽相火司天，少陽主火，故這兩年的上半年氣候偏熱，萬物感此火熱之氣而化生。「二」，為火

之生數。

「風化」，指壬申、壬寅兩年為木運太過之年，木主風主濕，故這兩年春令來早，風氣偏勝，氣候偏濕，萬物感此偏勝之氣而化生。「八」，為木之成數。

「上鹹寒」，指壬申、壬寅兩年的上半年由於少陽相火司天，氣候偏熱，故在疾病的治療及飲食的調理上，以味鹹性寒的藥物或食物為適宜。

「中酸和」，指壬申、壬寅兩年由於歲運是木運太過之年，風氣偏勝，氣候偏溫，人體相應肝氣偏勝，故在疾病的治療及飲食的調理上，以味酸性平和的藥物或食物為適宜。

「下辛涼」，指壬申、壬寅兩年的下半年由於厥陰風木在泉，故在疾病的治療及飲食的調理上，以味辛性涼的藥物或食物為適宜。

原文

癸酉、癸卯歲。

上陽明金，中少徵火運，下少陰火，寒化雨化勝復同，所謂邪氣化日也。災九宮，燥化九，熱化二，所謂正化日也。其化上苦小溫，中咸溫，下鹹寒，所謂藥食宜也。

釋解

本段講解癸酉、癸卯兩年的情況。

「上陽明金，中少徵火運，下少陰火」，指癸酉、癸卯兩年為

火運不及之年，陽明燥金司天，少陰君火在泉。

「寒化」，指太陽寒水之氣。

「雨化」，指太陰濕土之氣。

「寒化雨化勝復同」，指癸酉、癸卯兩年為火運不及之年，火運不及，水來乘之，因此這兩年的客運初運所屬的這一段時間及這一年的夏季可以出現暴寒的氣候變化。但是由於勝復的原因，寒氣偏勝時，濕氣又必然來復，因此有時又可以出現氣候偏濕、偏熱的氣候變化。

「災九宮」，按《靈樞》九宮圖，「九宮」代表南方，「災九宮」即癸酉、癸卯兩年自然災害主要發生在南方地區。

「燥化」，即癸酉、癸卯兩年為陽明燥金司天，陽明主涼、主燥，因此這兩年上半年氣候偏涼，偏燥，萬物因氣候偏涼、偏燥而在生長上受到影響。「九」，為金之成數。此處是用成數而不是用生數，是因為這兩年為火運不及之年，火運不及，應熱不熱，氣候必然相對偏寒，再加上陽明司天，氣候又涼，所以此處用成數而不用生數。

「熱化」，即癸酉、癸卯兩年為火運不及之年，因此這兩年夏令來遲，應熱不熱，萬物因為夏令應熱不熱，氣候偏涼而影響了生長。「二」，為火之生數。

「上苦小溫」，指上半年由於陽明燥金司天，氣候偏涼，所以在疾病的治療及飲食的調理上，以味苦性小溫的藥物或食物為適宜。

「中鹹溫」，指由於這兩年是火運不及之年，氣候偏涼，應熱不熱，人體心氣不足，所以在疾病的治療及飲食的調理上，以味鹹性溫的藥物或食物為適宜。

　　「下鹹寒」，指這兩年之下半年由於少陰君火在泉，氣候偏於熱，所以在疾病的治療及飲食的調理上，以味鹹性寒的藥物或食物為適宜。

原文

甲戌、甲辰歲。

　　上太陽水，中太宮土運，下太陰土，寒化六，濕化五，正化日也。其化上苦熱，中苦溫，下苦溫，藥食宜也。

釋解

　　本段講解甲戌、甲辰兩年的情況。

　　「上太陽水，中太宮土運，下太陰土」，意即是甲戌、甲辰兩年甲戌、甲辰兩年為土運太過之年，太陽寒水司天，太陰濕土在泉。

　　「寒化」，意思是甲戌、甲辰兩年為太陽寒水司天，太陽主寒，因此這兩年上半年為寒氣偏勝，氣候偏寒，萬物因為氣候寒涼，應溫不溫而影響生長。「六」，為水之成數。

　　「濕化」，指甲戌、甲辰兩年是土運太過之年，因此這兩年的長夏以及客運初運所屬的時間中雨濕偏勝，萬物感此雨濕之氣而化生。「五」，為土之生數。

　　「上苦熱」，指甲戌、甲辰兩年上半年由於太陽寒水司天，氣候偏寒，再加上歲運為土運太過，客運濕氣偏勝，氣候以寒濕為特點，所以在疾病的治療及飲食的調理上，以味苦性熱的藥物或食物

為適宜。

「中苦溫」，指甲戌、甲辰兩年為土運太過之年，濕氣偏勝，所以在疾病的治療及飲食的調理上，以味苦性溫的藥物或食物為適宜。

「下苦溫」，指甲戌、甲辰兩年為太陰濕土，濕氣偏勝，與歲運相同，所以在疾病的治療及飲食的調理上，以味苦性溫的藥物或食物為適宜。

原文

乙亥、乙巳歲。

上厥陰木，中少商金運，下少陽相火，熱化寒化勝復同，邪氣化日也。災七宮，風化八，清化四，火化二，正化度也。其化上辛涼，中酸和，下鹹寒，藥食宜也。

釋解

本段講解乙亥、乙巳兩年的情況。

「上陽明金，中少徵火運，下少陰火」，指乙亥、乙巳兩年為金運不及之年，厥陰風木司天，少陽相火在泉。

「寒化」，指太陽寒水之氣。

「熱化」，指少陰君火或少陽相火之氣。

「熱化寒化勝復同」，指乙亥、乙巳兩年為金運不及之年，金運不及，火來乘之，因此這兩年的秋天應涼不涼，氣候偏熱。但是由於勝復的原因，水氣又必然來復，因此冬天有時又可以出現偏寒

的氣候變化。

「災七宮」，按《靈樞》九宮圖，「七宮」代表西方，「災七宮」即乙亥、乙巳兩年自然災害主要發生在西方地區。

「風化」，即乙亥、乙巳兩年司天之氣為厥陰風木，厥陰主風主溫，因此這兩年上半年氣候偏勝，氣候偏溫，萬物感此偏勝之風而化生。「九」，為木之成數。

「清化」，此乙亥、乙巳兩年為金運不及之年，金主涼主燥，因此這兩年的秋天應涼不涼，應收不收，萬物感此涼燥而影響正常生長收成。「四」為金之生數。

「火化」，即乙亥、乙巳兩年的在泉之氣為少陽相火，少陽主火主熱，因此這兩年下半年氣候應該偏熱，萬物因氣候應寒不寒，應藏不藏而影響了生長。「二」，為火之生數。

「上辛涼」，指乙亥、乙巳兩年上半年由於厥陰風木司天，氣候偏勝，氣候偏溫，所以在疾病的治療及飲食的調理上，以味辛性涼的藥物或食物為適宜。

「中酸和」，指由於這兩年是金運不及之年，氣候偏溫，肝氣偏勝，所以在疾病的治療及飲食的調理上，以味酸性平和的藥物或食物為適宜。

「下鹹寒」，指這兩年之下半年由於少陽相火在泉，氣候偏於熱，所以在疾病的治療及飲食的調理上，以味鹹性寒的藥物或食物為適宜。

原文

丙子、丙午歲。

上少陰火，中太羽水運，下陽明金，熱化二，寒化六，清化四，正化度也，其化上鹹寒，中鹹熱，下酸溫，藥食宜也。

釋解

本段講解丙子、丙午兩年的情況。

「上少陰火，中太羽水運，下陽明金」，意思是丙子、丙午兩年為水運太過之年，少陰君火司天，陽明燥金在泉。

「熱化」，即丙子、丙午兩年為少陰君火司天，少陰主熱，因此這兩年的上半年氣候偏熱，萬物感此偏熱之氣而化生。「二」，為火之生數。

「寒化」，即丙子、丙午兩年的歲運為水運太過，水主寒，因此這兩年冬天特別寒冷。「六」，為水之成數。

「清化」，指丙子、丙午兩年為陽明燥金在泉，陽明主涼主燥，因此這兩年下半年偏涼。「四」，為金之生數。

「上鹹寒」，指丙子、丙午兩年上半年氣候偏熱，所以在疾病的治療及飲食的調理上，以味鹹性寒的藥物或食物為適宜。

「中鹹熱」，指丙子、丙午兩年為水運太過，本年客運初運所屬時間及冬季氣候特冷，寒能傷腎傷心，所以在疾病的治療及飲食的調理上，以味鹹性熱的藥物或食物為適宜。

「下酸溫」，指丙子、丙午兩年為陽明燥金在泉，下半年氣候特涼、偏燥，所以在疾病的治療及飲食的調理上，以味酸性溫的藥物或食物為適宜。

原文

丁丑、丁未歲。

　　上太陰土，中少角木運，下太陽水，清化熱化勝復同，邪氣化度也。災三宮，雨化五，風化三，寒化一，正化度也。其化上苦溫，中辛溫，下甘熱，藥食宜也。

釋解

　　本節講解丁丑、丁未兩年的情況。

　　「上太陰土，中少角木運，下太陽水」，是指丁丑、丁未兩年為木運不及之年，太陰濕土司天，太陽寒水在泉。

　　「清化熱化勝復同」，意思是丁丑、丁未兩年為木運不及之年，木運不及，金來乘之，因此這兩年春季雖然一般說來氣候偏涼，應溫不溫，但是由於金氣偏勝，火氣必然來復，因此此兩年的夏季又可能出現偏熱現象以求自調。

　　「清化」，指陽明燥金之氣。

　　「熱化」，指少陰君火或少陽相火之氣。

　　「邪氣化度也」，意思即前述之「清化熱化勝復同」現象，雖然是一種自調現象，但畢竟是一種反常的氣候變化。這種反常的氣候變化，尤其以歲運不及之年表現明顯。

　　「災三宮」，指丁丑、丁未兩年的自然災害主要發生在東方地區。「三宮」，指東方。

　　「雨化」，指丁丑、丁未兩年為木運不及之年，上半年氣候偏濕，降雨量多。「五」為土之生數。

　　「風化」指丁丑、丁未兩年為木運不及之氣，春天應溫不溫，

應生不生，氣候偏涼。「三」，為木之生數。

「寒化」，指丁丑、丁未兩年太陽寒水在泉，下半年氣候偏寒。「一」，為水之生數。

「上苦溫」，指丁丑、丁未兩年為太陰濕土司天，上半年濕氣偏盛，所以在疾病的治療及飲食的調理上，以味苦性溫的藥物或食物為適宜。

「中辛溫」，指丁丑、丁未兩年為木運不及，氣候偏涼，所以在疾病的治療及飲食的調理上，以味辛性溫的藥物或食物為適宜。

「下甘熱」，指丁丑、丁未兩年為太陽寒水在泉，氣候偏寒，所以在疾病的治療及飲食的調理上，以味甘性熱的藥物或食物為適宜。

原文

戊寅、戊申歲。

上少陽相火，中太徵火運，下厥陰風，火化七，風化三，正化度也。其化上鹹寒，中甘和，下辛涼，藥食宜也。

釋解

本節講解戊寅、戊申兩年的情況。

「上少陽相火，中太徵火運，下厥陰風」，意思是戊寅、戊申兩年為火電廠運太過之年，少陽相火司天，厥陰風木在泉。

「火化」，指戊寅、戊申兩年為少陽相火司天，上半年氣候偏熱，風氣偏勝。「七」，為火之成數。

　　「風化」，指戊寅、戊申兩年為厥陰風木在泉，氣候偏溫，風氣偏勝。「三」，為木之生數。

　　「上鹹寒」，指戊寅、戊申兩年由於是少陽相火司天，氣候偏熱，所以在疾病的治療及飲食的調理上，以味鹹性寒的藥物或食物為適宜。

　　「中甘和」，指戊寅、戊申兩年為火運太過之年，夏季特別熱，所以在疾病的治療及飲食的調理上，以味甘性寒的藥物或食物為適宜，因此甘寒可以養陰清熱。

　　「下辛涼」，指戊寅、戊申兩年為厥陰年木在泉，氣候偏溫，風氣偏勝，所以在疾病的治療及飲食的調理上，以味辛性涼的藥物或食物為適宜。

> ### 原文
>
> # 己卯、己酉歲。
>
> 　　上陽明金，中少宮土運，下少陰火，風化清化勝復同，邪氣化度也。災五宮，清化九，雨化五，熱化七，正化度也。其化上苦小溫，中甘和，下鹹寒，藥食宜也。

> ### 釋解

　　本節講解己卯、己酉兩年的情況。

　　「上陽明金，中少宮土運，下少陰火」，意思為己卯、己酉兩年是土運不及之年，陽明燥金司天，少陰君火在泉。

　　「風化清化勝復同」，意思即己卯、己酉兩年土運不及，風乃

大行，這兩年長夏季節應濕不濕，雨量減少，風氣偏勝。由於勝復的原因，風氣偏勝，金氣必然來復，因此這兩年的秋季，氣候又比一般年份偏涼以求自調。

「風化」，指厥陰風木之氣。

「清化」，指陽明燥金之氣。

「災五宮」，即己卯、己酉兩年自然災害主要發生在中央地區。「五宮」表示中央。

「清化」，指己卯、己酉兩年為陽明燥金司天，上半年氣候偏涼。「九」，為金之生數。

「雨化五」，指己卯、己酉兩年的歲運為土運不及，因此這兩年長夏季節，應濕不濕，雨水減少，風氣偏勝，出現旱象。「五」，為土之生數。

「熱化七」，指己卯、己酉兩年為少陰君火在泉，下半年氣候偏熱。「七」，為火之成數。

「上苦小溫」，指己卯、己酉兩年為陽明燥金司天，上半年氣候偏涼，所以在疾病的治療及飲食的調理上，以味苦性小溫的藥物或食物為適宜。

「中甘和」，指己卯、己酉兩年土運不及，甘為土之味，所以在疾病的治療及飲食的調理上，以味甘性和的藥物或食物為適宜。

「下鹹寒」，指己卯、己酉兩年少陰君火在泉，下半年氣候偏熱，所以在疾病的治療及飲食的調理上，以味鹹性寒的藥物或食物為適宜。

庚辰、庚戌歲。

上太陽水，中太商金運，下太陰土。寒化一，清化九，雨化五，正化度也，其化上苦熱，中辛溫，下甘熱，藥食宜也。

釋解

本段講解庚辰、庚戌兩年的情況。

「上太陽水，中太商金運，下太陰土」，意思是指庚辰、庚戌兩年為金運太過之年，太陽寒水司天，太陰濕土在泉。

「寒化一」，指庚辰、庚戌兩年為太陽寒水司天，上半年氣候偏寒。「一」為水之生數。

「清化九」，指庚辰、庚戌兩年為金運太過之年，秋季偏涼，偏燥。「九」為金之成數。

「雨化五」，指庚辰、庚戌兩年為太陰濕土在泉，下半年氣候偏濕，降雨量多。「五」為土之生數。

「上苦熱」，指庚辰、庚戌兩年為太陽寒水司天，氣候偏寒，所以在疾病的治療及飲食的調理上，以味苦性熱的藥物或食物為適宜。

「中辛溫」，指庚辰、庚戌兩年為金運太過之年，秋季偏涼偏燥，所以在疾病的治療及飲食的調理上，以味辛性溫的藥物或食物為適宜。

「下甘熱」，指庚辰、庚戌兩年為太陰濕土在泉，氣候偏濕，所以在疾病的治療及飲食的調理上，以味甘性熱的藥物或食物為適宜。

原文

辛巳、辛亥歲。

上厥陰木，中少羽水運，下少陰相火，雨化風化勝復同，邪氣化度也。災一宮，風化三，寒化一，火化七，正化度也。其化上辛涼，中苦和，下鹹寒，藥食宜也。

釋解

本節講解辛巳、辛亥兩年的情況。

「上厥陰木，中少羽水運，下少陰相火」，意思是辛巳、辛亥兩年為水運不及之年，厥陰風木司天，少陰相火在泉。

「雨化風化勝復同」，意思是辛巳、辛亥兩年水運不及，土來乘之，土氣偏勝，木又來復。

「雨化」，指太陰濕土之氣。

「風化」，指厥陰風木之氣。

「災一宮」。指辛巳、辛亥兩年主要自然災害發生在北方地區。「一宮」，表北方。

「風化三」，指辛巳、辛亥兩年為厥陰風木司天，上半年風氣偏勝，氣候偏濕。「三」為木之生數。

「寒化一」，指辛巳、辛亥兩年為水運不及，冬天裡應冷不冷，應藏不藏。「一」為水之生數。

「火化七」，指辛巳、辛亥兩年為少陽相火在泉，下半年氣候偏熱。「七」為火之成數

「上辛涼」，指辛巳、辛亥兩年為厥陰風木司天，上半年風氣偏勝，氣候偏濕，所以在疾病的治療及飲食的調理上，以味辛性涼

的藥物或食物為適宜。

「中苦和」，指辛巳、辛亥兩年為水運不及，冬天裡氣候偏熱，應藏不藏。所以在疾病的治療及飲食的調理上，以味苦性平和的藥物或食物為適宜。

「下鹹寒」，指辛巳、辛亥兩年為少陽相火在泉，下半年氣候偏熱，火氣太過，所以在疾病的治療及飲食的調理上，以味鹹性寒的藥物或食物為適宜。

原文

壬午、壬子歲。

上少陰火，中太角木運，下陽明金，熱化二，風化八，清化四。正化度也其化上鹹寒，中酸涼，下酸溫。藥食宜也。

釋解

本節計講解壬午、壬子兩年的情況。

「上少陰火，中太角木運，下陽明金」，意思是壬午、壬子兩年為木運太過之年，少陰君火司天，陽明燥金在泉。

「熱化二」，指壬午、壬子兩年的司天之氣為少陰君火，上半年氣候偏熱。「二」為火之生數。

「風化八」，指壬午、壬子兩年的歲運為木運太過之年，春季裡同氣偏勝，氣候偏溫。「八」為木之成數。

「清化四」，指壬午、壬子兩年為陽明燥金在泉，下半年氣候偏熱偏燥。「四」為金之生數。

「上鹹寒」，指壬午、壬子兩年的司天之氣為少陰君火，上半年氣候偏熱，所以在疾病的治療及飲食的調理上，以味鹹性寒的藥物或食物為適宜。

「中酸涼」，指壬午、壬子兩年的歲運為木運太過之年，春季裡同氣偏勝，氣候偏溫，所以在疾病的治療及飲食的調理上，以味酸性涼的藥物或食物為適宜。

「下酸溫」，指壬午、壬子兩年為陽明燥金在泉，下半年氣候偏熱偏燥，所以在疾病的治療及飲食的調理上，以味酸性溫的藥物或食物為適宜。

原文

癸未、癸丑歲。

上太陰土，中少徵火運，下太陽水，寒化雨化勝復同。邪氣化度也，災九宮，雨化五，火化二，寒化一，正化度也。其化上苦溫，中鹹溫，下甘熱，藥食宜也。

釋解

本節講解癸未、癸丑兩年的情況。

「上太陰土，中少徵火運，下太陽水」，意思是癸未、癸丑兩年為火運不及之火，太陰濕土司天，太陽寒水在泉。

「寒化雨化勝復同」，意思即癸未、癸丑兩年為火運不及，水來乘之，水氣偏勝，土氣來復。

「寒化」，指太陽寒水之氣。

「雨化」，指太陰濕土之氣。

「災九宮」，指癸未、癸丑兩年主要自然災害發生在南方地區。「九宮」表南方。

「雨化五」，指癸未、癸丑兩年太陰濕土司天，上半年氣候偏濕。「五」為土之生數。

「火化二」，指癸未、癸丑兩年為火運不及之年，夏天裡應熱不熱，應長不長。「二」為火之生數。

「寒化一」，指癸未、癸丑兩年為太陽寒水在泉，下半年氣候偏寒。「一」為水之生數。

「上苦溫」，指癸未、癸丑兩年太陰濕土司天，上半年氣候偏濕，所以在疾病的治療及飲食的調理上，以味苦性溫的藥物或食物為適宜。

「中鹹溫」，指癸未、癸丑兩年為火運不及之年，夏天裡應熱不熱，應長不長，所以在疾病的治療及飲食的調理上，以味鹹性溫的藥物或食物為適宜。

「下甘熱」，指癸未、癸丑兩年為太陽寒水在泉，下半年氣候偏寒，所以在疾病的治療及飲食的調理上，以味甘性熱的藥物或食物為適宜。

原文

甲申、甲寅歲。

上少陽相火，中太宮土運，下厥陰木，火化二，雨化五，風化八，正化度也，其化上鹹寒，中鹹和，下辛涼，藥食宜也。

釋解

本節講解甲申、甲寅兩年的情況。

「上少陽相火，中太宮土運，下厥陰木」，意思是甲申、甲寅兩年為土運太過之年，少陽相火司天，厥陰風木在泉。

「火化二」，指甲申、甲寅兩年為少陽相火司天，上半年氣候偏熱。「二」，為火之生數。

「雨化五」，指甲申、甲寅兩年的歲運為土運太過之氣，長夏季節氣候偏濕，降雨量多。「五」為土之生數。

「風化八」，指甲申、甲寅兩年為厥陰風木在泉，下半年氣候偏勝，氣候偏濕。「八」為木之成數。

「上鹹寒」，指甲申、甲寅兩年為少陽相火司天，氣候偏熱，所以在疾病的治療及飲食的調理上，以味鹹性寒的藥物或食物為適宜。

「中鹹和」，指甲申、甲寅兩年的歲運為土運太過，氣候偏濕，降雨量多，所以在疾病的治療及飲食的調理上，以味鹹性平和的藥物或食物為適宜。

「下辛涼」，指甲申、甲寅兩年為厥陰風木在泉，氣候偏勝，氣候偏濕，所以在疾病的治療及飲食的調理上，以味辛性涼的藥物或食物為適宜。

原文

乙酉、乙卯歲。

上陽明金，中少商金運，下少陰火，熱化寒化勝復同，邪氣化度也。災七宮。燥化四，清化四，熱化二，正化度也。其化上苦小溫，中苦和，下鹹寒，藥食宜也。

釋解

本節講解乙酉、乙卯兩年的情況。

「上陽明金，中少商金運，下少陰火」，意思是乙酉、乙卯兩年為金運不及之年，陽明燥金司天，少陰君火在泉。

「熱化寒化勝復同」，意思是說乙酉、乙卯兩年為金運不及，火來乘之，火氣偏勝，水氣來復的自然氣候變化。

「熱化」，指少陰君火或少陽相火之氣。

「寒化」，指太陽寒水之氣。

「災七宮」，指乙酉、乙卯兩年的自然災害主要發生在西方地區。「七宮」表西方。

「燥化四」，指乙酉、乙卯兩年為陽明燥金司天，上半年氣候偏涼偏燥。「四」為金之生數。

「清化四」，指乙酉、乙卯兩年為金運不及之年，秋天裡氣候應涼不涼。「四」這金之生數。

「熱化二」，指乙酉、乙卯兩年為少陰君火在泉，下半年氣候偏熱。「二」為火之生數。

「上苦小溫」，指乙酉、乙卯兩年為陽明燥金司天，上半年氣候偏涼偏燥，所以在疾病的治療及飲食的調理上，以味苦性小溫的

藥物或食物為適宜。

「中苦和」，指乙酉、乙卯兩年為金運不及之年，火氣來乘，氣候偏熱，秋天裡氣候應涼不涼，所以在疾病的治療及飲食的調理上，以味苦性和的藥物或食物為適宜。

「下鹹寒」，指乙酉、乙卯兩年為少陰君火在泉，下半年氣候偏熱，所以在疾病的治療及飲食的調理上，以味鹹性寒的藥物或食物為適宜。

原文

丙戌、丙辰歲。

上太陽水，中太羽水運，下太陰土，寒化六，雨化五，正化度也，其化上苦熱，中鹹溫，下甘熱，藥食宜也。

釋解

本節講解丙戌、丙辰兩年的情況。

「上太陽水，中太羽水運，下太陰土」，意思是丙戌、丙辰兩年丙戌、丙辰兩年丙戌、丙辰兩年為水運太過之年，太陽寒水司天，太陰濕土在泉。

「寒化六」，指丙戌、丙辰兩年為太陽寒水司天，上半年氣候偏寒。「六」，為水之成數。

「雨化五」，指丙戌、丙辰兩年的在泉之氣為太陰濕土，下半年氣候偏濕。「五」，為土之生數。

「上苦熱」，指丙戌、丙辰兩年為太陽寒水司天，上半年氣候

偏寒，所以在疾病的治療及飲食的調理上，以味苦性熱的藥物或食物為適宜。

「中鹹溫」，指丙戌、丙辰兩年的歲運為水運太過，冬天特別寒冷，所以在疾病的治療及飲食的調理上，以味鹹性溫的藥物或食物為適宜

「下甘熱」，指丙戌、丙辰兩年的在泉之氣為太陰濕土，下半年氣候偏濕，所以在疾病的治療及飲食的調理上，以味甘性熱的藥物或食物為適宜。

原文

丁亥、丁巳歲。

上厥陰木，中少角木運，下少陽相火，清化熱化勝復同，邪氣化度也。災三宮。風化三，火化七，正化度也。其化上辛涼，中辛和，下鹹寒，藥食宜也。

釋解

本節講解丁亥、丁巳兩年的情況。

「上厥陰木，中少角木運，下少陽相火」，意思是丁亥、丁巳兩年為木運不及之年，厥陰風木司天，少陽相火在泉。

「清化熱化勝復同」，指丁亥、丁巳兩年為歲木不及，金來乘之，金氣偏勝，火氣來復的氣候變化。

「清化」，指陽明燥金之氣。

「熱化」，指少陽相火或少陰君火之氣。

「災三宮」，指丁亥、丁巳兩年的自然災害主要發生在東方地區。「三宮」指東方。

「風化三」，指丁亥、丁巳兩年為厥陰風木司天，上半年氣候偏溫，風氣偏勝。「三」為木之生數。

「火化七」，指丁亥、丁巳兩年為少陽相火在泉，下半年氣候偏熱。「七」，為火之成數。

「上辛涼」，指丁亥、丁巳兩年為厥陰風木司天，上半年氣候偏溫，風氣偏勝，所以在疾病的治療及飲食的調理上，以味辛性涼的藥物或食物為適宜。

「中辛和」，指丁亥、丁巳兩年為歲木不及之年，春季應濕不濕，風氣不及，所以在疾病的治療及飲食的調理上，以味辛性和的藥物或食物為適宜。

「下鹹寒」，指丁亥、丁巳兩年為少陽相火在泉，下半年氣候偏熱，所以在疾病的治療及飲食的調理上，以味鹹性寒的藥物或食物為適宜。

原文

戊子、戊午歲。

上少陰火，中太徵火運，下陽明金，熱化七，清化九，正化度也。其化上鹹寒，中甘寒，下酸溫，藥食宜也。

釋解

本段講解戊子、戊午兩年的情況。

「上少陰火，中太徵火運，下陽明金」，意思是戊子、戊午兩年為火運太過之年，少陰君火司天，陽明燥金在泉。

「熱化七」，指戊子、戊午兩年為少陰君火司天，上半年氣候偏熱。「七」為火之成數。

「清化九」，指戊子、戊午兩年為陽明燥金在泉，下半年氣候偏涼。「九」為金之成數。

「上鹹寒」，指戊子、戊午兩年為少陰君火司天，上半年氣候偏熱，所以在疾病的治療及飲食的調理上，以味鹹性寒的藥物或食物為適宜。

「中甘寒」，指戊子、戊午兩年為歲火太過，夏季特熱，所以在疾病的治療及飲食的調理上，以味甘性寒的藥物或食物為適宜。

「下酸溫」，指戊子、戊午兩年為陽明燥金在泉，下半年氣候偏涼，所以在疾病的治療及飲食的調理上，以味酸性溫的藥物或食物為適宜。

原文

己丑、己未歲。

上太陰土，中少宮土運，下太陽水，風化清化勝復同，邪氣化度也。災五宮。雨化五，寒化一，正化度也。其化上苦熱，中甘和，下甘熱，藥食宜也。

釋解

本段講解己丑、己未兩年的情況。

「上太陰土，中少宮土運，下太陽水」，意思是己丑、己未兩年為土運不及之年，太陰濕土司天，太陽寒水在泉。

「風化清化勝復同」，意思是己丑、己未兩年為歲土不及，木來乘之，木氣偏勝，金氣來復的氣候變化。

「風化」，指厥陰風木之氣。

「清化」，指陽明燥金之氣。

「災五宮」，指己丑、己未兩年自然災害主要發生在中央地區。「五宮」，表中央。

「雨化五」，指己丑、己未兩年為太陰濕土司天，上半年氣候偏濕。「五」，為土之生數。

「寒化一」，指己丑、己未兩年為太陽寒水在泉，下半年氣候偏寒。「一」，為水之生數。

「上苦熱」，指己丑、己未兩年為太陰濕土司天，上半年氣候偏濕，所以在疾病的治療及飲食的調理上，以味苦性熱的藥物或食物為適宜。

「中甘和」，指己丑、己未兩年為土運不及之年，所以在疾病的治療及飲食的調理上，以味甘性和的藥物或食物為適宜。

「下甘熱」，指己丑、己未兩年為太陽寒水在泉，下半年氣候偏寒，所以在疾病的治療及飲食的調理上，以味甘性熱的藥物或食物為適宜。

原文

庚寅、庚申歲。

上少陽相火，中太商金運，下厥陰木，火化七，清化九，風化三，正化度也。其化上鹹寒，中辛溫，下辛涼，藥食宜也。

釋解

本段講解庚寅、庚申兩年的情況。

「上少陽相火，中太商金運，下厥陰木」，意思是庚寅、庚申兩年為金運太過之年，少陽相火司天，厥陰風木在泉。

「火化七」，意思是庚寅、庚申兩年庚寅、庚申兩年的司天之氣為少陽相火，上半年氣候偏熱。「七」為火之成數。

「清化九」，指庚寅、庚申兩年為歲金太過，秋季氣候偏涼。「九」，為金之成數。

「風化三」，指庚寅、庚申兩年厥陰風木在泉，下半年偏溫。「三」，為木之生數。

「上鹹寒」，意思是庚寅、庚申兩年庚寅、庚申兩年的司天之氣為少陽相火，上半年氣候偏熱，所以在疾病的治療及飲食的調理上，以味鹹性寒的藥物或食物為適宜。

「中辛溫」，指庚寅、庚申兩年為歲金太過，秋季氣候偏涼，所以在疾病的治療及飲食的調理上，以味辛性溫的藥物或食物為適宜。

「下辛涼」，指庚寅、庚申兩年厥陰風木在泉，下半年偏溫，所以在疾病的治療及飲食的調理上，以味辛性涼的藥物或食物為適宜。

原文

辛卯、辛酉歲。

上陽明金，中少羽水運，下少陰火，雨化風化勝復同，邪氣化度也。災一宮。清化九，寒化一，熱化七，正化度也。其化上苦小溫，中苦和，下鹹寒，藥食宜也。

釋解

本段講解辛卯、辛酉兩年的情況。

「上陽明金，中少羽水運，下少陰火」，意思是辛卯、辛酉兩年為水運不及之年，陽明燥金司天，少陰君火在泉。

「雨化風化勝復同」，指辛卯、辛酉兩年為水運不及之年，土來乘之，土氣偏勝，風氣來復的自然變化。

「雨化」，指太陰濕土之氣。

「風化」，指厥陰風木之氣。

「災一宮」，指辛卯、辛酉兩年的自然災害主要發生在北方。「一宮」表北方。

「清化九」，指辛卯、辛酉兩年為陽明燥金司天，上半年氣候偏涼。「九」為金之生數。

「寒化一」，指辛卯、辛酉兩年為水運不及之年，冬季應寒不寒。「一」為水之生數。

「熱化七」，指辛卯、辛酉兩年為少陰君火在泉，下半年氣候偏熱。「七」為火之成數。

「上苦小溫」，指辛卯、辛酉兩年為陽明燥金司天，上半年氣候偏涼，所以在疾病的治療及飲食的調理上，以味苦性溫和的藥物

或食物為適宜。

「中苦和」，指辛卯、辛酉兩年為水運不及之年，冬季應寒不寒，所以在疾病的治療及飲食的調理上，以味苦性平和的藥物或食物為適宜。

「下鹹寒」，指辛卯、辛酉兩年為少陰君火在泉，下半年氣候偏熱，所以在疾病的治療及飲食的調理上，以味鹹性寒的藥物或食物為適宜。

原文

壬辰、壬戌歲。

上太陽水，中太角木運，下太陰土，寒化六，風化八，雨化五，正化度也。其化上苦溫，中酸和，下甘溫，藥食也。

釋解

本段講解壬辰、壬戌兩年的情況。

「上太陽水，中太角木運，下太陰土」，意思是壬辰、壬戌兩年為木運太過之年，太陽寒水司天，太陰濕土在泉。

「寒化六」，指壬辰、壬戌兩年為太陽寒水司天，上半年氣候偏冷。「六」為水之成數。

「風化八」，指壬辰、壬戌兩年為歲木太過之年，春天偏濕，風氣偏勝。「八」為木之成數。

「雨化五」，指壬辰、壬戌兩年為太陰濕土在泉，下半年氣候偏濕。「五」為土之生數。

「上苦溫」，指壬辰、壬戌兩年為太陽寒水司天，上半年氣候偏冷，所以在疾病的治療及飲食的調理上，以味苦性溫的藥物或食物為適宜。

「中酸和」，指壬辰、壬戌兩年為歲木太過之年，春天偏濕，風氣偏勝，所以在疾病的治療及飲食的調理上，以味酸性平和的藥物或食物為適宜。

「下甘溫」，指壬辰、壬戌兩年為太陰濕土在泉，下半年氣候偏濕，所以在疾病的治療及飲食的調理上，以味甘性溫和的藥物或食物為適宜。

原文

癸巳、癸亥歲。

上厥陰木，中少徵火運，下少陽相火，寒化雨化勝復同，邪氣化度也。災九宮。風化八，火化二，正化度也。其化上辛涼，中鹹和，下鹹寒。藥食宜也。

釋解

本段講解癸巳、癸亥兩年的情況。

「上厥陰木，中少徵火運，下少陽相火」，意思是癸巳、癸亥兩年為火運不及之年，厥陰風木司天，少陽相火在泉。

「寒化雨化勝復同」，意思是癸巳、癸亥兩年為火運不及，水來乘之，水氣偏勝，土來復之的自然氣候變化。

「寒化」，指太陽寒水之氣。

「雨化」，指太陰濕土之氣。

「災九宮」，意思是癸巳、癸亥兩年的自然災害主要發生在南方地區。「九宮」表示南方。

「風化八」，是指癸巳、癸亥兩年為厥陰風木司天，上半年氣候偏濕，風氣偏勝。「八」為木之成數。

「火化二」，是指癸巳、癸亥兩年為歲運不及之年，夏季應熱不熱。「二」為火之生數。

「上辛涼」，指癸巳、癸亥兩年為厥陰風木司天，上半年氣候偏濕，風氣偏勝，所以在疾病的治療及飲食的調理上，以味辛性涼的藥物或食物為適宜。

「中鹹和」，指癸巳、癸亥兩年為歲運不及之年，夏季應熱不熱，所以在疾病的治療及飲食的調理上，以味鹹性溫和的藥物或食物為適宜。

「下鹹寒」，指癸巳、癸亥兩年為少陽相火在泉，氣候相對偏熱，所以在疾病的治療及飲食的調理上，以味鹹性寒的藥物或食物為適宜。

附　錄

運氣推算應知應會大綱

至此，我們對於《運氣要訣》和六十甲子運氣推算情況，已經完全而詳備地瞭解到了。

僅此《運氣要訣》歌訣中的內容，已經能使我們在技術上能夠較為熟練地進行運氣的推算。

為了加深讀者的印象，在這一章中我們再一次總結運氣推算中關鍵的公式。

本章歸納的內容讀者應該熟記。

可以這樣說，熟記了本章的內容提要，拋開書本之後，也能得心應手地進行運氣推算，而不會左支右絀，或現翻書查找了。

《運氣要訣》的精要骨幹如下：

一、干支的陰陽屬性：

陽天干：甲、丙、戊、庚、壬

陰天干：乙、丁、己、辛、癸

陽地支：子、寅、辰、午、申、戌

陰地支：丑、卯、巳、未、酉、亥

二、干支配五行：

甲乙木；

丙丁火；

戊己土；

庚辛金；

壬癸水；

寅卯木；

巳午火；

申酉金；

亥子水；

辰戌丑未土。

三、干支配五方：

東方甲乙；

南方丙丁；

中央戊己；

西方庚辛；

北方壬癸；

東方寅卯辰；

南方巳未午；

西方申酉戌；

北方亥子丑。

　　（參見《六氣正化對化圖》）

四、地支配三陰三陽六氣：

子午少陰君火；

寅申少陽相火；

丑未太陰濕土；

卯酉陽明燥金；

巳亥厥陰風木；

辰戌太陽寒水。

五、天干化五運：

甲己之年化土運；

乙庚之年化金運；

丙辛之年化水運；

丁壬之年化木運；

戊癸之年化土運。

六、中運、主運、客運：

中運以年干化。

客運之初運同中運，二運以下相生推算。

主運年年不變；初運木、二運火、三運土、四運金、終運水，共分五節。

三者關係如下：

中運主管全年；

客運加臨主運，表現特殊變化。

主運表現一般年年不變的規律。

七、主氣：

年年不變分六步：

初之氣，厥陰風木；

二之氣，少陰君火；

三之氣，少陽相火；

四之氣，太陰濕土；

五之氣，陰明燥金；

終之氣，太陽寒水。

八、客氣：

客氣也分六步主之，分述為司天在泉四間氣。

司天之氣在客氣的三之氣之位。

在泉之氣在客氣的終之氣之位。

首先由年支確定司天之氣：

子午之年，少陰君火司天；

寅申之年，少陽相火司天；

丑未之年，太陰濕土司天；

卯酉之年，陽明燥金司天；

巳亥之年，厥陰風木司天；

辰戌之年，太陽寒水司天。

再由司天之氣推得在泉之氣：

司天為少陽，在泉則為厥陽；

司天為陽明，在泉則為少陰；

司天為太陽，在泉則為太陰。

以司天在泉之氣，順時針方向推得左右二間氣：

少陽生陽明，陽明生太陽，太陽生厥陰，厥陰生少陰，少陰生太陰，太陰生少陽……

即是一生二，二生三，陰極生陽，陽極生陰……

如此公式，六步客氣皆可得出。

九、主氣、客氣加臨關係：
司天之氣管上半年，但又可對全年影響；
在泉之氣管下半年。
客氣各管一步，表現該步特殊變化；
主氣年年不變，表現普遍一般變化。

十、運和氣的關係：
運生氣或運克氣叫運盛氣衰；
氣生運或氣克運叫氣盛運衰。
運盛氣衰當以運為主，氣為次；
氣盛運衰當以氣為主，運為次。
氣生運為順化；
氣克運為天刑；
運生氣為小逆；
運克氣為不和。
順化之年變化較平和；
小逆和不和之年變化較大；
天刑之年變化特別劇烈。

十一、天符歲會：
天符歲會實際上也是運和氣不同結合情況。
天符之中又可分同天符、太乙天符。
歲會之中又有同歲會。

一般說來，逢天符之年，氣候變化較大，同天符之年同此。

逢歲會之年，氣候變化較小，同歲會之年同此。

如逢太乙天符之年變化最烈。

推算方法如下：

（1）天符：凡中運同司天之氣之年為天符。

（2）歲會：凡中運同年支五行屬性之年為歲會。

（3）同天符：陽年、中運同在泉之氣之年為同天符。

（4）同歲會：陰年中運同在泉之氣之年為同歲會。

（5）太乙天符：既逢天符，又為歲會之年為太乙天符。即中運同司天之氣又同年支五行屬性之年為太乙天符。

十二、平氣：

（1）運太過被抑：中運太過，司天之氣克之，可為平氣。

（2）運不及得助：中運不及，司天之氣與之同五行屬性，或該年年支五行屬性與之相同，可為平氣。

平氣之年，變化較小。

運氣推算通用步驟

運氣推算一般步驟：

一、先立其年

即是立出你欲推算的那一年的天干地支，如果你要推算的是陽曆，須要化成陰曆的干支紀年方法，必要時可查萬年曆。

例如，求 1981 年運氣情況，先將西曆 1981 年換成陰曆為辛酉年。

如果求的還有月份，如 1981 年 12 月的運氣情況，還須將月份納入五運六氣中的各節各步。

12 月為終運之位，也是終之氣之位。

二、天干化中運

即是根據欲求之年的干支，來求出該年的中運。

此時需要考慮年干的陰陽屬性，以確定是太過之年還是不及之年。

例如辛酉年，天干為辛，丙辛化水，所以這一年中運為水運。

又是辛為陰，陰氣不及，辛酉年為水運不及之年。

三、由中運確定五步客運

已知主運每年不變，初運木、二運火、三運土、四運金、五運水。

客運以中運為初運，方法見《客運歌》一節和《五音主客太少

相生歌》一節。

　　例如辛酉年，主運、客運的關係如下：

	初運	二運	三運	四運	終運
客運 ↓ 主運	少羽 ↓ 少角	少角 ↓ 太徵	太徵 ↓ 少宮	少宮 ↓ 太商	太商 ↓ 少羽

　　說明一下，按照《五音主客太少相生歌》以中運之太少定主運的太少，所以先定下主運的終運不少羽（水運不及）。由太少相生，定出主運的其他四步，初運少角，二運太徵，三運少宮，四運太商。

　　然後以主運的太少，定客運的主運，太少相重，先定下客運的初運是少羽，二運取主運的少角，相重下去，三運太徵，四運少宮，終運太商。

　　由此中運、主運、客運皆明瞭。

四、地支化司天在泉四間氣

　　根據《客氣司天在泉間氣歌》的方法，參考《客氣司天在泉間氣圖》，先根據辛酉之年的年支酉，卯酉陽明燥金。

　　在《客氣司天在泉間氣圖》中正中的一小圖中查出客氣六步：

	初氣	二氣	三氣	四氣	五氣	六氣
客氣 ↓ 主氣	太陰 ↓ 厥陰	少陽 ↓ 少陰	陽明 ↓ 少陽	太陽 ↓ 太陰	厥陰 ↓ 陽明	少陰 ↓ 太陽

注意其中三陰三陽的含義，為厥陰風木，少陰君火，少陽相火，太陰濕土，陽明燥金，太陽寒水。

如此主氣客氣加臨關係一目了然。

客氣的三之氣為司天之氣，即陽明燥金。

客氣的六之氣為在泉之氣，即少陰君火。

五、看運和氣的關係

即看是運盛氣衰還是氣盛運衰，以決定以運或氣分析之主。

例如辛酉之年，司天之氣為陽明燥金，中運為炎，金生水，為氣生運，所以這一年為氣盛運衰。在分析時應以氣為主。

又因氣生運為順化，所以辛酉之一年為順化之年，變化較平和。

這在《六十年運氣上下相臨圖》中也可查出。

六、是否天符歲會

判斷欲求之年是否是天符歲會，以決定其年是否有天和會歲會年的特點。

辛酉年既非天符，又非歲會，可以不考慮此條。

七、是否平氣

既看有無運太過被抑或運不及得助的情況，好判斷該年變化狀況。

辛酉年為水運不及，但不符合平氣的運不及得助條件，因為司天之氣和年支的五行屬性皆不為水不能得助。

八、綜合判斷：

有了以上的判斷，再加上有關的運氣學說知識，如關於太過不及的情況、運氣的亢害承制、六氣勝復、運氣為病、太過不太主病、五行德政令化災變、五運鬱發、五行地化蟲畜果各有太過不及齊兼化等的判斷。

綜上所述，1981 年 12 月的情況大致應該如下：

氣溫較正常，冬日較高；

少雪、多雨；

空氣潮濕；

流水不冰，蟄蟲乃見。

12 月為一年疾病較少的日子，但可能出現溫病。

在對疾病的治療及飲食調理上以味鹹性寒的藥物及食物為宜。

如果水氣鬱極，可能出現水鬱之發，冰雹雪霜大作，其為病在己，為本經自病，腎病。

這一年辰星上應，亮度比平時減少一二倍，辰星黑兼黃色。

這一年須細察天旬，看辰星遲速留守情況，以精確叛定具體情況。

由於不及兼化，所以在物候上倮蟲、羽蟲、牛畜、馬畜、稷穀、麥、棗果、杏果等土類、火類物候生長較好。

在人體疾病方面，全年雨濕大行，腎水受邪，腹痛、體重、煩冤、意不樂，雨濕數至可能導致水災，河流漲滿，涸澤生魚。濕勝的情況不停止，必極而衰，衰反被木乘，有風雨大至，土崩鱗現於陸之象，所以在人體疾病方面更見腹滿、溏瀉、腸鳴、足痿瘈痛、飲滿之類的脾胃之病。

如果病在太溪脈絕，則有生命危險。

這一年由於是氣盛運衰，更應注意司天之氣的變化情況。肝筋，而少陰君火在泉，熱行於地而病肺心，所以上下受臨，清燥風熱交侵，人將病在寒熱而咳、胸鬱膜滿、掉搖振動、筋痿無力、煩冤抑鬱不伸、兩脅心中熱痛、目眥紅、小便絳色。

以上當以司天在泉之病為主。

從以上的分析，可以看出運氣推算的步驟和可以遵循的方法。

僅從本書十數萬字的介紹，我們於運氣的推算已經有收穫，如上面推求 1981 年 12 月的運氣情況，即可以在紙上談兵而推演出不少有用的資訊。

雖然古人有「以天之六氣，加臨於歲之六節，五行勝負盈虧之理，無有不驗。傳曰：天之高也，星辰之遠也，苟求其故，千歲之日可而致也」過譽說法（《醫學正傳—卷一—醫學或問》），但這種推算還是可以用來指導實際。

需要注意的是，在進行運氣推算之時，不可拘泥於死書本上，而應考察當時的方位、地理、天象變化，前一時的反常情況，各人體質的不同，勝復鬱發之後引起的不到位的現象等等，實際情況的修正值，才可真正精確無誤地進行預測工作。

古今運氣推算驗證舉例

現代的一些專家學者在運氣學說的驗證上也下了很大的功夫，見於專業學報上有關驗證的文章有好多篇。

重慶出版社的《運氣學研究》（張平順等著），詳細地介紹了全國各地不同學者根據資料對運氣推算進行驗證的結論，普遍認為在列舉的例子中有相當精確的預測結果。

運氣學中，推算驗證不勝枚舉，下面編者僅舉一些人所未言的例證，以使讀者能開闊眼界，進而也能自己進行運氣推算的研究和驗證。

驗證例 1

邵偉華先生著《周易與預測學》書中有一便如下：

「1987 年 5 月 4 日，我在北京時，丁肖肖和其母拿著當時的《北京日報》對我說，報上說今年北京市在夏秋之際有水災，要求加強防洪，要我測一下北京市到底有沒有水災？當時測得「艮」卦之「坤」卦。我看兩卦一片旺土，就說「北京市今年決無水災。」果然無水災。」

（注：本書並無意評價《周易與預測學》的預測是否可信或可靠，只是借其中出現的年月時間和氣候情況，從運氣推算來做一分析，幫助讀者掌握運氣推算方法。下同）

試用運氣的推算來解釋：

1987 年，是丁卯年。

中運為木運不及，因為丁壬化木，而丁又是陰干。

司天之氣是卯酉陽明燥金，在泉之氣是少陰君火。

中運木不及，土則必旺，長夏之時更旺。

這一年司天之氣克中運，屬天刑之年。

天刑之年必有劇烈的變化，災害和意外的情況出現的可能性很大。

這一年春天裡應溫不溫，氣候偏涼，金來克木，遇司天之氣克得更厲害。

由於勝復的原因，火必來反克金，所以在夏天裡氣候反而會比平常更熱。

如果出現災害，更可能是旱災。

事實上 1987 年這一年，中國東北森林大火，大面積的旱災，時間持續，無不驗證以上的運氣推算。

驗證例 2

1988 年的運氣推算情況如下：

這一年為戊辰年。

戊癸化火，戊為陽干，故這一年的中運為火運太過之年。

辰戌太陽寒水，故這一年的司天之氣為太陽寒水，在泉之氣為太陰濕土。

水克火，司天之氣克中運，故這一年仍是天刑之年，水火交戰。

天刑之年必有劇烈變化情況，災害的可能性相當大。

水雖克火，火卻為太過之火，所以水災和火災的可能都有。

邵偉華先生在《周易與預測學》一書中介紹到他以八卦占卜對

這一年的情況作出過準確的預測。

用運氣的推算也可得出這些結論。

事實上，1988 年，全國大部分地區先旱後淹，北部水災較為嚴重。

北部為水旺之地，遇太陽寒水司天，自然有可能旺上加旺。

戊辰之年，中運火運太過，火之本位在南方，而年干戊的本位在中央（古代大致以西安為中），所以這一年靠中靠南地區多發災害。

1988 年 8 月 7 日至 10 日期間，陝西省蘭田縣，杭州市都遭特大風雨之災，造成了巨大的經濟損失。

邵偉華先生於 1988 年 8 月 1 日搖得「復」之「明夷」卦，預測「定有風災，卦中水多，為風雨交加之患」，8 月 7 日到 10 日驗於陝西、杭州的風雨大災。

從運氣的推算角度來說，8 月份時值太陰濕土主事，當要為災時，必以木來克土，風勝濕，下好司天之氣水生木，克濕土，所以表現為風雨交加之特大災害。

驗證例 3

1992 年，陰曆為壬申年。

這年年初，人們盛傳今年夏天將是少有的高溫高熱天氣，報紙上也有這種說法，其理由一是上一年剛發過洪水，天氣較涼，執照一張一弛之道，今年夏季可能暴熱；二是據說今年太陽黑子活動異常，可能出現異常災象。

讓我們來推算一下這一年的運氣。

壬申年，丁壬化木，壬為陽干，故這一年的中運是木運太過之

年。

寅申配少陽相火，故這一年的司天之氣為少陽相火，在泉之氣為厥陰風木，這一年歲運與在泉之氣相同，所以這一年是同天符之年。

夏天約為四之氣之時，這一段時間正值炎夏季節，加上少陽相火司天，厥陰風木在泉，助長這種炎熱，所以夏天的炎熱應該高於正常的水準。

但我們還要考慮四之氣是太陰濕土主事，客氣是陽明燥金。太陰主濕，陽明主涼，卻是偏於清冷，所以四之氣這段時間的炎熱現象並不持續表現，可能時冷時熱，並不會出現赤熱難耐的天氣。

事實上，這年夏天雖有一段時間較熱，但整體水準還是清涼好過的。

驗證例 4

1993 年是癸酉年，也就是我最初編《實用運氣推算‧運氣要訣詳解與例證》一書之年，所以對這一年的運氣情況，我猶其多加注意。到日前為止，我覺得用運氣推演測算的結果，與實際情況相當吻合。

戊癸化火，癸乃陰干，所以這一年的中運，也就是值年火運及火運不及。

卯酉配陽明燥金，所以這一年的司天之氣應為陽明燥金，在泉之氣為少陰君火。

火運不及之年，火氣不能正常施化，反映在夏天必然是應熱不熱，氣候偏涼。

火運不愛莫能助主，本來就不能正常克金，加之司天之氣又是

陽明燥金，金氣必然過旺反來侮火。

金主清肅，所以這一年最大的特點就是一般說來比正常水準要清冷。

癸酉之年是同歲會之年，因為其歲運火與在泉之氣的少陰君火同類。

司天之氣主要主管上半年的情況，在泉之氣主要主管下半年的情況。下半年火運不及得在泉之氣的少陰君火相助，所以冬天又應偏熱。

也就是說，火運不及，先是水來乘火，夏天涼肅，繼而由於勝復原因，土又來克水，在冬天應該雨濕流行。

事實上，1993年夏天確是比較涼爽好過，而冬天雖未至，但可以肯定應該比正常水準要暖和一些。

今年十月下旬（西曆），中央台及江蘇台氣象預報皆言寒流來襲，第二、三日確實在南京下了陰雨，氣溫驟降，這時大家都忙著準備繼續禦寒，我卻以為寒流會馬上即去，氣溫還會轉暖，當有數日大晴天。

事實上10月29日即應驗了我的推算，氣溫回升，天氣大好，一些人不得不再脫下身上厚厚的衣服。

我是這樣推算的：

時值五之氣的氣節中，根據客氣推算的方法，算出五之氣是厥陰風木這客氣，所以這一段時間有可能春令反行，即秋行春令，風木偏勝而主溫。特別是如果前一段時間較涼，那麼這時氣候更可能較溫。

而寒流至日，卻風氣大行，應了該氣節的厥陰風木客氣，風木克濕土，所以可以認為濕雨很快可去，因此判斷不日即天氣大暖。

以上得到驗證的事實，說明運氣推算確有克勤克儉獨到的預測方法而且很有實用價值。

如果我們知變知通，以常測變，必然能得到精確的預測結果。

驗證例 5

中國古代偉大的科學家沈括，是人們所熟悉的人物，而他正是一個深通陰陽之道，精於運氣推算的一個大預測家。

沈括所著《夢溪筆談》一書中，記載了他根據運氣推算方法，極為精確而又神異地預測了氣候的事例。

《夢溪筆談—卷七—象數一》中記載了這樣的一個事例：

「熙甯中，京師久旱，祈禱備至，連日重陰，人謂必雨，一日驟晴，炎日赫然，予因事入對，上問雨期，予對曰：雨期已見，期在明日，眾以謂頻日晦暗，尚且不雨，如此暘燥，豈復有望；次日果大雨。」

沈括的預測的確是太高明了，他敢於如此肯定而信心十足地向當時的皇帝宋神宗預報了雨期，而且力排隊眾議，正是因為他精於運氣推算，心中有數。

沈括所記載的事例中，先是天旱，人們求雨不得，終於等來連日重陰，以為雨其即至，但雨沒有下下來。這時數日重陰之後，這一天反而晴了起來，烈日炎炎，當頭暴曬，人們正為雨期難至而大失所望，沈括這時卻說，下雨的徵候已經看到了，而且明日一定下雨。這樣的論斷，確是有點驚世駭俗了，眾人都以為一連數日陰雲蔽日，尚且沒能成雨，現在如此的大晴天，怎麼能夠指望下雨呢？眾人的這種想法合情合理，當然要懷疑沈括這樣不同尋常的預言了。

　　但事實上，不幸被沈括言中了，第二天確是下了雨，而且是大雨。

　　難道這僅僅是巧合嗎？

　　不，沈括這樣分析道：

　　「是時濕土用事，連日陰者，從氣已效，但為厥陰所勝，未能成雨，後日驟晴者，燥金入候，厥陰當折，則太陰得神，明日運氣皆順，以是知其必雨，此亦當處所與也。」

　　這是多麼精妙絕倫的分析啊。

　　沈括認為當時是太陰濕土用事，濕為陰，所以連日陰濕之天，正是這種運氣的反映。太陰濕土用事，本來應該有雨，但當時的客氣是厥陰風木，按照陰陽五行的說法，木克土，土不能伸，因此代表被克的土的雨水不能形成下來，所以在天氣上表現為「連日重陰」。隨後，後日驟晴，晴為陽晴燥金入主氣候，從五行上說，金克木，即陽晴燥金的出現克制了厥陰風木，所以沈括說：「厥陽當折」，金克住木之後，木克土的勢力頓時銳減，這時便是土氣開始恢復得伸的時候，即所謂「太陰得伸」，所以沈括清楚地預測到明日運氣皆順，太陰濕土的作用將充分得到顯示，所以明日必定要下雨。

　　事實證明沈括是正確的，運氣的推算再一次得到驗證。

驗證例 6

　　清人吳達所著《醫學求是》一書中，其「運氣應病說」一篇中，有很多可以參考的關於運氣推算的驗證和運用的例子，現介紹如下供讀者開闊眼界。

　　歷來學術界對於運氣為病有兩種不同的看法。

　　一種以為「時有常位，氣無必然，百步內晴雨不同，千里之外寒暄各異。運氣者，不過天地之氣運行如此，實與醫道無關。」

　　另一種卻認為「天時入病，曆驗夫司天在泉運氣，歷歷不爽。」

　　吳達的意見是「吾謂陰陽之勝復無常，人病之變現不一，若不能應病之變，而拘於運氣之說，以為宜寒宜熱，固無是理。而遇陰陽偏勝之年，所見時證，往往驗之歲氣有吻合者，亦未必非天人相應之理也。」

　　我以為吳達的態度是辯證的，科學的。

　　運氣學說介紹了五運六氣的天化地化，但由於時令、地理、不同人的體質、生態平衡、人為的影響等等原因，人所感邪而痛的症狀都不一樣，如果拘於運氣之說，認為這是什麼時令應得什麼樣運氣的病、宜相應治以寒或熱，是絕沒有這種刻板的道理的。

　　但是歷來的學者通人，卻是確確實實觀察到了由於運氣的陰陽偏勝的原因，所見到的時證（流行病症）往往與該年運氣推算的結果吻合，難道這未必不是天人相應的道理嗎？

　　吳達在《醫學求是》中以他所經歷的驗證事件作出了分析。

　　他說：「追憶咸豐己未，濕土司天，寒水在泉，而又未為濕土，己為陰土，豈非純陰之歲。歲半以後屬在泉、交秋寒水在泉，陰盛極矣，故是年秋季霍亂盛行，悉見純陰之證、概須用理中加附、桂之劑，所投輒效。有誤認為暑火，未投溫燥者，一、二日即成不救，飲西瓜漿者，隨服隨斃。此陰盛之年所患皆同，後歷年亦均有霍亂，則多寒熱錯雜，迥乎不同矣。」

　　己未之年，甲己化土、己為陰干，故這一年為土運不及之年。

　　丑未太陰濕土，所以這一年的司天之氣為太陰濕土，在泉之氣為太陽寒水。

　　吳達分析中運為陰土（**土不及**），加上司天為太陰濕土，所以這一年是純陰之年，陰氣極盛。在泉之氣主管下半年交秋之後，由於太陽寒水在泉，所以陰氣旺到了極點，所以這一年秋季霍亂盛行，都表現純陰之證。

　　我們在《運氣要訣》中的《運氣為病歌》中可查到「諸濕腫滿屬脾土，霍亂積飲痞閉疼」作為參考理解，而在《六氣客氣主病歌》中也可查到太陰司天的情況以作參考。

　　以此病症，所以應以「理中加附、桂」之藥劑來治療，非常見效。

　　而如果誤以暑火為病機理，沒有投以理燥之藥，一、二日即不成救。甚至「飲西瓜將者，隨服隨斃」。

　　這就是陰盛之年所患之病都相同，而見之於其他年份上的霍亂病，則多是受寒受熱錯雜複綜，與己未純陰之年迥乎不同。

　　如果這一年的運氣情況不加以細緻推算，那麼必然會鑄成錯誤。

驗證例 7

　　《醫學求是》中還有一例：

　　「甲戌、乙亥兩年，秋季伏暑盛行。見證皆脈澀、舌白、厚苔滿布、頭脹、脘悶、熱量寒輕。治宜清三焦、兼理濕濁，罔不奏效。時醫有初起即用寒涼，以致病變百出。餘故有《伏暑贅言》之作。因思甲戌乃寒水濕土司天在泉，水寒土溫、甲木之火不得潛藏，遂擾亂於手少陽，暑邪乃三焦手少陽受病，是以人多伏暑也。乙亥乃厥陰少陽司天在泉，係木火發洩之年，乙為陰木、木而生火，且臨亥水，水又生木、然陰陽之理、盛極必衰，木火過旺則氣

泄，交秋又加少陽在泉，木火更無所歸，氣泄而反衰矣。人當夏令，必內蘊暑濕，迨火衰濕鬱，火遂陷於濕中，是以亦多伏暑也。經雲：亢則害，承乃制。乙亥乃木火亢害之歲也。」

甲戌之年，我們可算出：

中運為土運太過。

司天之氣為太陽寒水，在泉之氣為太陰濕土。

吳達這樣分析：甲的五行屬性為木，木生少陽之火，而水生木，所以說甲木之根應為太陽寒水，秋季太陰濕土在泉、水寒加上土濕，甲木之火不得潛藏，所以擾亂於手少陽經絡，暑邪是三焦手少陽受病，是以人多伏暑為病。

我們換一種說法，則是太陰濕土加上太陽寒水，少陽陽火則被鬱，鬱結而為病，所以人為病伏暑。

而乙亥這年，其年運為金運不及，司天之氣為厥陰風木，在泉之氣為少陽相火。金運不及，金不能正常克木，而火則可以乘金之衰，所以這一年為木火發洩之年。

又乙的五行屬性為甲乙木之陰木，而且能生火，而亥的五地屬性是水，乙臨於亥水，水又能生木，所以木氣和火氣極旺。

但是陰陽的道理是盛極必衰，木火過旺，必有物極必反之時，過旺而氣泄，交秋又是少陽相火在泉，火旺到了極點，所以木火更無所歸，氣泄之後反而衰敗下來。

人在夏天時令，必然內蘊暑濕，等到火衰而鬱結於濕，火就陷於濕中，所以人也多病於伏暑。

《黃帝內經》上說，亢則害，承乃制，乙亥這一年，就正是木火亢害之年。

驗證例 8

《醫學求是》又例：

「經云：亢則害，承乃制。乙亥乃木火亢害之歲，至若己卯，則為承制之年矣。己為陰土、卯為陰木，陰土生陽，其氣上達，木亦隨之。雖雲木能克土，而遇陽明少陰司天在泉之年，燥氣主事，燥其陰土之濕，木不為濕鬱，遂欣欣向榮，故是年春令溫和、夏令酷熱、秋令清燥、冬令嚴寒，土、木兩氣沖和、夏無蒸淫之濕、冬有雨雪之沾，人鮮疾病；所有感證，亦惟春溫、夏熱、秋燥、冬寒、病情絕無變幻，最易治療。不察歲運、亦不覺是年之順。」

承制的概念我們在《運氣要訣》中的《五行質氣生克制化歌》中介紹過。

己卯之年，甲己化土，己乃陰干，所以這一年中運為土運不及之年。

卯酉配陽明燥金，所以這一年的司天之氣為陽明燥金、在泉之氣為少陰君火。

己的五行屬性為陰土，卯的五行屬性為陰木。陰土生陽，其氣上升條達，木氣也隨著而上升條達。

雖然說木能克土，但是遇上了陽明燥金司天、少陰君火在泉，這一年是燥氣主事，燥去了陰土的濕，木就不為濕而鬱，所以就欣欣向榮。

所以這一年春令溫和、夏令酷熱、秋令清燥、冬令嚴寒，四季都表現出其應該表現的正常特點。

這一年土、木兩氣沖和，夏天無濕氣的蒸淫，冬天的雨雪正常司化，人體相應少得疾病。就是得了疾病，其感證也只是春天感溫，夏天感熱，秋天感燥，冬天感寒，病情簡單，沒有變幻，最容

易治療。

如果不是進行這樣的運氣推算，我們就沒有觀察到這一年的和順情況。

驗證例 9

《醫學求是》又例：

「至於庚辰，則夏無酷熱，冬無嚴寒，秋多燥病，與溫略同。蓋是年寒水濕土司天在泉，而庚金屬陽，為燥金主氣，燥勝其濕，故夏無鬱蒸、冬少雨雪，秋令燥金司權，見病多燥極傷陰，與春溫相似，但治法微有不同，春溫乃木火內焚，秋病乃燥金外斂也。」

吳達談到庚辰年運氣驗證的情況。

這一年夏天沒有酷熱，冬天沒有嚴寒，秋天多有燥病，與春溫相似。

這是因為庚辰年，中運為金運太過，司天之氣為辰戌太陽寒水，在泉之氣為太陰濕土。

金運太過，燥金主氣，燥能勝濕，所以夏天沒有鬱蒸，冬天少於雨雪。秋令燥金為疾病之機理，是因為中運之金應在主運四之運的金上。秋天的燥病與春溫傷陰之病相似，但治法上有所不同。

春溫乃是木火在內焚燒，秋病乃是燥金於外收斂，所以治法稍差。

如果不進行以上運氣推算，則必然難以明白時證的病理。

驗證例 10

《醫學求是》又例：

「辛巳年立春即多溫病，緣辛金陰金也，巳火陽火也，火必克

金。加以厥陰少陽司天在泉，甲、乙兩木之火司氣，春溫乃木火內焚，首先肺，宜有是證。」

辛巳年，丙辛化水，中運為水運不及。

己亥配厥陰風木，故司天之氣為厥陰風木，在泉之氣為少陽相火。

又辛的五行屬性為陰金，巳的五行屬性為陽火，所以火必克金。

這一年春天，主氣為木，木在五行上配甲、乙兩木，甲、乙兩木生火氣，春溫這病乃是木火內焚，首先犯於肺臟，所以有此春溫之病。

從客氣上來說，初之氣為陽明燥金，加臨於主氣的初之氣厥陰風木，而主氣的初之氣又受到司天之氣厥陰風木相助，所以有木火內焚傷金之事，傷金則在人體上犯於肺，故有以上之說。

辛巳之年，客氣的終之氣，也是說在泉之氣為少陽相火，所以冬令必無嚴寒。

驗證例 11

《醫學求是》又例：

「壬午春季，溫病即不多見，緣壬為陽水，午為陰火，又值少陰陽明司天在泉，陰莫盛於少陰，陽莫盛於陽明，陰陽並盛，而水火得以交濟，故即見春溫，亦只須達表散寒，無汗者泄之，有汗者清之而已。」

壬午之一年，中運為木運太過之年。

司天之氣為少陰陽君火，在泉之氣為陽明燥金。

而壬的五行性為陽水，午的五行屬性為陰火。

　　由於少陰是陰中最盛的，陽明是陽中最盛的，現在陰陽並盛，水火得以交濟，所以溫病不多見。

　　從初之氣的客氣來說，是太陽寒水，得年干壬的陽水為助，所以能陰陽並盛，水火並濟。就是見到春溫之病，治療也很容易，只須達表散寒，無汗者以泄法解表出汗，有汗者清其內熱即可。

驗證例 12

　　因我研究明代文學史上公安袁中郎所宣導的那一場文學革新運動，留心於中郎年譜，不覺於其中習慣性地找出一二運氣推算的驗證，現也錄於下面，供讀者參考。

　　我讀到明萬曆二十四年丙申年，秋八月十三日驟得瘧疾一事，掐指一算，丙申年，其中運丙辛化水為水運太過，其司天之氣應為少陽相火，在職泉之氣厥陰風木。

　　水克火，為運盛氣衰，以運為主。

　　時值四之運的客運，推算出來，應為土運太過。

　　這一年本來水運太過，土已被鬱，此時土趁機鬱火，人體易病為土運太過。

　　如此水火交攻，所以中郎感邪得瘧疾，應為以上的情況。

　　又該年中郎有詩《陽山》（因六月旱魃為災，與江進之隨太府乞靈祠下，並有詩），查六月，約為三之運和三之氣的運季，是時正值少陽相火天主本步，必然有大熱火暑。

　　查《內經》中該年的情況，實際上有「三之氣，天政布，炎暑至，少陽臨上。」的說法，二之氣是被鬱之火，在此時發作，雖然三之運是火運不及但不能與司天之氣相較，所以這一年中郎有此

《陽山》之詩，應該是這個情況。

又萬曆二十六年戊戌年，中郎有詩《猛虎行》中說「千里旱沙赤」。

戊戌之年，本來是火運太過之年，但由於司天之氣是太陽寒水，卻構成平平。但《內經》中說「其運熱，其化暄暑鬱懊，其變炎烈沸騰。」

也就是說，中郎所述「千里旱沙赤」，應是「其變炎烈沸騰」，中運之火司天之氣寒水克而鬱結，這一年應該先涼，才會出現火鬱之發「千里旱沙赤」的反常現象。

又萬曆二十八年庚子，中郎《告病疏》中述及「於今六月，臣由水道覆命，行至安慶，火病大作，胸膈煩悶，嗽喘彌月……」

庚子年，中運為金運太過，司天之氣卻為少陰君火，火克金，氣克運，金運被抑。

中郎述及的情況，六月，正是三之氣司天六氣的運季，故此感少陽相火之邪而為火病。

查《運氣要訣—六氣客氣主病歌》，少陰君火司天，可病為喘咳，厥心肋痛等病症，中郎的情況應如此。

又萬曆三十四年丙午，中郎有《初春暴熱過靜者居限韻》詩。

丙午之年，中運水運太過，司天之氣子午少陰君火，在泉之氣陽明燥金。

初春之時，本是客運初運水運太過主時，在客氣的初之氣是太陽寒水主時，表面上看到一片旺水，應為大寒之日，不應該如正常春日那樣轉溫轉暖。但實際上一片旺水又可生木，此時主運的初之運是木運太過，客氣的初之氣是厥陰風木，所以木旺的其一般特點必然有機會表現出來，加之少陰君火司天，定有暴熱的現象。

中郎所述的「初春暴熱」，應是以上的推算結果。

以上隨選數則，雖是我偶然消遣遊戲的心得，但其中道理，還是可以體味一番的。

結束語

　　我們已經完整地學習了運氣推算的基本理論，可以根據公式和定理求出任何一年一月的運氣情況。我們唯一需要的就是熟練地掌握和靈活地運用了。

　　運氣學說實際上是古代樸素的預測學，它強調了自然界中氣候變化與自然界生命現象之間不可分割的關係，強調了整個宇宙是一個統一體。它通過金、木、火、水、土五運和風、熱、暑、濕、燥、寒六氣之間的運動變化，說明了宇宙間的自然變化都是彼此聯繫、相互作用、相互轉化、互為因果的。它特別強調了人稟天地正常變化之氣而生存，受天地異常變化之氣而百病由生。這就是中國古代的天人合一的哲學思想的這種思想充滿了樸素的唯物主義和自發的辯證法思想。

　　運氣學說強調了自然界中的一切變化都是可知的，是有其規律可循的，是可以為人所掌握和運用的。更進一步的，運氣學說根據古人長期的觀測，找到了這種規律，這就是運氣的推算和預測。

　　古人曾美譽運氣學說在預測上的奇驗，認為：「以天之六氣，加臨於歲之六節，五行勝負盈虧之理，無有不驗。傳曰：天之高也，星辰之遠也，苟求其故，千歲之日可而致也。」（《醫學正傳—卷一—醫學或問》）這段話的意思是，運氣學說以風、熱、暑、濕、燥、寒六氣，加臨於一氣的六節（兩個月為一節）由此推算五行勝復盈虧的道理，沒有不驗證的，甚至以這種方法來推算，一千年後的運氣情況也可以關在家裡坐著就能知道。

　　當然，古人的這種讚譽也許是過分了一些，但說明了一點，運

氣的推算不是迷信，是有著深厚的中國古代文化底蘊，是經過數千年一定的實踐的檢驗的。

　　古人在長期的生活和生產實踐中，注意到了各種流行疾病與季節之間的密切關係，注意到各個年份在氣候和物候以及人體疾病上的共同點，也注意到了各個年份在氣候、物候和病候上的不同點，從而總結出來一套規律和推算方法，這是古人給我們今人留下的一份極寶貴的文化遺產。我們豈能掉以輕心，視若無睹，甚至輕易否定？

　　當然，運氣學說其奧妙和複雜，也許我們還沒有真正破譯。

　　我們要求的態度是：謹慎、完滿、通常、達變。

　　如《內經一氣交變大論》指出：「善言天者，必應於人，善言古者，必驗於今；善言氣者，必彰於物；善言應者，同天地之化；善言化言變者，通神明之理。」

　　運氣推算的最高境界，不外於這善言變言化，能神明之理了。

算出你的好運道：六十甲子運氣推算詳解

作者：覃賢茂
發行人：陳曉林
出版所：風雲時代出版股份有限公司
地址：10576台北市民生東路五段178號7樓之3
電話：(02) 2756-0949
傳真：(02) 2765-3799
執行主編：劉宇青
美術設計：吳宗潔
行銷企劃：林安莉
業務總監：張瑋鳳

初版日期：2021年2月
版權授權：覃賢茂
ISBN：978-986-352-923-1

風雲書網：http://www.eastbooks.com.tw
官方部落格：http://eastbooks.pixnet.net/blog
Facebook：http://www.facebook.com/h7560949
E-mail：h7560949@ms15.hinet.net
劃撥帳號：12043291
戶名：風雲時代出版股份有限公司

風雲發行所：33373桃園市龜山區公西村2鄰復興街304巷96號
電話：(03) 318-1378
傳真：(03) 318-1378
法律顧問：永然法律事務所 李永然律師
　　　　　北辰著作權事務所 蕭雄淋律師

行政院新聞局局版台業字第3595號 營利事業統一編號22759935

定價：380元

版權所有　翻印必究

國家圖書館出版品預行編目資料

算出你的好運道：六十甲子運氣推算詳解 / 覃賢茂
著. -- 臺北市：風雲時代出版股份有限公司, 2021.01
　　面；　公分

　ISBN 978-986-352-923-1（平裝）

　1.命書

293.1　　　　　　　　　　　　　　109019828